高等院校**电子商务类**
新形态系列教材

U0689031

电子商务
网页设计与制作

微课版

封绪荣／主编
张敏 黄洪谊 陈林海／副主编

E-commerce Web
Design and Production

人民邮电出版社
北京

图书在版编目（ＣＩＰ）数据

电子商务网页设计与制作 ：微课版 / 封绪荣主编
. -- 北京 ：人民邮电出版社，2024.2
高等院校电子商务类新形态系列教材
ISBN 978-7-115-63151-0

Ⅰ．①电… Ⅱ．①封… Ⅲ．①电子商务－网页制作工
具－高等学校－教材 Ⅳ．①F713.36②TP393.092

中国国家版本馆CIP数据核字(2023)第220731号

内 容 提 要

本书全面介绍使用 Dreamweaver、Photoshop、HTML、CSS、JavaScript 等软件和技术进行电子商务网页设计与制作各方面的内容。本书共 9 章，包括电子商务网页制作与网站建设基础、使用 Photoshop 处理商品图片、使用 Photoshop 设计网页中的图片元素、使用 Dreamweaver 制作基本网页、使用 CSS 美化和布局网页、使用表格布局网页、使用模板和库快速制作网页、使用行为创建特效网页、使用 JavaScript 制作交互页面。

本书采用案例教学方式，每章有应用举例、综合实训、实战演练 3 个部分，分别采用 3 个不同的网站案例贯穿始末。每章先以应用举例的方式阐述知识要点；然后提供与本章内容相对应的实训项目，以便读者在实践中模拟操作；最后通过实战演练帮助读者巩固所学的内容。

本书配有 PPT 课件、教学大纲、电子教案、应用举例素材、综合实训素材、实战演练素材、理论练习答案等教学资源，使用本书的教师可在人邮教育社区免费下载使用。

本书可作为高等院校网页设计类相关课程的教材，也可作为各类社会培训学校相关课程的教材，还可供电子商务网页设计与制作初学者自学使用。

◆ 主　　编　封绪荣
　　副 主 编　张　敏　黄洪谊　陈林海
　　责任编辑　王　迎
　　责任印制　李　东　胡　南

◆ 人民邮电出版社出版发行　　北京市丰台区成寿寺路 11 号
　　邮编　100164　　电子邮件　315@ptpress.com.cn
　　网址　https://www.ptpress.com.cn
　　涿州市京南印刷厂印刷

◆ 开本：787×1092　1/16
　　印张：12.5　　　　　　　　　　　2024 年 2 月第 1 版
　　字数：367 千字　　　　　　　2024 年 12 月河北第 2 次印刷

定价：49.80 元

读者服务热线：(010)81055256　印装质量热线：(010)81055316
反盗版热线：(010)81055315
广告经营许可证：京东市监广登字 20170147 号

前言
FOREWORD

党的二十大报告提出：加快发展数字经济，促进数字经济和实体经济深度融合，打造具有国际竞争力的数字产业集群。在互联网和数字技术高速发展的背景下，数字经济已成为支撑产业经济增长的关键动能。数字经济的发展离不开电子商务网站的支持，电子商务网站作为商家和企业展示自我形象，推广和营销商品的重要渠道，直接影响着商家和企业的经济效益。网页是网站的基本元素，商家和企业只有精心设计和制作网页，才能提升网站对消费者的吸引力。

党的二十大报告提出：加快建设国家战略人才力量，努力培养造就更多大师、战略科学家、一流科技领军人才和创新团队、青年科技人才、卓越工程师、大国工匠、高技能人才。鉴于上述情况，为了更好地培养电子商务网页设计与制作方面的高技能人才，编者团队组织编写了本书。

本书主要内容

本书将专业的理论知识讲解与网站案例制作完美结合，循序渐进地介绍了电子商务网页设计与制作过程中涉及的相关知识。本书主要内容如下。

第 1 章"电子商务网页制作与网站建设基础"包括了解电子商务网站、电子商务网页制作相关软件和技术、创建和管理站点。

第 2 章"使用 Photoshop 处理商品图片"包括 Photoshop 工作界面、调整与美化商品图片、创建文字、修饰商品图片、添加图片特效。

第 3 章"使用 Photoshop 设计网页中的图片元素"包括设计网站 Logo、设计商品主图、设计商品促销海报、设计网站首页、切割网站首页。

第 4 章"使用 Dreamweaver 制作基本网页"包括添加文本元素、创建超链接、在网页中插入图像与背景音乐。

第 5 章"使用 CSS 美化和布局网页"包括 CSS 的使用、使用 CSS 美化网页、CSS 布局理念、CSS 定位。

第 6 章"使用表格布局网页"包括在网页中插入表格、表格的基本操作、排序表格内容。

第 7 章"使用模板和库快速制作网页"包括使用模板、管理站点中的模板、创建与应用库项目。

第 8 章"使用行为创建特效网页"包括行为概述、调用 JavaScript 行为、设置浏览器行为、设置图像行为、设置效果行为。

第 9 章"使用 JavaScript 制作交互页面"包括 JavaScript 简介、JavaScript 基本语法、JavaScript 的事件、JavaScript 对象的声明和引用、使用 JavaScript 制作网页特效、使用 jQuery 制作网页特效。

本书主要特色

- 内容全面：本书不仅介绍了 Photoshop、Dreamweaver 软件的使用方法和技巧，还介绍了网页制作的核心语言 HTML、CSS、JavaScript，以及电子商务网页设计与制作各方面的知识，帮助读者完成由入门到精通的转变。

- 结构完整：本书以实用功能讲解为核心，每章功能讲解分为基础知识学习、综合实训、实战演练 3 个部分。基础知识学习部分以基础知识为主，讲解每个知识点的相关操作和用法，操作步骤详细，目标明确；综合实训部分阐述本章内容的综合应用方法，以便读者在实践中模拟操作；实战演练部分帮助读者进一步巩固与检测本章所学内容。

- 实践指导性强：本书编者为在电子商务网页设计与制作领域实战多年的高校教师，编写中注重读者实践操作技能的培养，书中配备大量案例和操作流程图，强调学、做、练一体化，让读者在学中做，在做中学，可以帮助读者在实践中学以致用。

- 教学资源丰富：本书配套有高清微课视频、PPT 课件、教学大纲、电子教案、应用举例素材、综合实践素材、实战演练素材、理论练习答案等教学资源，用书教师可登录人邮教育社区（www.ryjiaoyu.com）免费下载。

- 专业技巧有提示：编者在编写时，将平时在工作中总结的实战技巧与设计经验毫无保留地呈现给读者，不仅大大丰富了本书的内容，还能帮助读者提升自己的实战技能，让读者举一反三，从而学到更多的方法。

本书编者具有多年的网页设计类相关课程教学经验。虽然编者在编写过程中倾注了大量心血，但恐百密之中仍有疏漏，恳请广大读者不吝赐教。

编者

目录 CONTENTS

1 Chapter

第 1 章
电子商务网页制作与网站建设基础

为了使初学者对电子商务网页设计与网站建设有总体的认识，在介绍设计、制作网站前，首先介绍电子商务网页制作与网站建设的基础知识。本章首先介绍电子商务网站基础知识，接着介绍电子商务网页制作相关软件和技术，最后介绍创建站点和管理站点文件的方法。通过对本章的学习，读者可以为后面设计、制作网站打下良好的基础。

学习目标

- ☐ 了解电子商务网站基础知识。
- ☐ 熟悉电子商务网页制作相关软件和技术。
- ☐ 掌握创建站点和管理站点文件的方法。

1.1　了解电子商务网站

在具体学习电子商务网页设计与制作前，需要了解电子商务网站基础知识，为以后的学习打好基础。

1.1.1　网页的基本构成元素

对于不同性质的网站而言，构成网页的基本元素是不同的。下面介绍常见的网页的基本构成元素。

1.1　了解电子商务网站

1. 网站 Logo

网站 Logo（见图 1-1）也称为网站标志，它是一个站点的象征，也是判断一个站点是否正规的条件之一。网站 Logo 应体现网站的特色、主题及其文化内涵和理念。成功的网站 Logo 有着独特的形象标识，在网站的推广和宣传中达到事半功倍的效果。网站 Logo 一般位于网站左上角，访问者一眼就能看到它。网站 Logo 通常有 3 种尺寸：88 像素×31 像素、120 像素×60 像素和 120 像素×90 像素。

2. 网站 Banner

网站 Banner（见图 1-2）又称页旗，常作为横幅广告，是互联网广告中最基本的广告形式之一。网站 Banner 可以位于网页顶部、中部或底部的任意位置，一般为横向贯穿整个或者大半个页面的广告条。网站 Banner 可以使用 GIF 图像文件、静态图像，也可以使用动态图像。除普通 GIF 图像文件外，采用动画能赋予网站 Banner 更强的表现力和交互性。

网站 Banner 首先要美观，如果这个小区域设计得非常令人愉悦，即使网页没有浏览者要看的内容，或者网页呈现的是一些他们不感兴趣的内容，他们也会被吸引。其次网站 Banner 还要与整个网页协调，同时要突出、醒目，用色要同页面的主色相搭配，如页面主色是浅黄色，广告条就可以用一些浅的其他颜色，切忌使用对比色。

图 1-1　网站 Logo

图 1-2　网站 Banner

3. 导航栏

导航栏（见图 1-3）是网页的重要组成元素，它的任务是帮助浏览者在站点内快速查找信息。好的导航栏应该能引导浏览者浏览网页而不迷失方向。导航栏的形式多样，可以是简单的文字链接，也可以是设计精美的图片或丰富多彩的按钮，还可以是下拉菜单。

一般来说，网站的导航栏在各个页面中出现的位置是比较固定的，而且风格也比较一致。导航栏的位置一般有 4 种：页面左侧、右侧、顶部和底部。

当然并不是导航栏在页面中出现得越多越好，要合理运用导航栏，达到页面整体上协调一致的效果。

图 1-3　网站的导航栏

4．文本

网页内容是网站的灵魂，网页中的信息以文本为主。文本是网页中最基本的、必不可少的元素。文字虽然不如图片那样易于吸引浏览者的注意，但能准确表达信息的内容和含义。

一个内容充实的网站必然会使用大量的文本。良好的文本格式可以创建出别具特色的网页，激发浏览者的阅读兴趣。为了解决文本的问题，人们赋予了文本更多的属性，如字体、字号、颜色等，通过设置不同的格式，突出显示重要的内容。

此外，还可以在网页中设置各种各样的文字列表，来明确表达一系列项目。图 1-4 所示为运用了大量文本的网页。

5．图片

图片在网页中具有提供信息、展示形象、装饰网页、表现风格的作用。图片是文本的说明和解释，在网页中的适当位置放置一些图片，不仅可以使文本清晰易读，而且可以使网页更加有吸引力。现在几乎所有的网站都使用图片来提高吸引力，有了图片，网站才能吸引更多的浏览者。

可以在网页中使用 GIF、JPEG 和 PNG 等多种图像格式，其中使用最广泛的是 GIF 和 JPEG 两种格式。插入图像以生动形象地展示信息的网页如图 1-5 所示。

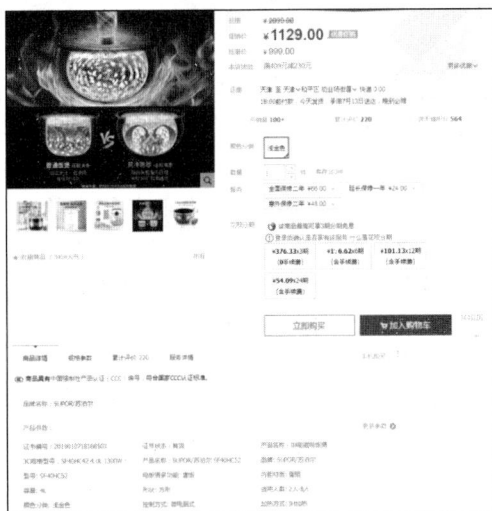

图 1-4　运用了大量文本的网页

图 1-5　插入图像的网页

6．视频

在当今社会，视频营销已经成为企业宣传和品牌推广的重要手段，视频可以帮助企业全方位地宣传，它代替了传统的图文表达形式，能让用户非常直观地了解企业的基本信息，多角度感受企业文化。

视频以影音结合的方式，用最小的篇幅和最短的时间将商品的重要信息完美地呈现出来，通过增强视听感受来激发买家的购买欲。

例如，一款蓝牙耳机原本并不是买家的备选购买商品，但感染力很强的商品视频（见图1-6）激发了买家的购买欲，促使其购买该商品。

图1-6　蓝牙耳机视频

如果视频制作精美、具有新意，能引起人们的注意，那么其传播的速度、广泛性与带来的经济收益是其他传播信息的方式难以比拟的。

通过视频来展示商品，可以真实地再现商品的外观、使用方法和使用效果等，能够多方位、多角度地展示商品的细节特征，比单纯的图片和文字说明更加令人信服。图1-7所示为某网站的一则面包视频，该视频通过完整的面包制作流程和细节展示，使消费者更充分地了解商品材料和细节。

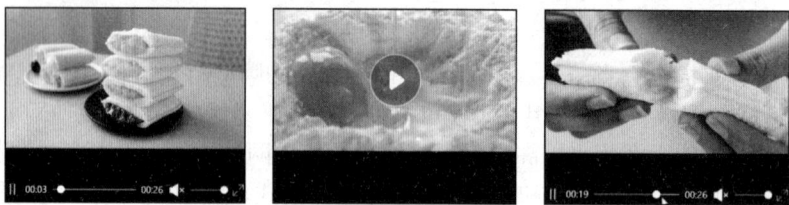

图1-7　面包视频

1.1.2　电子商务网站的概念

电子商务网站是指一个企业或机构在互联网上建立的站点，是企业开展电子商务的基础设备和信息平台，是实施电子商务的公司与服务对象之间的交互界面，是电子商务系统运转的承担者和表现者。在软硬件条件的支持下，电子商务网站由网页、程序和后台数据库组成，具备相应的电子商务应用所需的功能，可以达到宣传企业形象、发布和销售商品、提供商业服务等目的。

电子商务网站为浏览者搭建起一个网络平台，浏览者和潜在客户在这个平台上可以进行整个交易/交流过程。电子商务网站业务更依赖于互联网，是公开的信息仓库。从广义上来说，电子商务还包括企业内部的商务活动，如生产、管理、财务等，以及企业间的商务活动。

通过电子商务网站，可实现如下目标。

（1）使商家通过网络将产品销售到全世界，使消费者足不出户便买到全世界的商品。

（2）实现在线销售、在线购物、在线支付，使商家和企业及时跟踪消费者的购物趋势。

（3）商家和企业可以利用电子商务在网上推广自己的独特形象。

（4）商家和企业可以利用电子商务与合作伙伴保持密切的联系，改善合作关系。

（5）商家可以为消费者提供及时的技术支持和技术服务，降低服务成本。

（6）促进商家和企业之间的信息交流，使双方及时得到各种信息，保证决策的科学性和及时性。

1.1.3　电子商务网站的视觉营销

视觉营销顾名思义，就是在用户的视觉感官上下功夫，以引起用户的共鸣，让用户对产品产生深刻的认同感，从而达到营销的目的。视觉营销通过塑造有别于竞争对手的独特的网站形象，吸引用户浏览网站，增加页面的访问量和提高页面的点击率，最终实现商品的销售或品牌文化的有效传播。要想让电子商务网站具有好的视觉营销效果，需要遵守以下几个原则。

1．突出行业特征

在进行电子商务网站视觉设计前，一定要了解商品的属性及对应行业的特征，然后在此基础上为电子商务网站选择相应的色彩和图片，如护肤品可以用绿色和粉红色来表现。

2．网站让人感觉美观、舒适

电子商务网站应该给人以美观、舒适的感觉，电子商务页面结构布局应该符合人们的浏览习惯。因为大多数人都是按照从左至右、从上至下的顺序浏览页面的，所以在设计电子商务网站页面布局时，把主推商品、导航栏和促销信息等重要内容放在页面左侧更能引起消费者的注意。

3．突出主题

电子商务网站需要有明确的主题，表达一定的意图和要求，并按照视觉心理规律和形式将主题主动传递给浏览者，使主题在适当的环境中被人们及时理解和接受，从而满足其需求。这就要求视觉设计不但要单纯、简练、清晰和精确，而且在强调艺术性的同时，更应该注重通过独特的风格和强烈的视觉冲击力来突出设计主题，以引起用户对网页的注意，增进用户对网页内容的理解。

4．依据网站的视觉识别系统设计

根据网站的视觉识别系统来进行电子商务页面设计，网站会具有较高的辨识度，消费者在浏览后，一般都可以留下深刻的印象。在设计电子商务页面时，一定要不断强化企业和商品的品牌元素，如企业标准颜色、企业标志等。

5．整体风格统一

网站的整体风格统一包括内容和形式的整体性。设计时强调网页的整体性，可以使用户更快捷、更准确、更全面地认识网站、掌握网站信息，并给人一种内部联系紧密、外部和谐完整的美感。提升整体性也是体现网站独特风格的重要手段。

电子商务网站视觉设计中容易出现设计风格不统一的错误，如网店形象和商品定位不统一、不同模块的风格不统一、图片的尺寸不统一、字体和颜色随意使用等，这样会让页面看起来杂乱无章。图 1-8 所示为整体风格统一的电子商务网站。

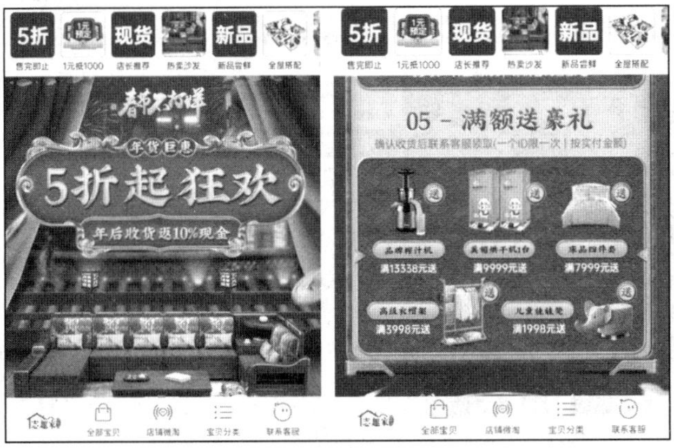

图 1-8　整体风格统一的电子商务网站

6．提高易用性

提高易用性的核心是充分考虑消费者的浏览习惯，在设计页面布局时需要从消费者的角度来

思考，让页面易懂、易用。如果页面布局（如功能按钮的位置）与消费者的浏览习惯不符，那么消费者可能会感觉不适应，还可能会因为找不到需要的模块或商品类别而离开。只有用户认可的、令人感觉舒适的电子商务网站，才会创造更好的浏览轨迹，增加页面停留时长、访问深度，降低跳失率，提高转化率。

1.1.4　电子商务网站的主要内容

电子商务网站是网站的一种，由于电子商务有其独有的特点和功能需求，因此，不同功能的电子商务网站的主要内容不同，下面分别进行介绍。

（1）用于宣传和推广的电子商务网站主要包括：关于我们、公司快讯、公司产品、招商加盟、技术中心、销售网络、诚聘人才等内容。图 1-9 所示为某个用于宣传和推广的电子商务网站。

图 1-9　用于宣传和推广的电子商务网站

（2）用于网上销售的电子商务网站主要包括：商品分类、商品展示与报价、客户注册与登录、客户订单、网上支付和客户购物信息查询等内容。图 1-10 所示为某个用于网上销售的电子商务网站。

图 1-10　用于网上销售的电子商务网站

（3）用于与客户交流并为其提供服务的电子商务网站主要包括：客户留言、网上论坛、邮件列表、售后服务和网上查询等内容。图 1-11 所示为某个用于与客户交流并为其提供服务的电子商务网站的在线留言功能。

图 1-11　某个用于与客户交流并为其提供服务的电子商务网站的在线留言功能

1.2　电子商务网页制作相关软件和技术

制作网页首先需要选择网页制作相关软件和技术。由于目前所见即所得类型的工具越来越多，使用也越来越方便，所以制作网页已经变成了一项轻松的工作。Dreamweaver、Photoshop 这两款软件相辅相成，是制作网页的常用软件。另外，制作网页还需要掌握 HTML5、JavaScript、CSS3、ASP 等技术。

1.2　电子商务
网页制作相关
软件和技术

1.2.1　Dreamweaver

Dreamweaver 是业界领先的 Web 开发工具，该工具可以帮助设计人员和开发人员高效设计、开发和维护网站。Dreamweaver 是网页设计与制作领域中用户多、应用广、功能强的软件。Dreamweaver 用于网页的整体布局和设计，以及对网站进行创建和管理，利用它可以轻而易举地制作出充满动感的网页。Dreamweaver 提供众多的可视化设计工具、应用开发环境以及代码编辑支持，使开发人员和设计人员能够快捷地创建功能强大的网络应用程序。

利用 Dreamweaver 可以进行网页排版布局、添加各种网页特效，还可以轻松开发出动态网页。图 1-12 所示为利用 Dreamweaver 制作网页的界面。

图 1-12　利用 Dreamweaver 制作网页的界面

1.2.2 Photoshop

网页中如果只有文字，则缺少生动性和活泼性，会影响视觉效果和整个页面的美观性，因此图片是网页的重要组成元素之一。使用 Photoshop 可以设计出精美的网页图片。Photoshop 是业界公认的图形图像处理"专家"，也是全球性的专业图像编辑行业标准。图 1-13 所示为利用 Photoshop 处理网页图片的界面。

图 1-13　利用 Photoshop 处理网页图片的界面

Photoshop 提供了高效的图像编辑和处理功能、人性化的操作界面，深受网页设计人员的青睐。Photoshop 集图像设计、合成和高品质输出等功能于一身，广泛应用于平面设计、网页美工、数码照片后期处理、建筑效果后期处理等诸多领域。该软件在网页前期设计中，无论是色彩的应用、版面的设计、文字特效和按钮的制作，还是网页动画的制作，均具有重要作用。

1.2.3　HTML5

HTML5 是一种用于组织 Web 内容的语言，其目的是通过创建一种标准和直观的标记语言，使 Web 设计和开发变得更容易。HTML5 提供了各种切割和划分页面的手段，并且允许创建的切割组件不仅能有逻辑地组织站点，而且能赋予网站聚合的能力。这是 HTML5 富有表现力的语义和实用性美学的基础，HTML5 赋予设计人员和开发人员各种层面的能力来向外发布各式各样的内容，从简单的文本内容到丰富的、交互式的多媒体无不包括在内。

HTML5 的基本结构如图 1-14 所示。

图 1-14　HTML5 的基本结构

下面介绍 HTML5 的基本结构。

（1）HTML 标签：<html>标签位于 HTML（Hypertext Markup Language，超文本标记语言）文档的最前边，用于标识 HTML 文档的开始，而</html>标签恰恰相反，它位于 HTML 文档的最后边，用于标识 HTML 文档的结束，两个标签必须一起使用。

（2）head 标签：<head>和</head>构成 HTML 文档的开头部分，在此标签对之间可以使用<title></title>、<script></script>等标签对，这些标签对都是用于描述 HTML 文档相关信息的，<head></head>标签对之间的内容不会在浏览器内显示出来，这两个标签必须一起使用。

（3）body 标签：<body></body>是 HTML 文档的主体部分，在此标签对之间可包含<p></p>、<h1></h1>、
</br>等众多的标签对，它们定义的文本、图片等内容将会在浏览器内显示出来，这两个标签必须一起使用。

（4）title 标签：使用过浏览器的人可能会注意到浏览器窗口顶部显示的文本信息，那些信息一般是网页的"标题"，要将网页的标题显示到浏览器的顶部其实很简单，只需要在<title></title>标签对之间加入要显示的文本即可。

1.2.4　JavaScript

使用 JavaScript 等简单易懂的脚本语言，结合 HTML 代码，可快速地完成网站的制作。

脚本语言介于 HTML 和 C、C++、Java、C#等编程语言之间。脚本语言又被称为扩建的语言，或者动态语言，是一种编程语言，用来控制软件应用程序。目前各类脚本语言被广泛应用于网页设计中，因为脚本语言不仅可以减小网页的规模和提高网页浏览速度，还可以丰富网页的表现，如动画、声音等。

脚本语言主要特点如下。

- 脚本语言的语法比较简单，比较容易掌握。
- 脚本语言与应用程序密切相关，通常用于编写和执行与应用程序相关的功能。
- 脚本语言的代码能够被实时生成和执行。
- 脚本语言不需要编译，一般都由相应的脚本引擎来解释执行。

下面通过一个简单的实例熟悉 JavaScript 的基本使用方法。

```html
<html>
<head>
<title>JavaScript</title>
</head>
<body>
<script language="javascript">
document.write("<font size=10 color=#fchfdm>JavaScript 的基本使用方法!</font>");
</script>
</body>
</html>
```

代码中加粗的部分就是 JavaScript 脚本的具体应用，浏览效果如图 1-15 所示。

JavaScript的基本使用方法!

图 1-15　JavaScript 脚本的具体应用

以上代码应用了简单的 JavaScript 脚本,它分为 3 部分,第一部分是<script language="javascript">,它告诉浏览器下面是 JavaScript 脚本,开头使用<script>标签,表示这是一个脚本的开始,在<script>

标签中使用 language 指明使用哪一种脚本（因为并不只存在 JavaScript 一种脚本，还有 VBScript 等脚本，所以这里要用 language 属性指明使用的是 JavaScript 脚本）；第二部分是 JavaScript 脚本，用于创建对象、定义函数或直接执行某一功能；第三部分是</script>，用于告诉浏览器 JavaScript 脚本到此结束。

1.2.5 CSS3

网页最初是用 HTML 标签，如标题标签<h1>、段落标签<p>、表格标签<table>等，来定义页面文档及格式的。但这些标签不能满足更多的文档样式需求，为了解决这个问题，1997 年万维网联盟（World Wide Web Consortium，W3C）在颁布 HTML4 标准的同时，也公布了有关样式表的第一个标准 CSS1，自 CSS1 发布之后，又在 1998 年 5 月发布了 CSS2，样式表得到了充实。

样式表使用 CSS 的首要目的是将网页上的元素精确定位。其次，它把网页上的内容结构和格式控制相分离。浏览者想要看到的是网页上的内容结构，而为了让浏览者更好地看到这些信息，就要使用 CSS 来控制格式。内容结构和格式控制相分离，使得网页可以仅由内容构成，而网页的格式通过 CSS 文件来控制。

目前，CSS3 是移动 Web 开发的主要技术之一，它在界面修饰方面占有重要的地位。由于移动设备的 Web 浏览器都支持 CSS3，因此对于不同浏览器之间的兼容性问题，它们之间的差异非常小。不过对于移动 Web 浏览器的某些 CSS 特性，仍然需要在兼容性方面做一些工作。

CSS3 作为在 HTML 页面负责页面布局和页面装饰的技术，可以更加有效地对页面布局、字体、颜色、背景及动画效果实现精确控制。图 1-16 所示为使用 CSS3 布局的网页。 

图 1-16 使用 CSS3 布局的网页

1.2.6 ASP

ASP 是 Active Server Pages 的缩写，意为"活动服务器页面"。ASP 是微软公司开发的代替公共网关接口（Common Gateway Interface，CGI）脚本的一种应用，它可以与数据库和其他程序进行交互，是一种简单、方便的编程工具。ASP 的网页文件的格式是.asp，现在常应用于各种动态网站中。ASP 提供了服务器端脚本编写环境，可以用来创建和运行动态网页或 Web 应用程序。ASP 可以包含 HTML 标签、普通文本、脚本命令以及 COM 组件等。利用 ASP 可以向网页中添加交互式内容，也可以创建并使用 HTML 网页作为用户界面的 Web 应用程序。

与 HTML 相比，ASP 具有以下特点。

（1）利用 ASP 可以突破静态网页的一些功能限制，实现动态网页技术。

（2）ASP 文件是包含在 HTML 代码所组成的文件中的，易于修改和测试。

（3）服务器上的 ASP 解释程序会在服务器端制定 ASP 程序，并将结果以 HTML 格式传递到浏览器上，因此各种浏览器都可以正常浏览 ASP 创建的网页。

（4）ASP 提供了一些内置对象，使用这些对象可以使服务器端脚本功能更强。例如，可以从 Web 浏览器中获取用户通过 HTML 表单提交的信息，并在脚本中对这些信息进行处理，然后向 Web 浏览器发送信息。

（5）ASP 可以使用服务器端的 ActiveX 组件来执行各种各样的任务，如存取数据、收发 E-mail 和访问文件系统等。

（6）由于服务器将 ASP 程序执行的结果以 HTML 格式传回浏览器，因此使用者不会看到 ASP 编写的原始程序代码，可防止 ASP 程序代码被窃取。

1.3　创建和管理站点

本节讲述创建本地站点、管理站点文件。

1.3.1　创建本地站点

在使用 Dreamweaver 制作网页之前，需要先创建一个本地站点，这是为了更好地利用站点对文件进行管理，也尽可能减少错误，如路径、链接出错。建议建立一个文件夹，用于存放网站的所有文件，再在文件夹内建立几个子文件夹，将文件分类保存。

1.3　创建本地站点

使用 Dreamweaver 创建"时尚女装"本地站点，具体操作步骤如下。

（1）启动 Dreamweaver，选择菜单中的"站点"→"新建站点"命令，如图 1-17 所示。

（2）弹出"站点设置对象"对话框，在对话框中选择"站点"，在"站点名称"文本框中输入站点名称"时尚女装"，单击"本地站点文件夹"文本框右边的"浏览文件夹"按钮，如图 1-18 所示。

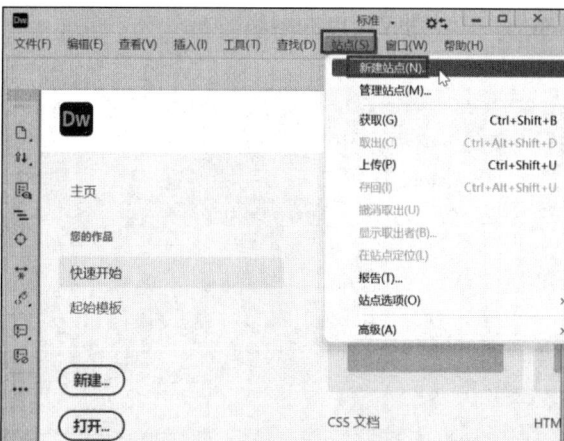

图 1-17　"新建站点"命令

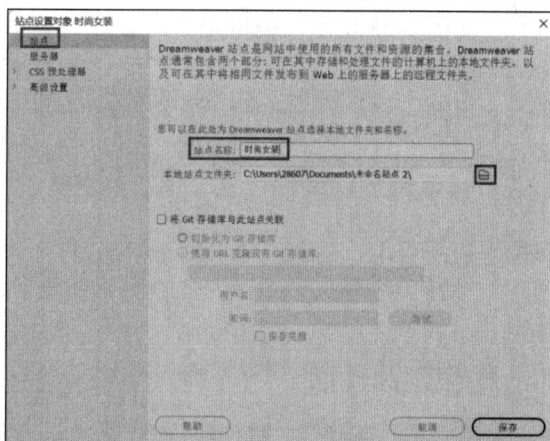

图 1-18　"站点设置对象 时尚女装"对话框

（3）弹出"选择根文件夹"对话框，选择本地站点文件夹后单击"选择文件夹"按钮，如图 1-19 所示。

（4）可以看到"本地站点文件夹"已经更改，如图 1-20 所示，单击"保存"按钮，即可创建一个站点。

（5）本地站点文件及文件夹如图 1-21 所示。

图 1-19 "选择根文件夹"对话框

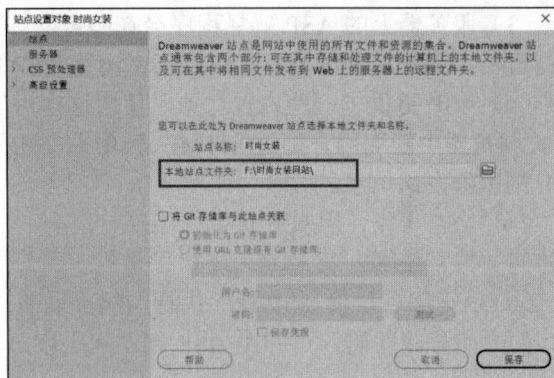

图 1-20 已经更改的"本地站点文件夹"

图 1-21 本地站点文件及文件夹

1.3.2 管理站点

在 Dreamweaver 中，可以对本地站点进行管理，如编辑、删除等，具体操作步骤如下。

（1）创建站点后，可以对站点进行编辑，选择菜单中的"站点"→"管理站点"命令，弹出"管理站点"对话框，在对话框中单击"编辑当前选定的站点"按钮 ✐，如图 1-22 所示。

（2）弹出"站点设置对象 时尚女装"对话框，在"高级设置"选项卡中可以编辑站点的相关信息，如图 1-23 所示，编辑完毕，单击"保存"按钮，即可完成站点的编辑。

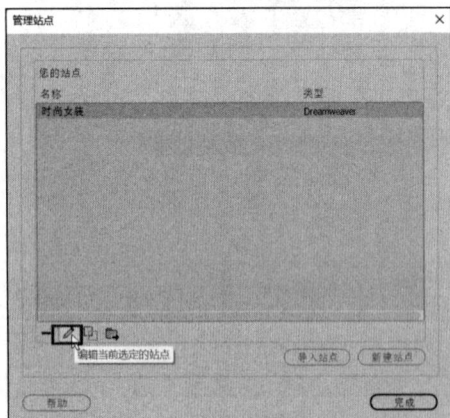

图 1-22 单击"编辑当前选定的站点"按钮

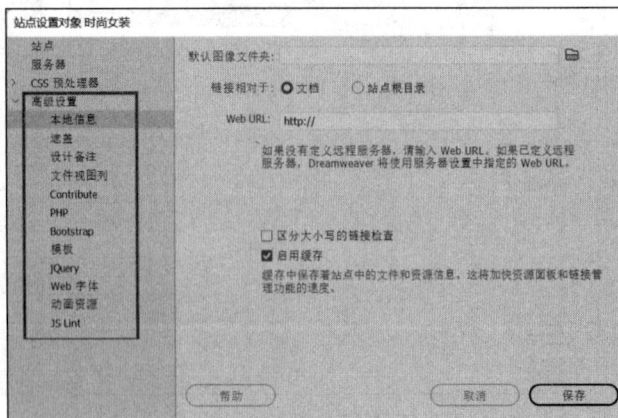

图 1-23 "站点设置对象 时尚女装"对话框

（3）如果不再需要某站点，则可以将其从站点列表中删除，在"管理站点"对话框中选中要删除的站点，单击"删除当前选定的站点"按钮 ━，如图 1-24 所示。

（4）弹出提示对话框，询问用户是否要删除本地站点，如图 1-25 所示，单击"是"按钮，即可将本地站点删除。

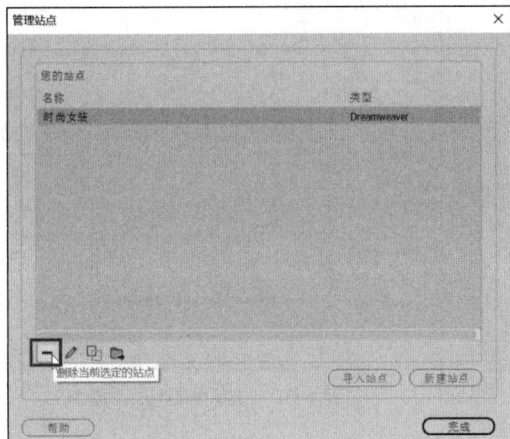

图 1-24　单击"删除当前选定的站点"按钮

图 1-25　提示对话框

【单元小结】

（1）首先介绍了读者应掌握的电子商务网站的一些基础知识，包括网页的基本构成元素、电子商务网站的概念、电子商务网站的视觉营销、电子商务网站的主要内容和功能。

（2）电子商务网站的设计与开发并不是一件简单的事情，需要掌握一定的软件和技术才能完成，如 Dreamweaver、Photoshop、HTML5、CSS3、JavaScript 等。

（3）站点是一系列文档的组合，这些文档通过各种链接联系起来。Dreamweaver 是一款用于创建和管理站点的工具，使用它不仅可以创建单独的网页，还可以创建完整的站点。

（4）电子商务网站的设计与开发需要具备一定的技能，同时需要考虑企业形象、用户体验等方面。只有在这些要素的基础上，才能开发出优秀的电子商务网站，以提高企业的竞争力和市场份额。

【综合实训】规划并创建"祥和家居"网站站点

制作任何网站的第一步都是创建一个"站点"，这样可以使整个网站的脉络结构清晰，避免以后再进行复杂的管理。下面讲述规划并创建"祥和家居"网站站点的相关内容。

一、实训目的

本实训的目的为规划并创建"祥和家居"网站站点。

（1）掌握本地站点的创建方法。

（2）掌握站点内文件夹的建立方法。

二、实训内容

完成本实训需要先创建站点，然后创建站点内的文件夹，具体实训内容如下。

1．创建站点

使用 Dreamweaver 创建"祥和家居"本地站点，具体操作步骤如下。

（1）将案例素材复制到本地计算机硬盘(如 E 盘)中的已经创建好的同名文件夹"xianghe"中。

（2）启动 Dreamweaver，选择菜单中的"站点"→"新建站点"命令，弹出"站点设置对象"对话框，在对话框中选择"站点"，在"站点名称"文本框中输入站点名称"祥和家居"，单击"本地站点文件夹"文本框右边的"浏览文件夹"按钮，如图 1-26 所示。

（3）弹出"选择根文件夹"对话框，找到文件夹后单击"选择文件夹"按钮，如图 1-27 所示。

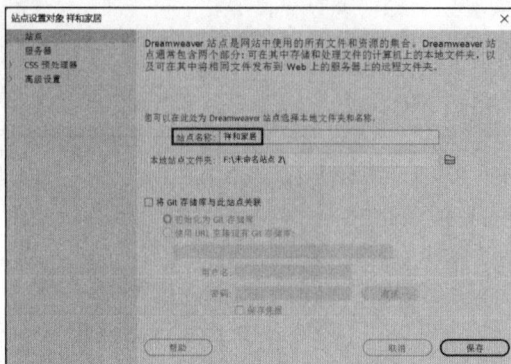

图 1-26 "站点设置对象 祥和家居"对话框

图 1-27 "选择根文件夹"对话框

（4）返回"站点设置对象 祥和家居"对话框，单击"保存"按钮，在"文件"面板中出现"祥和家居"站点，并列出了该站点文件夹中的所有文件，如图 1-28 所示。

图 1-28 站点文件夹中的所有文件

2. 建立站点内文件夹

接着建立站点内文件夹，具体操作步骤如下。

（1）在"文件"面板中的站点根文件夹上单击鼠标右键，在弹出的快捷菜单中选择"新建文件夹"，如图 1-29 所示。可以看到在"文件"面板中新建了一个名为 untitled 的文件夹，将文件夹名修改为 images，如图 1-30 所示。

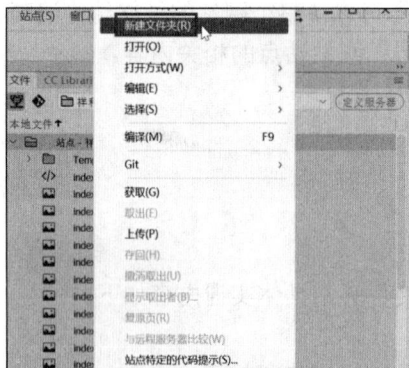

图 1-29 选择"新建文件夹"

图 1-30 将文件夹名修改为 images

（2）在"文件"面板中借助"Ctrl"键选中所有图片文件，如图 1-31 所示，在所选的文件上按住鼠标左键将其拖到站点文件夹 images 上，松开鼠标左键，即可将所选文件移动到 images 文件夹内，如图 1-32 所示。

图 1-31　选中所有图片文件

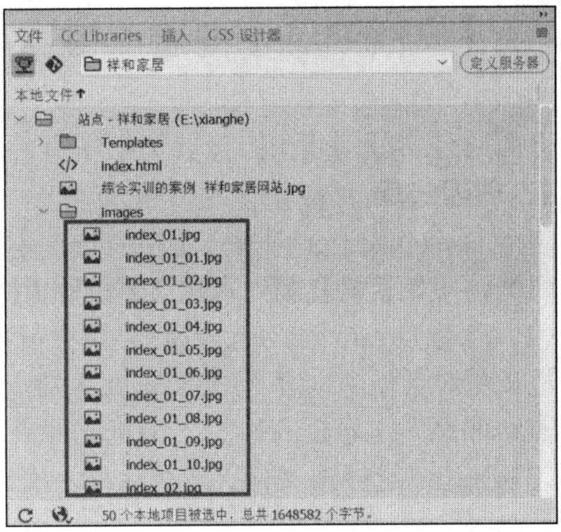

图 1-32　将所选文件移动到 images 文件夹内

【理论练习】

一、填空题

1. _____是网页的重要组成元素，它的任务是帮助浏览者在站点内快速查找信息。

2. 可以在网页中使用_____、_____、_____等多种图片格式。

3. _____是指一个企业或机构在互联网上建立的站点，是企业开展电子商务的基础设备和信息平台。

4. _____、_____这两款软件相辅相成，是制作网页的常用软件。

二、单选题

1. （　　）是横幅广告，是互联网广告中最基本的广告形式之一。

    A．网站 Logo　　　　　B．网站 Banner　　　　　C．网站轮播图片　　　　　D．网站导航

2. 关于网站 Banner，下列说法错误的是（　　）。

    A．网站 Banner 首先要美观

    B．网站 Banner 只可以使用静态图像

    C．Banner 要与整个网页协调

    D．Banner 可以位于网页顶部、中部或底部任意位置

3. （　　）是一种用于组织 Web 内容的语言，其目的是通过创建一种标准和直观的标记语言，使 Web 设计和开发变得更容易。

    A．CSS　　　　　B．Javascript　　　　　C．HTML5　　　　　D．ASP

4. 关于电子商务网页制作软件和技术，下列说法错误的是（　　）。

    A．Dreamweaver 用于网页的整体布局和设计，以及对网站进行创建和管理

    B．可以利用 Dreamweaver 进行网页排版布局、添加各种网页特效

    C．使用 Photoshop 可以设计出精美的网页图像

    D．使用 Javascript 可以对网页进行精准定位

三、简答题

1. 网页的基本构成元素有哪些？

2. 什么是电子商务网站？

3. 电子商务网站视觉营销需要遵守哪些原则？

4. 电子商务网页制作软件和技术有哪些？

【实战演练】创建"宝盛首饰"站点

下面通过实战创建"宝盛首饰"站点。

1. 创建站点

使用 Dreamweaver 创建"宝盛首饰"本地站点，具体操作步骤如下。

（1）将案例素材复制到本地计算机硬盘(如 E 盘)中的已经创建好的同名文件夹"baosheng"中。

（2）启动 Dreamweaver，选择菜单中的"站点"→"新建站点"命令，弹出"站点设置对象"对话框，在对话框中选择"站点"，在"站点名称"文本框中输入站点名称"baosheng"，单击"本地站点文件夹"文本框右边的"浏览文件夹"按钮，如图 1-33 所示。

（3）弹出"选择根文件夹"对话框，找到文件夹后单击"选择文件夹"按钮，如图 1-34 所示。

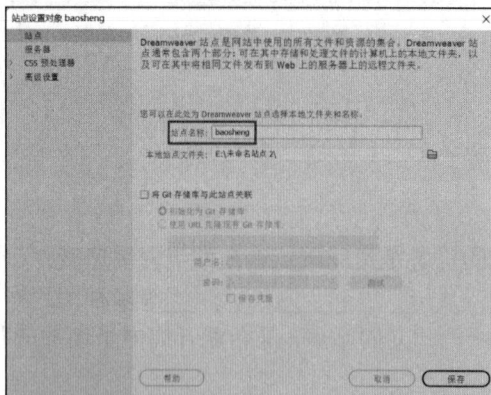

图 1-33 "站点设置对象 baosheng"对话框

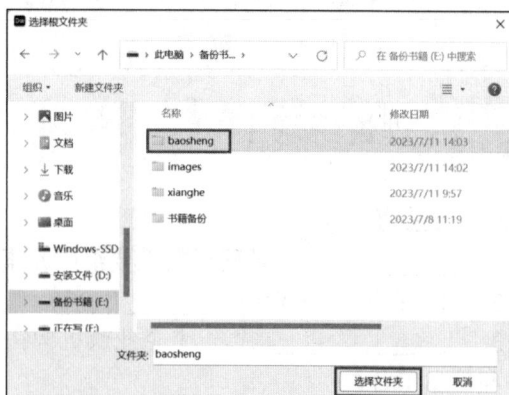

图 1-34 "选择根文件夹"对话框

2. 建立站点内文件夹

接着建立站点内文件夹，具体操作步骤如下。

（1）在"文件"面板中的站点根文件夹上单击鼠标右键，在弹出的快捷菜单中选择"新建文件夹"，可以看到在"文件"面板中新建了一个名为 untitled 的文件夹，将文件夹名修改为 images，如图 1-35 所示。

（2）在"文件"面板中借助"Ctrl"键选中所有图片文件，在所选的文件上按住鼠标左键将其拖到站点文件夹 images 上，松开鼠标左键，将所选文件移动到 images 文件夹内，如图 1-36 所示。

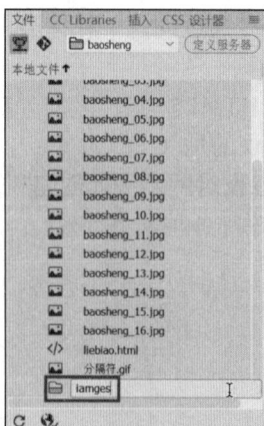

图 1-35 将文件夹名修改为 images

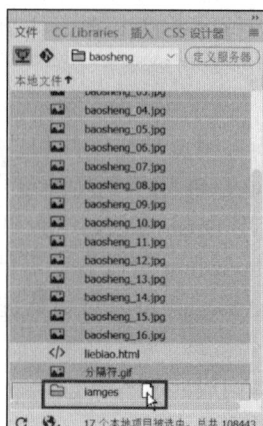

图 1-36 将所选文件移动到 images 文件夹内

2 Chapter

第 2 章
使用 Photoshop 处理商品图片

电子商务网站的特殊之处在于消费者只能通过图片、文字、视频来了解商品，图片往往是吸引消费者的关键因素，所以商品图片的美化与修饰非常重要。一幅好的商品图片胜过千言万语，有经验的网页设计人员都非常重视商品图片。每个商家都需要有清晰、漂亮的图片来宣传自己的商品。通过对本章的学习，读者可以掌握使用 Photoshop 处理商品图片的相关知识。

学习目标

- 了解 Photoshop 工作界面。
- 熟悉调整与美化商品图片的方法。
- 掌握创建文字的方法。
- 掌握修饰商品图片的方法。
- 掌握添加图片特效的方法。

2.1　Photoshop 工作界面

本书基于 Photoshop 2020 进行讲解。Photoshop 的工作界面给用户提供了可充分表现自我的设计空间，在方便用户操作的同时，也提高了工作效率。Photoshop 的工作界面是编辑、处理图片的平台，主要由菜单栏、工具箱、工具选项栏、文档窗口、面板组等部分组成，如图 2-1 所示。

图 2-1　Photoshop 的工作界面

1. 菜单栏

Photoshop 的菜单栏包括"文件""编辑""图像""图层""文字""选择""滤镜""3D""视图""窗口""帮助"这 11 个菜单，如图 2-2 所示。

图 2-2　菜单栏

各菜单的功能如下。

- "文件"菜单：对所修改的图像进行打开、关闭、存储、输出、打印等操作。
- "编辑"菜单：包含编辑图像涉及的各种操作，如复制、粘贴等。
- "图像"菜单：用于修改图像的各种属性，包括图像和画布的大小、图像的颜色等。
- "图层"菜单：包括图层的基本操作。
- "文字"菜单：用于设置文本的相关属性。
- "选择"菜单：选择操作区域，以给选区中的图像添加各种效果，使其发生各种变化而不改变选区外的图像，还提供了各种控制和变换选区的命令。
- "滤镜"菜单：用于添加各种特殊效果。
- "3D"菜单：可以制作许多立体效果，使图像看起来多维化。
- "视图"菜单：主要用于对标尺、参考线等进行设置，以规范图像。
- "窗口"菜单：用于改变活动文档，以及打开和关闭 Photoshop 的各个浮动面板。
- "帮助"菜单：引导用户到官网完成注册、帮助用户解决问题等。

2. 工具箱及工具选项栏

Photoshop 的工具箱包含多种工具，如图 2-3 所示，要使用这些工具，只需单击工具箱中的工具按钮。使用 Photoshop 绘制图像或处理图像时，需要先在工具箱中选择工具，然后在工具选项栏中进行相应的设置，如图 2-4 所示。

图 2-3　工具箱

图 2-4　工具选项栏

3．文档窗口

文档窗口既是显示图像的区域，又是编辑和处理图像的区域，如图 2-5 所示。在文档窗口中可以使用 Photoshop 几乎所有的功能，也可以对文档窗口进行多种操作，如改变文档窗口的大小和位置。

4．面板组

在默认情况下，面板组（见图 2-6）位于文档窗口右侧，其主要功能是查看和修改图像。可使用多种不同方式组织界面中的面板，也可以将面板组存储在面板箱中，使它们不干扰网站设计工作且易于访问。

图 2-5　文档窗口

图 2-6　面板组

2.2　调整与美化商品图片

Photoshop 中调整与美化商品图片的方式包括调整图像大小、使用"色阶"命令、使用"曲线"命令、调整图像亮度与对比度、调整图像色相与饱和度，每一种调整方式都会使图片产生不一样的效果。

2.2.1 调整图片大小

在处理电子商务网站的商品图片时，会有各种不同的大小需求。图片太大会影响页面的打开速度，所以常常需要调整图片的大小。调整图片大小是电子商务网站设计人员需要掌握的基本技能之一。使用 Photoshop 中的"图像大小"命令可以调整图片的大小。下面介绍如何利用 Photoshop 调整图片的大小，具体操作步骤如下。

（1）启动 Photoshop，打开需要调整的图片文件，如图 2-7 所示。

（2）选择菜单中的"图像"→"图像大小"命令，弹出"图像大小"对话框，如图 2-8 所示，在对话框中将图片的"宽度"和"高度"都调整为 500 像素。

图 2-7　打开图片文件

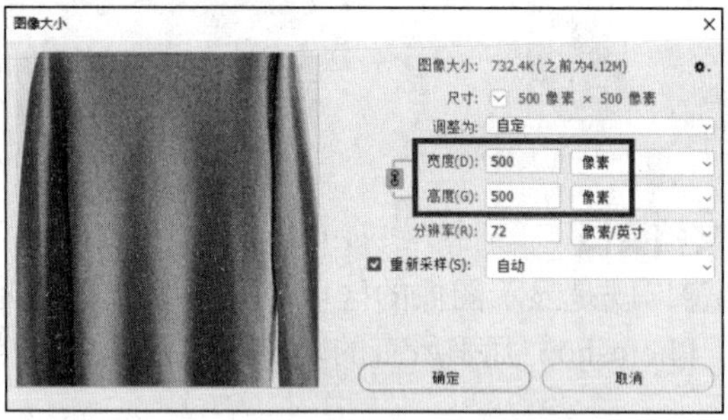

图 2-8　"图像大小"对话框

"图像大小"对话框中可以设置如下内容。

- "图像大小"："图像大小"出现在对话框顶部，旧文件大小则显示在其后面的括号内。
- "尺寸"：要更改尺寸的度量单位，可单击"尺寸"旁边的下拉按钮，从打开的下拉列表框中选择度量单位。
- "调整为"：选择自定以调整图像大小。
- "宽度"和"高度"：用于显示图像的宽度和高度数值，在文本框中可以直接输入数值进行设置，还可以从"宽度"或"高度"文本框旁边的下拉列表框中选择度量单位。
- "约束"：要保持最初的宽高度比例，则启用"约束比例"图标。如果要分别缩放宽度和高度，则单击"约束比例"图标（链接图标）以取消它们的链接。
- 分辨率：要更改"分辨率"，可输入一个新值，也可以选择其他度量单位。
- 重新采样：要更改图像大小或分辨率，以及按比例调整像素总数，则勾选"重新采样"。要更改图像大小或分辨率，而又不更改图像的像素总数，则取消勾选"重新采样"。

（3）单击"确定"按钮，即可调整图片尺寸。调整尺寸后的图片如图 2-9 所示。

图 2-9　调整尺寸后的图片

2.2.2 使用"色阶"命令

可以使用"色阶"命令调整图像的阴影、中间调和高光的强度级别，从而校正图像的色调范围和色彩平衡。下面介绍如何使用 Photoshop 调整图片色阶，具体操作步骤如下。

（1）启动 Photoshop，打开图 2-10 所示的图片文件。

（2）选择菜单中的"图像"→"调整"→"色阶"命令，弹出"色阶"对话框，单击"选项"

按钮，如图 2-11 所示。

图 2-10　打开图片文件

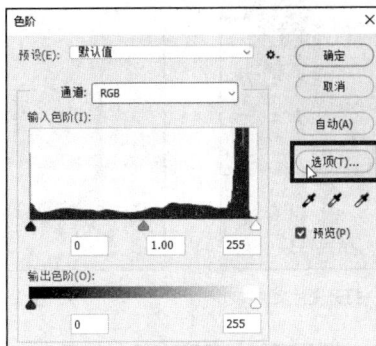

图 2-11　单击"选项"按钮

"色阶"对话框中可以设置如下内容。

- 选项：单击该按钮可以更改自动调节命令中的默认参数。
- 若要调整特定颜色通道的色调，则从"通道"下拉列表框中选择需要调整的通道。
- 若要手动调整阴影和高光，则将黑色和白色的"输入色阶"滑块拖到直方图任意一端的第一组像素的边缘即可。
- 若要调整中间调，则使用中间的"输入色阶"滑块来调整灰度系数。

（3）在弹出的"自动颜色校正选项"对话框的"算法"选项组中选中"查找深色与浅色"单选按钮，如图 2-12 所示，在"目标颜色和修剪"选项组中设置"阴影""中间调""高光"的颜色和数值，完成后单击"确定"按钮，系统将自动匹配颜色，调整色阶后的效果如图 2-13 所示。

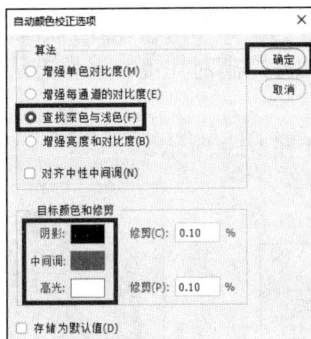

图 2-12　选中"查找深色与浅色"单选按钮

图 2-13　调整色阶后的效果

2.2.3　使用"曲线"命令

"曲线"命令是调整偏色最有效的命令之一。曲线实际上是一个坐标图，其中 x 轴表示输入，y 轴表示输出。调整图片的曲线可以让图片更有层次，画面感更强，效果更丰富。下面介绍如何使用 Photoshop 调整曲线，具体操作步骤如下。

2.3　使用"曲线"命令

（1）启动 Photoshop，打开图 2-14 所示的图片文件。

（2）选择菜单中的"图像"→"调整"→"曲线"命令，弹出图 2-15 所示的"曲线"对话框。在曲线图上设置一个点，将曲线往上拉，调整 RGB 通道中的曲线形状。

在"曲线"对话框中更改曲线的形状可改变图像的色调和颜色。曲线向上或向下弯曲将使图像变亮或变暗。曲线上比较陡直的部分代表图像对比度较高的区域。相反，曲线上比较平缓的部分代表图像对比度较低的区域。

（3）调整曲线后的效果如图 2-16 所示。

图 2-14　打开图片文件　　　　　图 2-15　"曲线"对话框　　　　　图 2-16　调整曲线后的效果

2.2.4　调整图片亮度与对比度

提高亮度是指提高图片整体的亮度，这样可以使图片的暗部细节更好地展现出来。提高对比度是指提高图片明暗区域中最亮的白色和最暗的黑色之间的差异程度。明暗区域的差异程度越大，图片对比度越高，提高对比度后，图片整体偏亮；明暗区域的差异程度越小，图片的对比度越低，降低对比度后，图片整体偏暗。下面调整一幅图片的亮度和对比度，以提高图片品质，具体操作步骤如下。

（1）启动 Photoshop，打开图片文件，如图 2-17 所示。

（2）选择菜单中的"图像"→"调整"→"亮度/对比度"命令，弹出"亮度/对比度"对话框，向左拖动滑块可降低亮度和对比度，向右拖动滑块可提高亮度和对比度。设置"亮度"为 97，"对比度"为 0，如图 2-18 所示。

"亮度/对比度"对话框主要有以下选项。

- 亮度：向左拖动滑块可降低亮度，向右拖动滑块可提高亮度，滑块右边的数值反映亮度值。
- 对比度：向左拖动滑块可降低对比度，向右拖动滑块可提高对比度，滑块右边的数值反映对比度值。

（3）查看调整后的效果，可以看到图片明显变亮了，如图 2-19 所示。

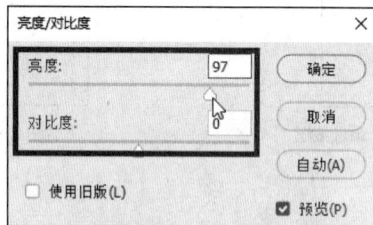

图 2-18　"亮度/对比度"对话框

图 2-17　打开图片文件　　　　　　　　　　　　　　　图 2-19　调整图片亮度和对比度

2.2.5　调整图片色相与饱和度

"色相/饱和度"命令主要用于调整图片的鲜艳程度。按"Ctrl+U"组合键，弹出"色相/饱和度"对话框，如图 2-20 所示，可以看到，中间的参数就是色彩的 3 个属性，即"色相""饱和度""明度"。在"颜色"下拉列表框中有"全图""红色""黄色""绿色""青色""蓝色""洋红"等选项，如图 2-21 所示。选择不同的选项，可以对单个颜色进行调整，也可以对整个图片的颜色进行调整。

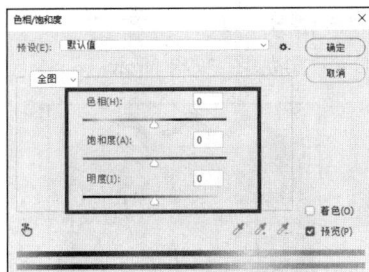

图 2-20 "色相/饱和度"对话框

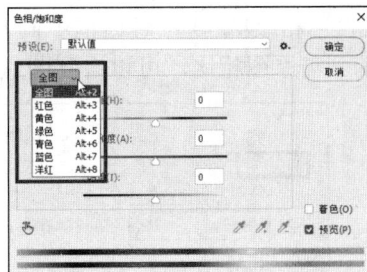

图 2-21 "颜色"下拉列表框

"色相/饱和度"对话框主要有以下选项。

- 预设：从"预设"下拉列表框中选取色相/饱和度预设。
- 全图：选择全图可以一次性调整所有颜色，也可以选择调整其他颜色。
- 色相：拖动"色相"滑块或输入一个值，直到对颜色满意为止。值的范围是-180～+180。
- 饱和度：输入一个值，或向右拖动"饱和度"滑块以提高饱和度，向左拖动以降低饱和度。值的范围是-100～+100。
- 明度：输入一个值，或者向右拖动"明度"滑块以提高明度，向左拖动以降低明度。值的范围是-100（黑色的百分比）～+100（白色的百分比）。

下面介绍如何使用 Photoshop 调整图片的色相和饱和度，如将蓝色调整为紫色，将整个图片颜色调整为偏绿等，具体操作步骤如下。

（1）启动 Photoshop，打开一个图片文件，如图 2-22 所示。

（2）按"Ctrl+U"组合键，弹出"色相/饱和度"对话框，默认情况下对全图调色。拖动"色相"滑块，将"色相"调整为-26，如图 2-23 所示，图片会发生相应的色彩变化，调整色相后的效果如图 2-24 所示。

图 2-22 打开图片文件

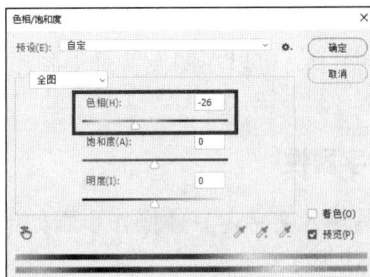

图 2-23 调整色相

图 2-24 全图调整色相后的效果

（3）下面进行单色调整。在"色相/饱和度"对话框的"颜色"下拉列表框中选择"红色"，拖动"色相"滑块，将"色相"调整为+180，如图 2-25 所示，图片会发生相应的色彩变化。可以看到，图 2-24 中的红色变成了蓝色，其他色彩没有改变，单色调整色相后的效果如图 2-26 所示。

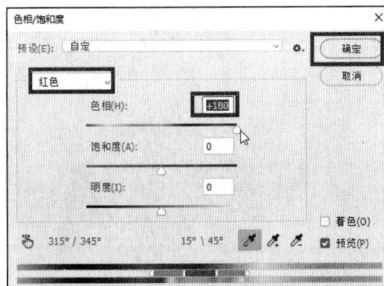

图 2-25 调整"红色"的色相

图 2-26 单色调整色相后的效果

（4）在"色相/饱和度"对话框中向右拖动"饱和度"滑块，将"饱和度"调整为+55，如图 2-27 所示。与原图相比，可以看到图片变得更加明亮，效果如图 2-28 所示。

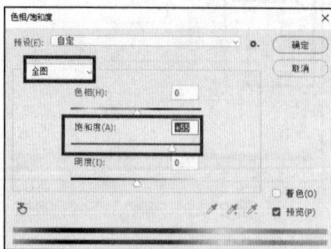

图 2-27　拖动"饱和度"滑块

图 2-28　图片变得更加明亮

（5）在"色相/饱和度"对话框中，向左拖动"明度"滑块，将"明度"调整为-39，如图 2-29 所示，这时图片变暗，效果如图 2-30 所示。

图 2-29　拖动"明度"滑块

图 2-30　图片变暗

2.3　创建文字

Photoshop 提供了丰富的文字工具，可以在图像背景上制作多种复杂的文字效果。

2.3.1　输入文字并设置文字属性

在 Photoshop 中使用文本工具输入文字，具体操作步骤如下。

（1）打开图像文件，如图 2-31 所示。

（2）选择工具箱中的"横排文字工具" T，将鼠标指针移动到文档窗口中，在图像上单击，弹出文本框，在其中输入文本"新品上市"，如图 2-32 所示。

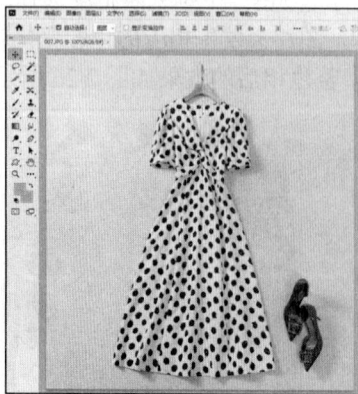

2.4　输入文字并设置文字属性

图 2-31　打开图像文件

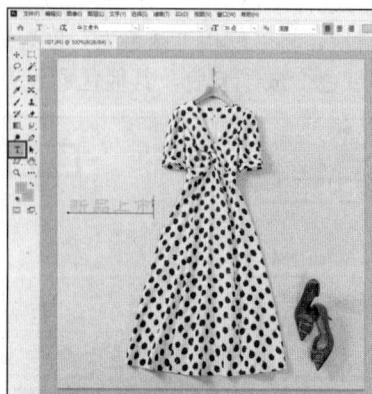

图 2-32　输入文本

（3）双击输入的文字，选中文字，如图 2-33 所示。

（4）在工具选项栏中的"字体"下拉列表框中选择要更改的字体，如图 2-34 所示。

（5）选定更改的字体后，更改字体的效果如图 2-35 所示。

图 2-33 选中文字 　　　　　　图 2-34 选择字体 　　　　　　图 2-35 更改字体

（6）在工具选项栏中的"大小"下拉列表框 中，可以设置文字的字号，如图 2-36 所示。

（7）在工具选项栏中单击"颜色"按钮 ，弹出"拾色器（前景色）"对话框，在该对话框中将"颜色"设置为#0b0b0b，如图 2-37 所示。

（8）单击"确定"按钮，即可设置文字颜色，效果如图 2-38 所示。

图 2-36 设置文本的字号 　　　　图 2-37 "拾色器（前景色）"对话框 　　　　图 2-38 设置文字颜色

2.3.2 为商品图片添加立体文字

下面为商品图片添加立体文字，效果如图 2-39 所示，具体操作步骤如下。

（1）打开图像文件，选择工具箱中的"横排文字工具" ，如图 2-40 所示。

图 2-39 为商品图片添加立体文字 　　　　　　图 2-40 选择"横排文字工具"

（2）在工具选项栏中将字体设置为"华文新魏"，将字号设置为"36 点"，将字体颜色设置为#f12e1a，在文档窗口中输入文字"买 3 件送 1 件"，如图 2-41 所示。

图 2-41 输入文字

（3）在"图层"面板中选择文本图层并右击，在弹出的快捷菜单中选择"复制图层"选项，弹出"复制图层"对话框，如图 2-42 所示。

（4）单击"确定"按钮，复制图层，如图 2-43 所示。

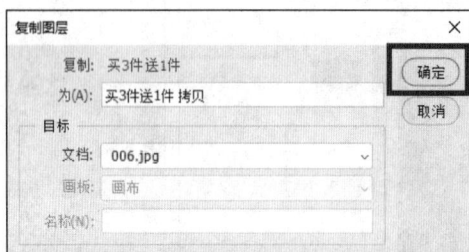

图 2-42 "复制图层"对话框

图 2-43 复制图层

（5）选择菜单中的"图层"→"图层样式"→"渐变叠加"命令，弹出"图层样式"对话框，在该对话框中单击"渐变"右边的渐变色条，如图 2-44 所示。

（6）在弹出的"渐变编辑器"对话框中设置渐变颜色，如图 2-45 所示。

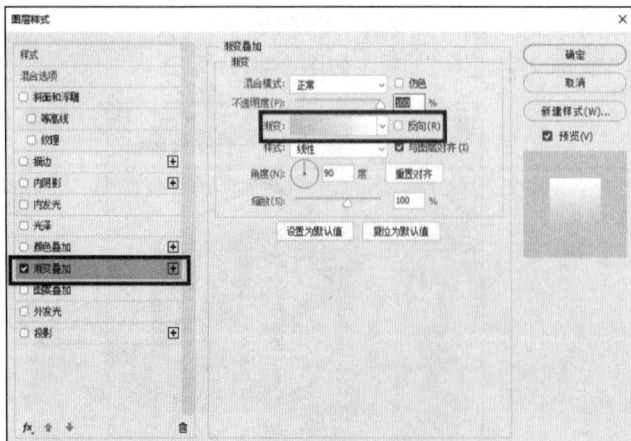

图 2-44 "图层样式"对话框

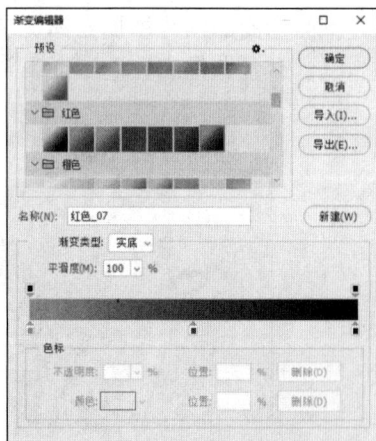

图 2-45 设置渐变颜色

（7）勾选"内阴影"复选框，在弹出的列表框中设置相应的参数，如图 2-46 所示。

（8）勾选"描边"复选框，在弹出的列表框中设置相应的参数，如图 2-47 所示。

图 2-46　设置"内阴影"选项　　　　　　　　　　图 2-47　设置"描边"选项

（9）单击"确定"按钮，设置图层样式，效果如图 2-48 所示。

（10）选择工具箱中的"移动工具" ，将图层向下移动一段距离，使文本具有立体效果，如图 2-49 所示。

图 2-48　设置"图层样式"　　　　　　　　　　　图 2-49　立体效果

2.4　修饰商品图片

电子商务网站设计人员在修饰商品图片时，要根据不同的要求和目的选择不同的修饰方法，下面介绍修饰商品图片的几种常用方法。

2.4.1　去除背景中多余的物品

拍摄环境杂乱会导致拍摄出的商品照片不够美观，此时，电子商务网站设计人员可使用内容识别填充功能和"内容感知移动工具"来快速对图片进行处理，具体操作步骤如下。

（1）启动 Photoshop，打开一个图片文件，如图 2-50 所示。

（2）使用"套索工具" 将图片中的多余物品创建为选区，如图 2-51 所示。

（3）选择菜单中的"编辑"→"填充"命令，打开"填充"对话框，在"内容"下拉列表框中选择"内容识别"选项，单击"确定"按钮，如图 2-52 所示。

（4）返回工作界面，可查看多余物品被清除后的效果，如图 2-53 所示。

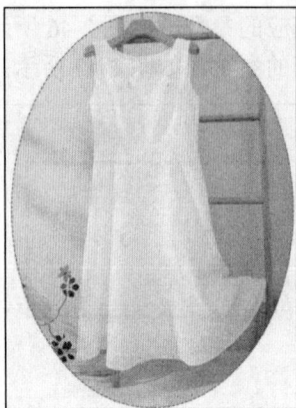

图 2-50　打开一个图片文件

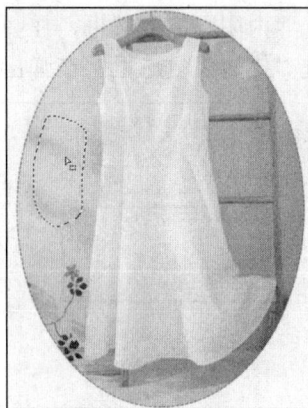

图 2-51　创建选区

图 2-52　选择"内容识别"选项

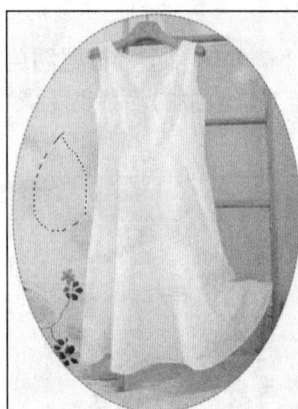

图 2-53　多余物品被清除后的效果

"填充"对话框主要有以下选项。

- 内容：使用附近的相似图像内容填充选区。
- 颜色适应：（默认启用）通过某种算法将填充颜色与周围颜色混合。
- 模式：从下拉列表框中选择混合模式。
- 不透明度：指定不透明度。

（5）使用同样的方法将图片中有污迹的部分创建为选区，使用内容识别填充功能清除污迹。若清除不到位，则可以选择"内容感知移动工具"，在污迹旁边干净的区域绘制能够覆盖污迹的选区，如图 2-54 所示。

图 2-54　创建选区

2.4.2 提高图片的清晰度

在 Photoshop 中，使用"锐化"命令可以提高图片的清晰度。当然，不是所有图片都能提高清晰度，因此在获取图片时，应尽可能获取高质量的图片。若条件允许，则应将图片输出为 RAW 格式，为后期提高图片清晰度留出更大的余地。下面介绍如何使用 Photoshop 提高图片清晰度，具体操作步骤如下。

（1）打开一个不清晰的图片文件，如图 2-55 所示。

（2）选择菜单中的"图像"→"模式"→"Lab 颜色"命令，如图 2-56 所示。

（3）打开"图层"面板，在该面板中复制"背景"图层，如图 2-57 所示。

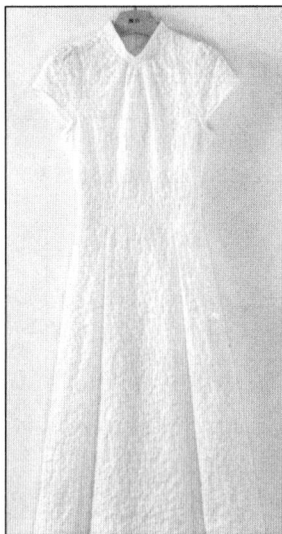

图 2-55 打开图片文件

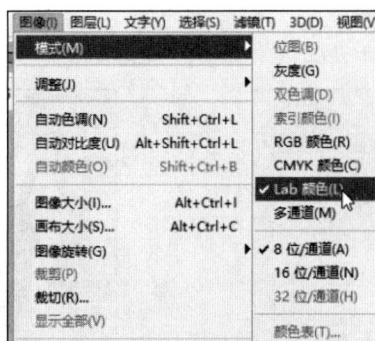

图 2-56 选择"Lab 颜色"命令

图 2-57 复制"背景"图层

（4）选择菜单中的"滤镜"→"锐化"→"USM 锐化"命令，弹出"USM 锐化"对话框，在该对话框中设置"数量"为 88%，"半径"为 9.4 像素，"阈值"为 77 色阶，如图 2-58 所示。

（5）在"图层"面板中将"模式"设置为"柔光"，"不透明度"设置为 65%，如图 2-59 所示。

（6）如果图片还是不够清晰，则还可以复制相应的图层，直到调整清晰为止，如图 2-60 所示。

图 2-58 "USM 锐化"对话框设置

图 2-59 设置图层模式和不透明度

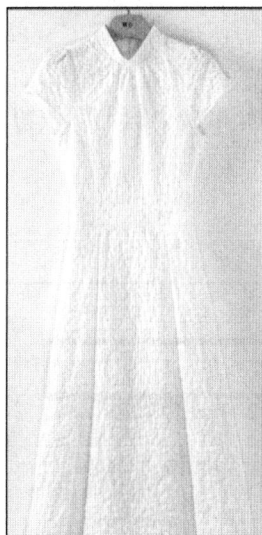

图 2-60 提高图片清晰度效果

2.5 添加图片特效

在处理图片时，电子商务网站设计人员除了可以修饰图片、丰富图片内容外，还可以为图片添加特效，如虚化背景、添加精美边框，这样可以更好地突出商品特征。

2.5.1 虚化背景

对于一些主体物和背景无法区分、层次不明的图片，当需要将图片的主体物表现出来时，虚化背景是一种常用的方法，这种方法可以使焦点聚集在主体物上，营造出前实后虚的效果，从而避免背景喧宾夺主，影响主体物的展示。下面介绍如何虚化背景，具体操作步骤如下。

（1）打开图片文件，使用"磁性套索工具" 在图片中沿着物品轮廓绘制选区，如图 2-61 所示。

（2）选择菜单中的"选择"→"反选"命令，反选选区，如图 2-62 所示。

图 2-61 使用"磁性套索工具"绘制选区

图 2-62 反选选区

（3）选择菜单中的"选择"→"修改"→"羽化"命令，弹出"羽化选区"对话框，在"羽化半径"文本框中输入"8"，让选区的边缘变得更加柔和，如图 2-63 所示。

（4）选择菜单中的"滤镜"→"模糊"→"高斯模糊"命令，弹出"高斯模糊"对话框，将"半径"设置为 4.5 像素，如图 2-64 所示。

（5）单击"确定"按钮，返回工作界面，取消选择选区，可以看到背景虚化后的效果，如图 2-65 所示。

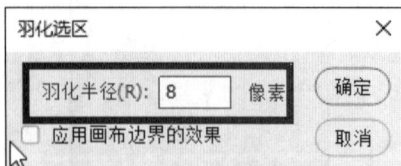

图 2-63 输入"羽化半径"值

图 2-64 设置"半径"

图 2-65 背景虚化后的效果

2.5.2 添加精美边框

用 Photoshop 给图片添加边框，是实际操作中常用的一种方法，目的在于美化图片，使图片看上去更加美观，不同的边框效果会造成不同的视觉冲击，具体操作步骤如下。

2.5 添加精美边框

（1）选择菜单中的"选择"→"全部"命令，选择图片，打开图片文件，选择菜单中的"选择"→"全部"命令，选择图片，如图 2-66 所示。

（2）选择菜单中的"编辑"→"描边"命令，弹出"描边"对话框，在该对话框中进行相应的设置，设置描边宽度为 10 像素，颜色为紫色，如图 2-67 所示。

图 2-66 打开图片文件

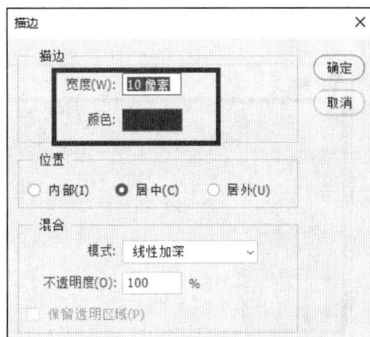

图 2-67 "描边"对话框

"描边"对话框主要有以下选项。

- 宽度：设置描边的宽度。
- 颜色：设置描边的颜色。
- 位置：设置是在选区或图层边界的内部、外部还是中心放置边框。
- 模式：从下拉列表框中选择混合模式。
- 不透明度：指定不透明度。

（3）描边后的效果如图 2-68 所示。

（4）选择工具箱中的"矩形选框工具" ，选出一个稍小于边框的选区，然后按"Shift+Ctrl+I"组合键反选，如图 2-69 所示。

图 2-68 描边后的效果

图 2-69 反选图片

（5）选择菜单中的"滤镜"→"像素化"→"彩色半调"命令，弹出"彩色半调"对话框，在该对话框中进行相应的设置，如图 2-70 所示。

（6）彩色半调效果如图 2-71 所示。

"彩色半调"对话框主要有以下选项。

- 最大半径：输入一个以像素为单位的值，范围为 4～127。
- 网角：为一个或多个通道输入网角值。

对于灰度图像，只使用通道 1。

对于 RGB 图像，使用通道 1～通道 3，分别对应红色、绿色和蓝色通道。

对于 CMYK 图像，使用通道 1～通道 4，分别对应青色、洋红、黄色和黑色通道。

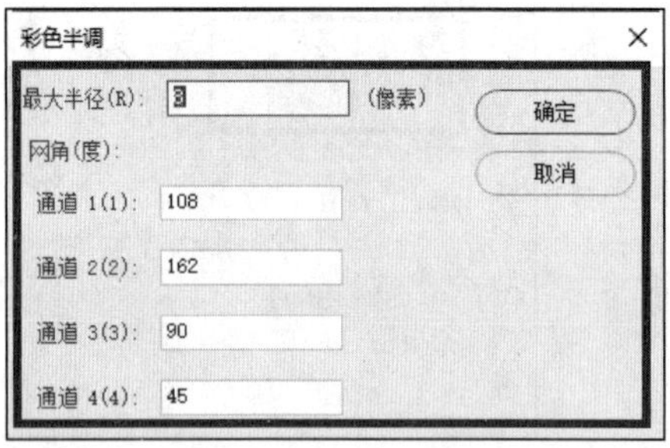

图 2-70 "彩色半调"对话框

图 2-71 彩色半调效果

【单元小结】

（1）网页设计人员经常需要在网页中插入一些图片，但这些图片往往不符合要求，这时就要对这些图片进行适当的处理，图片处理是网页设计中非常重要的工作内容之一。

（2）Photoshop 是一款图片设计与制作软件，可以用来对图片进行编辑加工及给图片添加一些特殊效果。为了处理商品图片，需要掌握 Photoshop 基础知识，如 Photoshop 的工作界面、利用 Photoshop 调整与美化商品图片、创建文字、修饰商品图片、添加图片特效。

（3）图像的色彩调整是图像调整的一个重要方面，使用 Photoshop 中的色彩调整命令可以对整个图像的色彩进行调整。图像色彩调整的常用命令包括"色阶""曲线""亮度/对比度""色相/饱和度"等。

（4）文字设计是网页设计的重要内容，随着 Photoshop 的不断升级，Photoshop 的文字处理功能有了很大的改进，对不合理的地方进行了调整，并增加了很多实用的功能。文字的排列组合直接影响着版式的美观和信息穿透力。因此，Photoshop 中文字工具的应用和文字设计的方法是增强视觉传达效果、提高网页吸引力、赋予版面审美价值的一种重要技术。

【综合实训】处理"祥和家居"商品图片

图片处理在设计电子商务网页的过程中非常重要，可以提高网页的可视性，提升网页的用户体验。图片处理可以让商品图片更加清晰，让用户能更加清晰地看到商品的外观，提高商品的展示效果，增强用户购买欲，从而提升商品的购买率。下面介绍处理"祥和家居"商品图片的相关内容。

一、实训目的

本实训的目的为处理"祥和家居"商品图片。

（1）掌握 Photoshop 中裁剪和调整图片大小的方法。

（2）掌握 Photoshop 中调整图片颜色的方法。

（3）掌握 Photoshop 中输入文字的方法。

二、实训内容

完成本实训需要先打开图片文件，调整图片大小，然后调整图片颜色，最后输入文字并设置样式，具体实训内容如下。

1. 调整图片大小

调整图片大小的具体操作步骤如下。

（1）启动 Photoshop，打开需要调整大小的图片文件，在工具箱中选择"裁剪工具"，裁剪边界显示在图片的边缘，如图 2-72 所示。

（2）裁剪是指移除图片的某些部分，绘制新的裁剪区域，可以拖动角和边缘手柄指定图片的裁剪边界，如图 2-73 所示。

图 2-72　选择"裁剪工具"

图 2-73　绘制新的裁剪区域

（3）按"Enter"键裁剪，裁剪后的效果如图 2-74 所示。

（4）选择菜单中的"图像"→"图像大小"命令，弹出"图像大小"对话框，如图 2-75 所示，在该对话框中将图片的"宽度"和"高度"分别调整为 450 像素和 438 像素。

图 2-74　裁剪后的效果

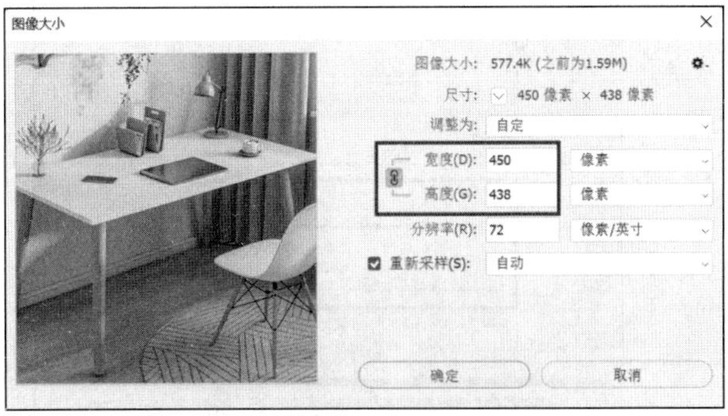

图 2-75　"图像大小"对话框

（5）单击"确定"按钮，裁剪和调整图像大小后的效果如图 2-76 所示。

图 2-76　裁剪和调整图像大小后的效果

2. 调整图片颜色

调整图片颜色的具体操作步骤如下。

（1）接上一个步骤，选择菜单中的"图像"→"调整"→"亮度/对比度"命令，弹出"亮度/对比度"对话框，在该对话框中设置"亮度"为15，"对比度"为20，如图 2-77 所示，调整亮度和对比度后的效果如图 2-78 所示。

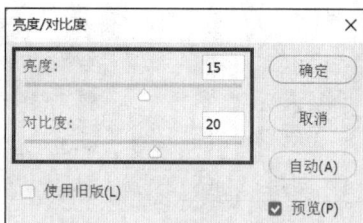

图 2-77　"亮度/对比度"对话框

图 2-78　调整亮度和对比度后的效果

（2）选择菜单中的"图像"→"调整"→"色相/饱和度"命令，弹出"色相/饱和度"对话框，默认情况下对全图调色。在该对话框中将"饱和度"调整为+10，将"明度"调整为+5，如图 2-79 所示，图片会发生相应的色彩变化。调整后的效果如图 2-80 所示。

图 2-79　调整"饱和度"和"明度"

图 2-80　调整后的效果

3．输入文字并设置样式

输入文字并设置样式的具体操作步骤如下。

（1）接上一个步骤，选择工具箱中的"横排文字工具" ，如图 2-81 所示。

（2）在工具选项栏中将字体设置为"黑体"，将字号设置为"28 点"，在文档窗口中输入文字"小清新办公桌"，如图 2-82 所示。

图 2-81　选择"横排文字工具"

图 2-82　输入文字

（3）选择菜单中的"图层"→"图层样式"→"投影"命令，弹出"图层样式"对话框，在该对话框中设置投影样式，如图 2-83 所示。

（4）设置投影样式后的效果如图 2-84 所示。

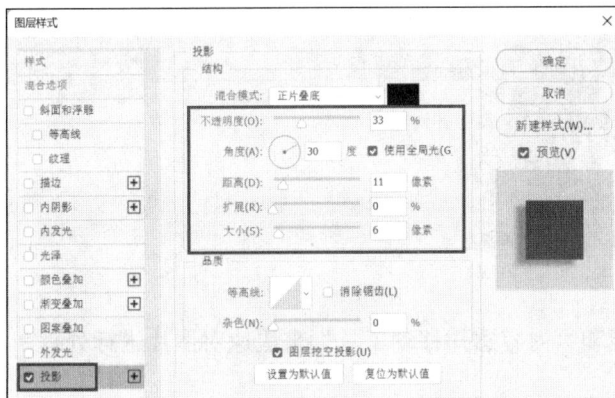

图 2-83　设置投影样式

图 2-84　设置投影样式后的效果

【理论练习】

一、填空题

1．Photoshop 的工作界面主要由＿＿＿＿＿＿＿＿、＿＿＿＿＿＿＿＿、＿＿＿＿＿＿＿＿、＿＿＿＿＿＿＿＿等部分组成。

2．＿＿＿＿＿＿＿＿对所修改的图像进行打开、关闭、存储、输出、打印等操作。

3．使用 Photoshop 中的＿＿＿＿＿＿＿＿命令可以调整图片的尺寸。

4．可以使用＿＿＿＿＿＿＿＿命令调整图像的阴影、中间调和高光的强度级别，从而校正图像的色调范围和色彩平衡。

二、单选题

1.（   ）既是显示图像的区域，又是编辑和处理图像的区域。

　　A．文档窗口　　　　　B．工具箱　　　　　C．面板组　　　　　D．菜单栏

2.（   ）菜单包含编辑图像涉及的各种操作，如复制、粘贴等。

　　A．"图像"　　　　　B．"编辑"　　　　　C．"文件"　　　　　D．"选择"

3.（   ）命令是调整偏色最有效的命令之一，可以让图片更有层次，画面感更强，效果更丰富。

　　A．色相/饱和度　　　B．亮度/对比度　　　C．曲线　　　　　　D．色阶

三、简答题

1．Photoshop 的菜单栏包含哪些菜单项？

2．如何调整图片大小？

3．如何调整图片色相与饱和度？

4．如何调整图片亮度和对比度？

【实战演练】处理"宝盛首饰"商品图片

珠宝首饰商品图片需要展示其品质、材质、设计、做工等方面的综合效果。商品本身的污迹或者杂乱的拍摄环境会导致拍摄出的商品图片不够美观，可利用 Photoshop 的内容识别填充功能和"内容感知移动工具"来快速对图片进行处理，清除完污迹后还需要调整商品图片的大小和色彩。最终处理后的商品图片如图 2-85 所示。

图 2-85　处理后的商品图片

1．清除商品上的污迹

可利用 Photoshop 的内容识别填充功能和"内容感知移动工具"来快速对图片进行处理，具体操作步骤如下。

（1）启动 Photoshop，打开需要处理的商品图片，使用"套索工具"将图片的污迹部分创建为选区，如图 2-86 所示。

（2）选择菜单中的"编辑"→"填充"命令，打开"填充"对话框，在"内容"下的"使用"下拉列表框中选择"白色"选项，单击"确定"按钮，如图 2-87 所示。

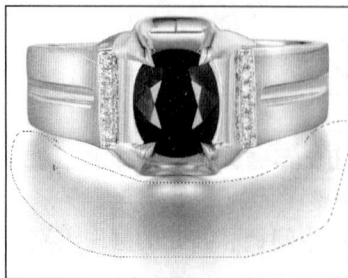

图 2-86　创建选区

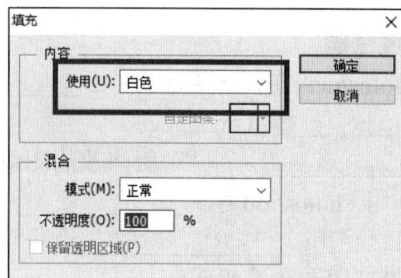

图 2-87　"填充"对话框

（3）返回工作界面查看污迹被清除后的效果，如图 2-88 所示。

图 2-88 污迹被清除后的效果

（4）使用同样的方法将图片中其他有污迹的部分创建为选区，使用内容识别填充功能清除污迹，若清除不到位，则可以选择"内容感知移动工具"，在污迹旁边干净的区域绘制能够覆盖污迹的选区，如图 2-89 所示。

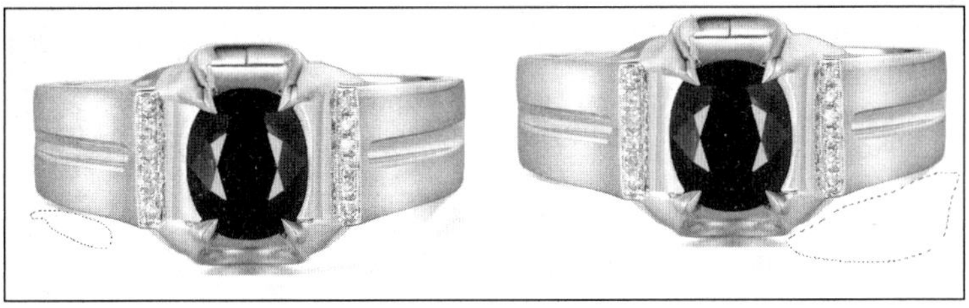

图 2-89 清除其他污迹

2．调整商品图片大小和色彩

调整商品图片大小和色彩后的效果如图 2-90 所示。

（1）选择菜单中的"图像"→"图像大小"命令，调整图像大小。

（2）选择菜单中的"图像"→"调整"→"亮度/对比度"命令，调整亮度/对比度。

（3）选择菜单中的"图像"→"调整"→"色相/饱和度"命令，调整色相/饱和度。

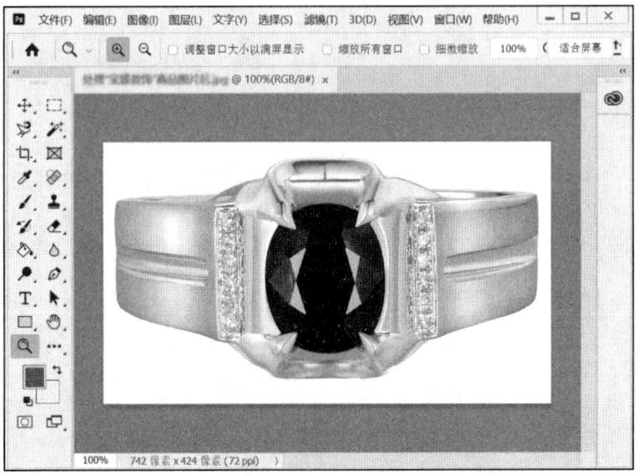

图 2-90 调整商品图片大小和色彩后的效果

3 Chapter

第 3 章
使用 Photoshop 设计网页中的图片元素

在网页设计中，图片的应用可以使网页更加美观、生动，而且图片是传递信息的一种重要手段，它具有很多文字无法比拟的优点。本章将讲述如何利用 Photoshop 设计网页中的图片元素，包括设计网站 Logo、设计商品主图、设计商品促销海报、设计网站首页、切割网页图片。

学习目标

☐ 掌握设计网站 Logo 的方法。

☐ 熟悉设计商品主图的方法。

☐ 掌握设计商品促销海报的方法。

☐ 掌握设计网站首页的方法。

☐ 掌握切割网页图片的方法。

3.1 设计网站 Logo

网站 Logo 作为非常重要的网站视觉设计元素，起着非常重要的作用。一个让人赏心悦目的网站 Logo 能够快速吸引消费者的注意，网页设计人员必须重视网站 Logo 的设计。

3.1.1 网站 Logo 的分类

网站 Logo 是网站的标志，有着相当重要的地位，好的网站 Logo 能给消费者留下深刻的印象，有利于商家扩展自己的客户群。网站 Logo 不仅代表网站的风格、商家的品位、商品的特性，还能起到宣传的作用。图 3-1 所示为销售生活电器的某网站的 Logo。

图 3-1　销售生活电器的某网站的 Logo

从网站 Logo 的设计表现形式来看，网站 Logo 可以分为中文网站 Logo、英文网站 Logo、图形网站 Logo 和图文结合网站 Logo。

1. 中文网站 Logo

中文网站 Logo 主要由汉字构成，适用于多种传播方式，其最大的特点是易于记忆、一目了然。图 3-2 所示的韩都衣舍的网站 Logo 就是中文网站 Logo。

在设计中文网站 Logo 时，要先寻找和品牌风格吻合的字体，然后在该字体的基础上进行笔画变形和调整，让字体呈现出简洁鲜明的形象，在修改时要把商品理念融入其中。

2. 英文网站 Logo

英文网站 Logo 主要由英文字母构成，其含义不容易第一时间被消费者理解，可以将其看作一个符号。图 3-3 所示为某鞋店的网站 Logo，由英文"SHOE ROOM"构成。

英文字母一共有 26 个，算上大小写和常用的阿拉伯数字 0~9，一共有 62 个元素。与汉字相比，其字体设计的工作量相对较小。英文也拥有非常丰富的字体样式。

图 3-2　韩都衣舍中文网站 Logo

图 3-3　鞋店英文网站 Logo

3. 图形网站 Logo

图形网站 Logo 是使用图形作为网站 Logo，图形包括自然图形，也包括点、线、面等不规则的图形组合。从自然图形抽象得出网站 Logo，最重要的是"做减法"，逐步去除不必要的细节，使不规则的线条变成规则的、对称的、平滑的线条。图 3-4 和图 3-5 所示为图形网站 Logo。

图 3-4　图形网站 Logo

图 3-5　图形网站 Logo

4. 图文结合网站 Logo

图文结合网站 Logo 使用图形与文字相结合的方式进行设计，这种网站 Logo 发挥了文字及图形的优点，图文并茂，形象生动，又易于识别。用图形作为网站 Logo 时，如果不添加店名或品牌名，则给人留下的印象是有限的，添加文字信息后会让人一目了然。图 3-6 所示为伊利旗舰店的网站 Logo。

图 3-6　伊利旗舰店的网站 Logo

3.1.2　网站 Logo 的设计策略和技巧

一个好的网站 Logo 能让人眼前一亮，因此商家通常会专门设计独特的网站 Logo。常见的网站 Logo 设计策略和技巧如下。

1. 网站 Logo 元素应与网站相关

网站 Logo 设计可以采用色彩、图案、文字等多种元素。网站 Logo 使用的元素应和网站有关，如网站的名字、网站的商品、创业理念等，使用这些元素设计出来的网站 Logo 更容易被人们记住。在符合要求的基础上，使用醒目的颜色、独特的图形、精美的字体和强烈的动画效果，都可以给人留下深刻的印象。

2. 网站 Logo 设计应有权威性

网站 Logo 是网站视觉传达的核心，也是网站传递信息的主要渠道，因此应具有权威性。

3. 网站 Logo 设计应有造型

网站 Logo 的造型千变万化，有抽象符号、中外文字组合等，如图 3-7 所示。网站 Logo 的造型会影响消费者对商品品质的信心和对网站形象的认同程度。

图 3-7　不同造型的网站 Logo

4. 网站 Logo 风格与网站整体设计风格应统一

网站 Logo 的风格应与网站的经营理念、文化特色、经营的内容和网站整体设计风格等相符，只有这样，才能获得消费者的认同。图 3-8 所示的网站 Logo 风格和网站的整体设计风格就非常统一。

图 3-8　网站 Logo 风格与网站整体设计风格统一

5. 网站 Logo 精准化设计

网站 Logo 的视觉设计一旦确定，随之展开的就是网站 Logo 的精准化设计工作，其中包括网站 Logo 与其他基本设计要素的组合。精准化设计的目的是对网站 Logo 的应用进行系统化、规范化、标准化的科学管理。

3.1.3　网站 Logo 的制作方法

按照网站 Logo 的状态，网站 Logo 可以分为静态网站 Logo 和动态网站 Logo，下面分别介绍它们的制作方法。

1. 制作静态网站 Logo

一般来说，静态网站 Logo 由文字和图像构成。其中有些网站 Logo 用纯文字表示，有些网站 Logo 用图像表示，也有一些网站 Logo 既包含文字，又包含图像。

对于有自己的网站 Logo 的商家，可以用数码相机将商标拍下来，然后用 Photoshop 进行处理，或通过扫描仪将网站 Logo 扫描下来，再使用图像处理软件来编辑。

对于有绘图基础的商家，可以先在纸上画好草图，然后用数码相机或扫描仪将图像输入计算机，再使用图像处理软件来完善。

2. 制作动态网站 Logo

动态网站 Logo 就是将多个图像和文字效果制作成 GIF 动画。可以使用 GIF 制作工具来制作动态网站 Logo，如 Photoshop、Ulead GIF Animator 等。设计前应准备好背景图片及商品图片，然后考虑要添加什么文字，如网站名称或主打商品等，接着使用相关软件制作即可。图 3-9 所示为使用 Photoshop 制作的 GIF 网站 Logo。

图 3-9　使用 Photoshop 制作的 GIF 网站 Logo

3.1.4　设计网站 Logo

下面讲述如何制作女装电子商务网站 Logo，如图 3-10 所示，具体操作步骤如下。

3.1　设计网站 Logo

图 3-10　网站 Logo

（1）启动 Photoshop，选择菜单中的"文件"→"新建"命令，弹出"新建"对话框。将"宽度"设置为 400 像素，将"高度"设置为 300 像素，将"分辨率"设置为 72 像素/英寸，将"颜色模式"设置为 8 位"RGB 颜色"，将"背景内容"设置为"白色"，如图 3-11 所示。

（2）设置完毕，单击"确定"按钮，新建一个背景为白色的空白文档，如图 3-12 所示。

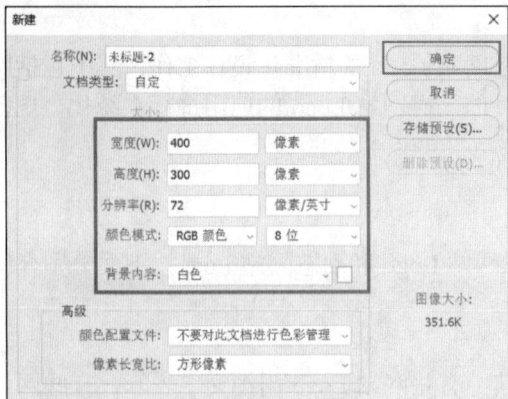

图 3-11 "新建"对话框设置

图 3-12 新建空白文档

（3）选择工具箱中的"渐变工具" ，双击工具选项栏中的"点按可编辑渐变"下拉列表框，如图 3-13 所示，弹出"渐变编辑器"对话框。在该对话框中设置第一个色标的颜色为深红色（#23060f），第二个色标的颜色为粉红色（#fca6bf），如图 3-14 所示。

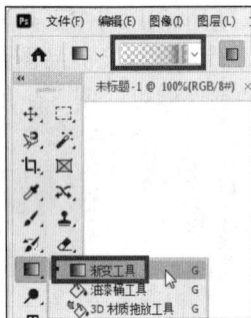

图 3-13 选择"渐变工具"并双击下拉列表框

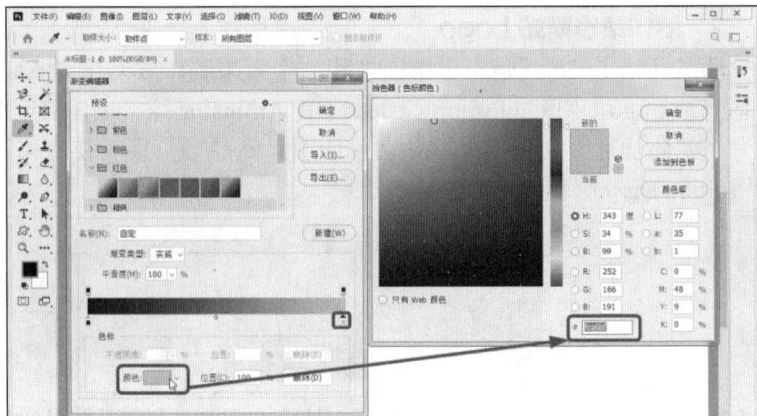

图 3-14 设置色标的颜色

（4）设置完毕，单击"确定"按钮。按住鼠标左键，在文档窗口中拖曳鼠标，对背景进行填充，如图 3-15 所示。

（5）选择菜单中的"文件"→"打开"命令，弹出"打开"对话框，在该对话框中选择"花1"文件，单击"打开"按钮，如图 3-16 所示。

图 3-15 填充背景

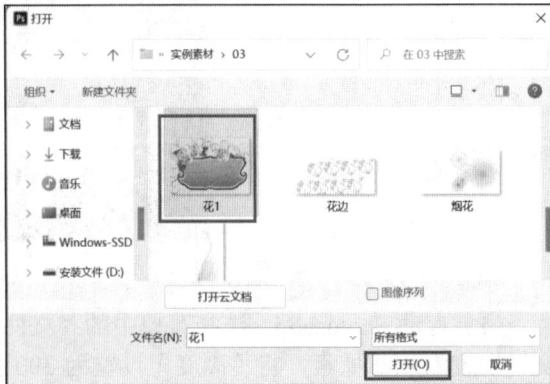

图 3-16 选择文件

（6）打开"花 1"图片文件，如图 3-17 所示。

（7）按"Ctrl+A"组合键将图像全部选中，选择菜单中的"编辑"→"拷贝"命令，复制图像，如图 3-18 所示。

图 3-17　打开图片文件

图 3-18　复制图像

（8）返回文档，选择菜单中的"编辑"→"粘贴"命令，粘贴图像，然后选择工具箱中的"移动工具"，将图像移动到文档窗口左上角，如图 3-19 所示。

（9）选择工具箱中的"横排文字工具"，在工具选项栏中将字号设置为"36 点"，然后在背景图片上输入文字"时尚女装"，如图 3-20 所示。

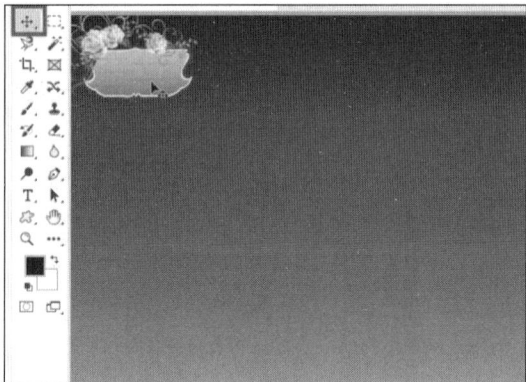

图 3-19　粘贴并移动图像

图 3-20　输入文字"时尚女装"

（10）选择菜单中的"图层"→"图层样式"→"外发光"命令，弹出"图层样式"对话框，在该对话框中将"大小"设置为 3 像素，将"不透明度"设置为 75%，将颜色设置为淡黄色，如图 3-21 所示。

（11）单击"确定"按钮，应用图层样式后的效果如图 3-22 所示。

图 3-21　"图层样式"对话框

图 3-22　应用图层样式后的效果

3.2 设计商品主图

商品主图的设计对于商家来说是非常重要的，商品主图的好坏决定了商品点击率的高低，点击率的高低也影响着这个商品能否成为爆款。

3.2.1 商品主图的设计规范

商品主图可以直接将商品信息、活动更好、更快地传递给消费者。商品主图的设计规范如下。

1. 图片美观

设计商品主图时要注意图片的美观性。有些商家不懂美工设计，在设计商品主图时过于随意，这对网站的发展是非常不利的。

2. 图片清晰

想让图片吸引人，激发消费者的购买欲望，就要保证图片足够清晰。清晰的商品主图不仅能体现商品的细节和各种相关的信息，还能极大地增强商品的视觉冲击力。模糊、错乱的图片不仅影响消费者的视觉体验，还影响商品的价值体现，最严重的后果是导致消费者对商品失去信心。图 3-23 所示为清晰的商品主图。

3. 卖点突出

点击率高的商品主图，其商品卖点一般都很突出。要想制作出优质的商品主图，就需要对商品进行充分的了解，然后根据商品的具体功能进行挖掘，分析目标人群，挖掘核心卖点。商家在添加卖点文案时，一定要选择为最重要的功能添加文案，不要把所有的功能都展示在图片上，否则会造成图片内容混乱、缺乏美感，甚至本末倒置。图 3-24 所示为卖点突出的商品图片。

图 3-23 清晰的商品主图

图 3-24 卖点突出的商品图片

4. 背景合适

在选择图片的背景时，需要针对不同的商品进行具体分析。纯色背景能给人清新的感觉，在更好地突出主体商品的同时，也便于添加文字说明。合理的布局可以提升商品的形象，更容易吸引消费者的注意。

3.2.2 商品主图的设计形式

对商品主图的基本要求是图片清晰，并且没有杂乱的背景。商品主图的设计形式主要有展示商品全貌、场景化设计、拼接式设计、突出品牌这 4 种。

1. 展示商品全貌

展示商品全貌是商品主图常用的设计形式之一，展示商品全貌的商品主图如图 3-25 所示。这种设计形式的优点是画面干净、直接，可以让消费者快速了解商品的外观，以便消费者对商品进行鉴别、挑选，从而激发消费者的购买欲望。

2. 场景化设计

商品主图的另一种常规的设计形式是根据商品的特点和用途搭建生活化、场景化的环境，利用场景展示的商品主图如图 3-26 所示。这种设计形式的优点是可以让消费者直观地感受商品的实际使用效果，使其产生心理上的映射，并且间接地告知消费者商品的适用人群。

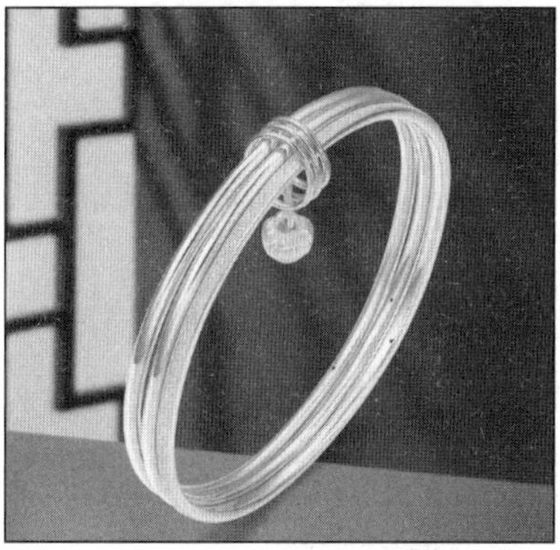

图 3-25　展示商品全貌的商品主图

图 3-26　利用场景展示的商品主图

3. 拼接式设计

拼接式设计就是将多张商品图片合成为一张商品主图，拼接式设计的商品主图如图 3-27 所示。这种设计形式的优点是信息丰富，不仅可以同时展示商品的外观和实际效果，还可以让消费者对商品的属性一目了然；缺点是将众多的商品图片放在一起，不能凸显商品特征。

4. 突出品牌

品牌商品都会在主图的一角放置品牌的标志，这种设计形式可以让消费者有效识别品牌，唤醒老客户的记忆，吸引新客户关注。突出品牌的商品主图如图 3-28 所示。

图 3-27　拼接式设计的商品主图

图 3-28　突出品牌的商品主图

3.3　设计商品促销海报

商品促销海报通过文字、图片和视频等元素传递给消费者重要的商品信息，提高消费者对商品的认知水平，从而激发他们的购买欲望。

3.3　设计商品
促销海报

3.3.1　商品促销海报的设计标准

商品促销海报的设计要求比较高，其中有一定的内在规律和标准，这也是网页设计人员必须掌握的内容。商品促销海报的设计标准如下。

1．确定主题

在设计商品促销海报之前，首先要确定主题，即确定推广宣传的文字信息和内容。促销主题一定要明确，整张海报的促销信息要放在显眼的位置。促销信息的字号要足够大，并适当添加特殊文字效果，这样视觉效果会更好。图 3-29 所示为促销主题为"满就减"的活动信息，这样的海报可以使消费者了解商品的促销信息并且产生购买欲望。

图 3-29　促销主题为"满就减"的活动信息

2．视觉冲击力强

商品促销海报能否取得成功，要看其是否美观大方，以及是否具有视觉冲击力。海报必须在几秒内吸引消费者的注意，如果商品促销海报不好看，那么消费者可能不会关注该商品。

3．符合目标用户群体的审美

商品促销海报是展示给目标用户群体的，因此只有符合目标用户群体的审美，才能准确传递信息。不同目标用户群体的审美标准不同，图 3-30 和图 3-31 所示的两张海报的版式结构几乎一模一样，但一张是针对女性的护肤品海报，另一张是针对男性的茶叶海报，所以在字体、颜色和细节上都有不同之处。图 3-30 所示的海报用的字体非常活泼，海报的整体色彩是粉红色，符合它的目标用户——女性的审美；而图 3-31 所示的海报的整体色彩是绿色，采用古典设计，让这个海报更能打动它的目标用户——男性消费者。

图 3-30　符合女性审美的海报设计

图 3-31　符合男性审美的海报设计

4．主次分明

商品促销海报一定要主次分明，避免过于花哨，整个版式设计要区分信息层级，清晰划分商品层、文案层、背景层，明确哪部分是画面的重心，哪部分需要着重表现。如果整个海报的版式布局比较分散、元素分布过于平均，则会使浏览者不能迅速判断哪部分是重心。

在图 3-32 所示的商品促销海报中，文字信息是分层次展开的，设计的逻辑也是依次递进的。辅助信息的字号应较小，如平台活动的一些备注、限制信息和注意事项，这些信息可以放在海报的最下方，不需要太突出。

图 3-32　主次分明的商品促销海报

5. 色彩搭配合理

商品海报中的颜色并不是越多越好，设计师应尽可能选用和谐的颜色进行设计。商品促销海报中使用的主要颜色最好不要超过 3 种，颜色过多容易造成视觉疲劳。大部分促销主题的文字一般会用红色或白色，因为这两种颜色亮度更高，比较容易引人注目，如图 3-33 所示。

一种控制颜色的简单方法是按照 6：3：1 的比例配置颜色，也就是说，3 种颜色的面积比为 6：3：1。例如，主色为蓝色，那么其面积应该占 60%左右；辅助色选择主色的色环 15°内的颜色，如黄色或者紫色，其面积应该占 30%左右；点缀色选择色环对角线上的颜色，其面积占 10% 左右。

6. 适当添加装饰

在空白过多的地方适当添加一些与促销主题相关的装饰，能起到锦上添花的效果，如图 3-34 所示。装饰不宜过多，以免画蛇添足，整张商品促销海报应适当留白，这样给人的感觉会更好。如果是概念海报，则画面可以多留白，如果是商品促销海报，则不宜留白过多，否则会失去促销氛围。

图 3-33　使用红色或白色的促销文字

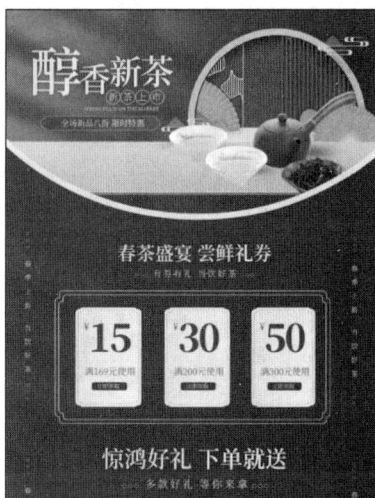

图 3-34　适当添加装饰

3.3.2　商品促销海报的设计思路

好的商品促销海报可以吸引消费者进入网站，还可以生动地传递网站的商品信息和各类促销活动的情况，是网站必不可少的宣传形式。下面介绍商品促销海报的设计思路。

1. 促销主题突出

商品促销海报必须有明确的主题，海报中的所有元素都必须围绕这个主题展开。可以将这些主题特征放在海报的重要位置，或对其加以烘托处理，使消费者能立即感知这些特征，达到引起消费者的兴趣、激发其购买欲望的目的。

促销信息一般包括价格、折扣等，应该将这些信息放在视觉焦点上，突出展示。促销主题突出的海报如图 3-35 所示。

2. 促销时间突出

商品促销海报必须有明确的促销时间，可以使用 GIF 文件来显示动画效果，让时间跳动起来，让人产生紧迫感，这样更容易促使消费者购买商品。促销时间应放在促销主题附近。在图 3-36 所示的 6·18 促销活动海报中就突出了促销的具体时间。

图 3-35　促销主题突出的海报

图 3-36　海报中突出促销时间

3. 合理夸张

夸张是指将商品品质或特性在某个方面夸大，以加深消费者对这些品质或特性的认识。采用这种手法不仅能鲜明地强调商品的品质，还能使商品促销海报产生一定的艺术效果。夸张手法的运用可以使商品的特征更加鲜明、突出和动人，但要注意夸张的程度，确保合理夸张，不要脱离实际，否则会引起消费者反感。合理夸张的商品促销海报如图 3-37 所示。

4. 对比衬托

对比也是促销海报经常采用的表现手法。这里的对比不是指文字的对比，而是指将商品特性和卖点通过对比进行表现，借助对比呈现出品质的差别。通过这种手法，可以更鲜明地强调或揭示商品的特性和卖点，给消费者留下深刻的印象。图 3-38 所示为利用对比衬托出商品优势的促销海报。

图 3-37　合理夸张的商品促销海报

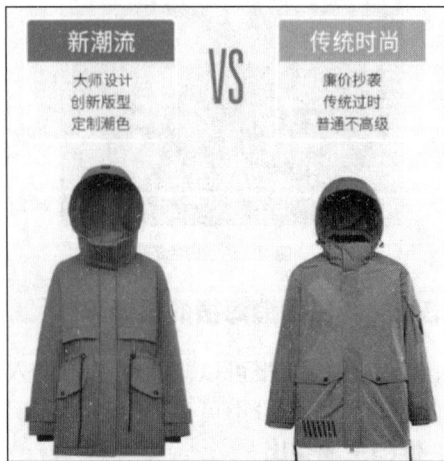

图 3-38　利用对比衬托出商品优势的促销海报

3.4 设计网站首页

好的网站首页可以起到提升品牌形象的作用。好的形象设计不仅能塑造网站的形象，而且能加深消费者对网站的印象。下面介绍时尚女装首页的设计，包括设计分类导航模块、设计宣传海报模块、设计商品展示区。

3.4.1 设计分类导航模块

分类导航模块是每个网站首页都不可或缺的内容，它的作用是帮助消费者快速找到目标商品。网站的分类导航模块是网站内容架构的体现，网站的分类导航模块是否合理是评价网站易用性的重要指标之一。

下面使用 Photoshop 设计时尚女装首页的分类导航模块，效果如图 3-39 所示，具体操作步骤如下。

（1）启动 Photoshop，新建"宽度"为 1000 像素，"高度"为 1000 像素的空白文档，如图 3-40 所示。

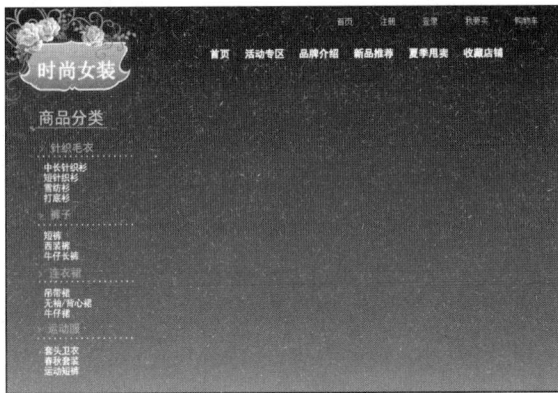

图 3-39 分类导航模块

图 3-40 新建空白文档

（2）选择工具箱中的"渐变工具" ，双击工具选项栏中的"点按可编辑渐变"下拉列表框，如图 3-41 所示，弹出"渐变编辑器"对话框。在该对话框中设置第一个色标的颜色为深红色（#23060f），第二个色标的颜色为粉红色（#fca6bf），如图 3-42 所示。

图 3-41 选择"渐变工具"并双击下拉列表框

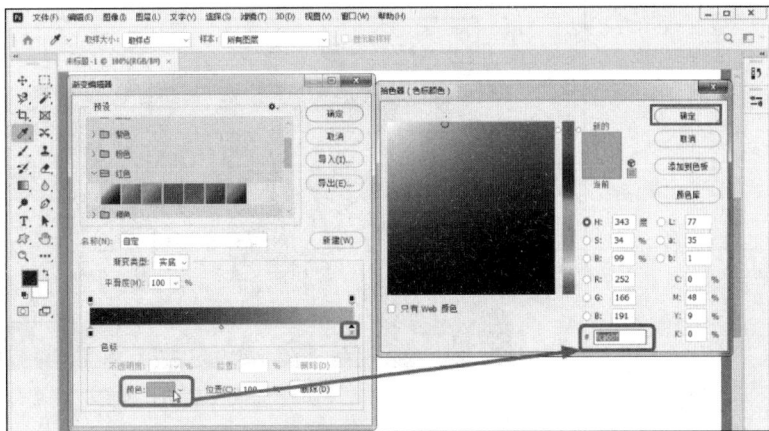

图 3-42 设置色标的颜色

（3）设置完毕，单击"确定"按钮。按住鼠标左键，在文档窗口中拖曳鼠标，对背景进行填充，如图3-43所示。

（4）选择菜单中的"文件"→"置入嵌入对象"命令，弹出"置入嵌入的对象"对话框，在该对话框中选择"网站Logo"文件，单击"置入"按钮，如图3-44所示。

图3-43　填充背景

图3-44　置入文件

（5）置入文件后，使用"移动工具"调整置入文件的位置，如图3-45所示。

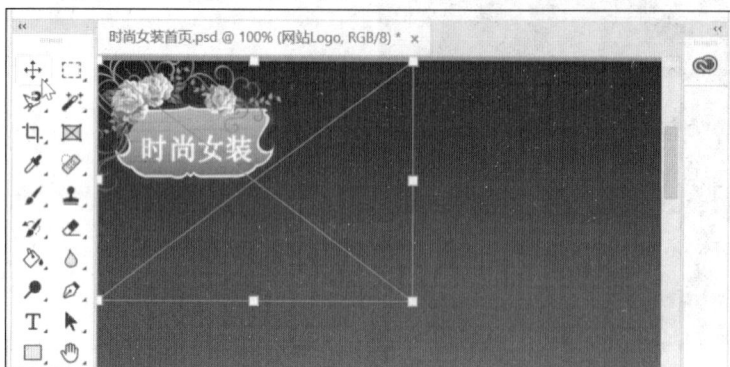

图3-45　置入文件并调整位置

（6）选择工具箱中的"横排文字工具"，在右上角输入相应的文字，将字体设置为"宋体"，字号设置为"14点"，如图3-46所示。

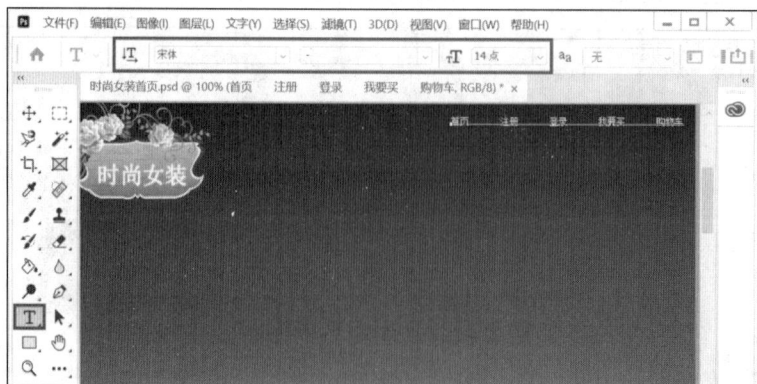

图3-46　输入文字并设置样式

（7）选择工具箱中的"横排文字工具"，输入文字，将字号设置为"18点"，字体设置为"黑体"，消除锯齿设置为"浑厚"，如图3-47所示。

图 3-47　输入文字

（8）选择菜单中的"图层"→"图层样式"→"外发光"命令，弹出"图层样式"对话框。在该对话框中将"大小"设置为 2 像素，"颜色"设置为黄色，"不透明度"设置为 75%，如图 3-48 所示。

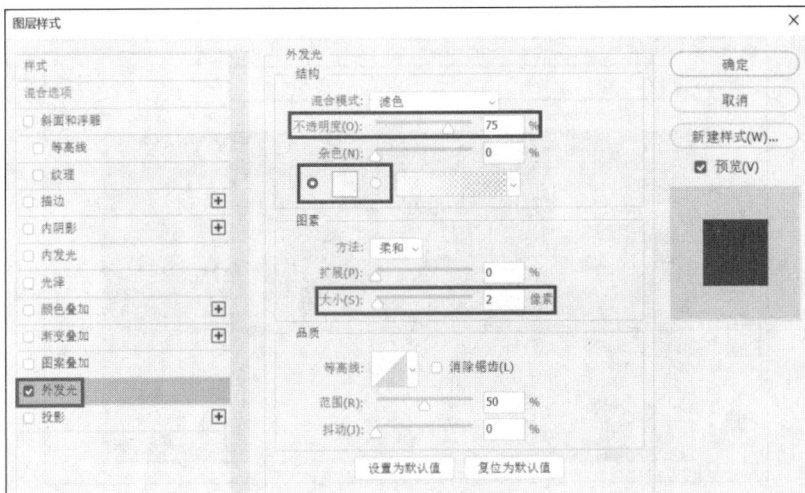

图 3-48　设置外发光图层样式

（9）单击"确定"按钮，应用图层样式后的效果如图 3-49 所示。

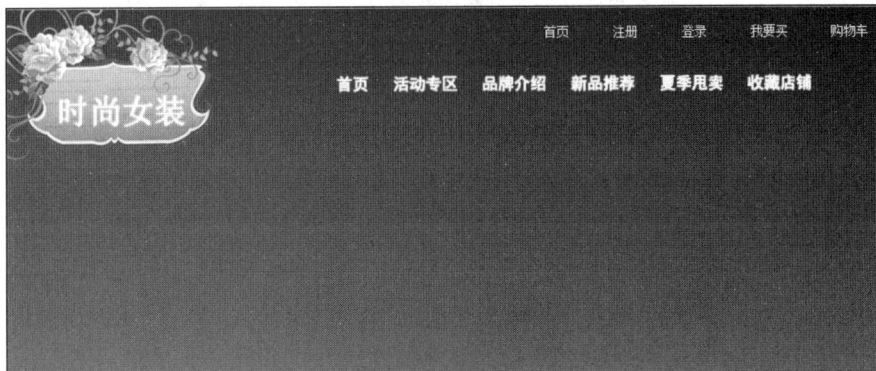

图 3-49　应用图层样式后的效果

（10）选择工具箱中的"直线工具" ，设置"填充"的颜色为深红色，"H"为 2 像素，其他项保留默认设置，按住鼠标左键拖曳鼠标在文档窗口中绘制线条，如图 3-50 所示。

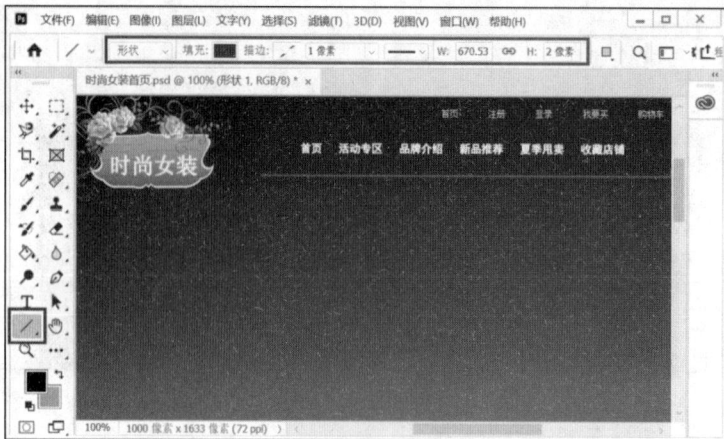

图 3-50　绘制线条

（11）选择工具箱中的"横排文字工具"，在文档窗口中输入文字"商品分类"，设置字号为"30点"，字体为"黑体"，如图 3-51 所示。

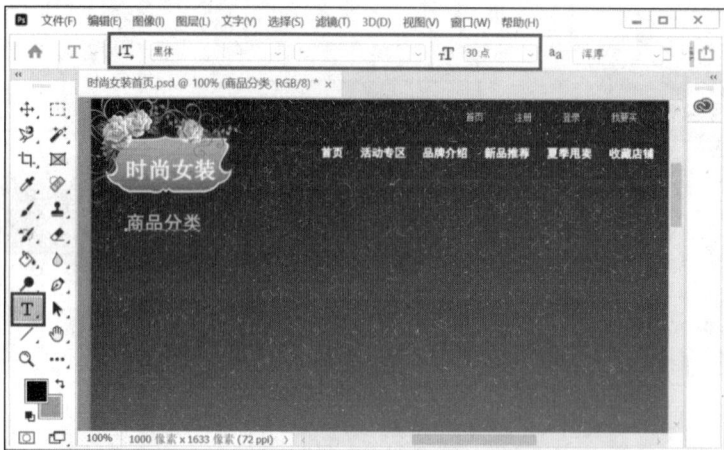

图 3-51　输入文字"商品分类"

（12）选择工具箱中的"直线工具"，将"填充"的颜色设置为粉色（#fab1c6），"粗细"设置为 1 像素，按住鼠标左键拖曳鼠标在文档窗口中绘制线条，如图 3-52 所示。

图 3-52　绘制线条

（13）选择工具箱中的"横排文字工具"，在文档窗口中输入文字"针织毛衣"，设置字号为"20点"，字体为"黑体"，颜色为深粉色（#e77c9a），如图 3-53 所示。

图 3-53　输入文字"针织毛衣"

（14）选择工具箱中的"横排文字工具"，在"针织毛衣"下方输入一排圆点，如图 3-54 所示。

图 3-54　输入一排圆点

（15）用同样的方法在下面输入其他文字，如图 3-55 所示。

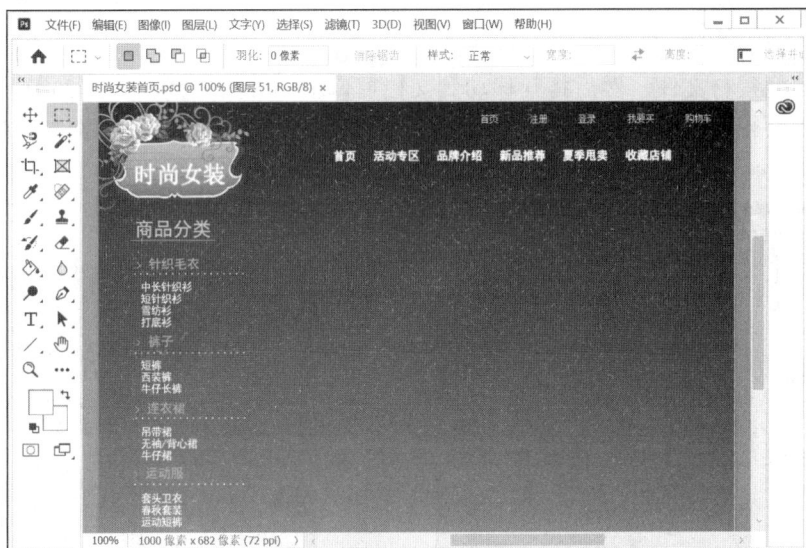

图 3-55　输入其他文字

3.4.2　设计宣传海报模块

很多网站首页的第一屏都是宣传海报模块，宣传海报模块承担着确立网站视觉风格、传递网站活动信息等重要责任。下面介绍时尚女装首页宣传海报模块的设计方法。宣传海报模块效果如

图 3-56 所示，具体操作步骤如下。

图 3-56　宣传海报模块效果

（1）接 3.4.1 小节，选择菜单中的"文件"→"置入嵌入对象"命令，弹出"置入嵌入的对象"对话框，在该对话框中选择"lou"图片文件，单击"置入"按钮，如图 3-57 所示。

（2）置入图片文件，并将其移动到相应的位置，如图 3-58 所示。

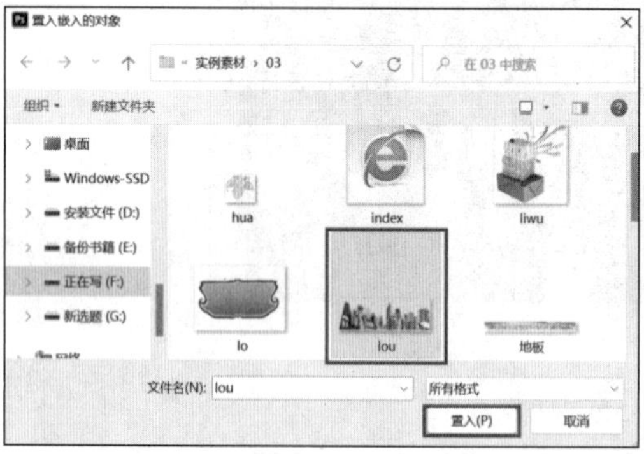

图 3-57　选择置入文件

图 3-58　置入并移动图片文件

（3）置入其他素材文件，然后将其移动到文档窗口中相应的位置，如图 3-59 所示。

（4）选择工具箱中的"横排文字工具"，在文档窗口中输入文字"时尚女装，优雅魅力"，设置字号为"30 点"，字体为"黑体"，颜色为黄色，如图 3-60 所示。

图 3-59　置入其他素材文件

图 3-60　输入文字并设置文字样式

（5）选择工具箱中的"矩形工具"，按住鼠标左键拖曳鼠标在文档窗口中绘制一个矩形，并为其设置填充颜色，如图 3-61 所示。

（6）选择菜单中的"图层"→"图层样式"→"投影"命令，弹出"图层样式"对话框，在该对话框中将"角度"设置为-24 度,"距离"设置为 5 像素,"大小"设置为 5 像素,"不透明度"设置为 75%,其他项保留默认设置,如图 3-62 所示。

图 3-61　绘制并设置矩形

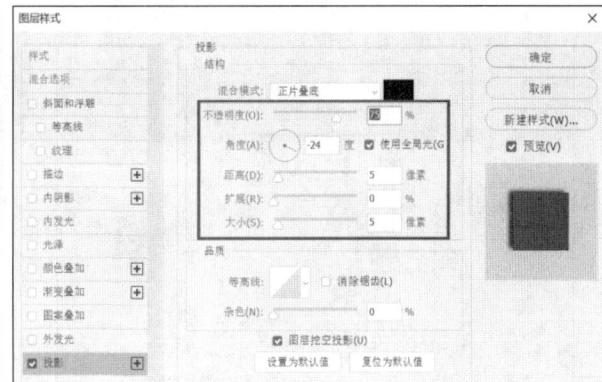

图 3-62　设置投影图层样式

(7)单击"确定"按钮,应用图层样式后的效果如图 3-63 所示。

(8)选择工具箱中的"横排文字工具",在文档窗口中输入文字"618 年中盛典",设置字号为"24 点",字体为"黑体",颜色为粉红色,如图 3-64 所示。

图 3-63　应用图层样式后的效果

图 3-64　输入文字并设置文字样式

(9)选择工具箱中的"直线工具",设置"填充"的颜色为粉红色,按住鼠标左键拖曳鼠标绘制线条,如图 3-65 所示。

(10)选择工具箱中的"横排文字工具",在文档窗口中输入文字"活动期间全场 8 折满 200元减 30 元",设置字号为"24 点",字体为"微软雅黑",颜色为黄色,如图 3-66 所示。

图 3-65　绘制线条

图 3-66　输入并设置文字

（11）选择菜单中的"图层"→"图层样式"→"描边"命令，弹出"图层样式"对话框，在该对话框中将"大小"设置为 3 像素，"颜色"设置为红色，如图 3-67 所示。

（12）单击"确定"按钮，应用描边图层样式，效果如图 3-68 所示。

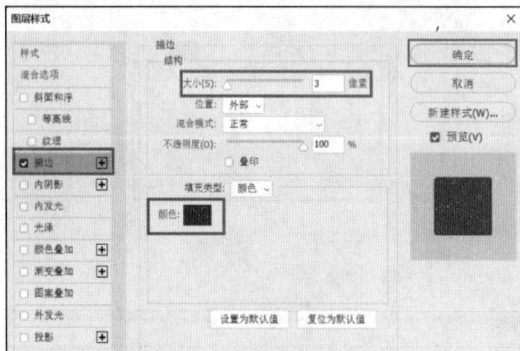

图 3-67　设置描边图层样式

图 3-68　应用描边图层样式效果

3.4.3　设计商品展示区

商品展示区主要用于展示不同类型的商品，该区域是首页中商品最多的区域，其作用是吸引消费者购买商品。在设计商品展示区时，为了吸引消费者注意，通常需要结合商品图片、商品名称、商品价格等信息对推荐的商品进行展示。制作完成的商品展示区如图 3-69 所示，具体操作步骤如下。

图 3-69　商品展示区

（1）接 3.4.2 小节，选择工具箱中的"矩形工具"，将"填充"的颜色设置为深红色（#63192d），按住鼠标左键拖曳鼠标在文档窗口中绘制一个矩形，其他项保留默认设置，如图 3-70 所示。

（2）选择菜单中的"文件"→"置入嵌入对象"命令，弹出"置入嵌入的对象"对话框。在该对话框中选择"hua"图片文件，如图 3-71 所示。

图 3-70　绘制矩形

图 3-71　置入图片文件

（3）单击"置入"按钮，将图片文件置入文档窗口中，然后将其拖到矩形左上方，如图 3-72 所示。

（4）选择工具箱中的"横排文字工具"，在矩形中输入文字"最近热销单品"，设置字号为"24 点"，字体为"黑体"，如图 3-73 所示。

图 3-72　将图片文件拖到矩形左上方

图 3-73　输入文字并设置文字样式

（5）选择菜单中的"文件"→"置入嵌入对象"命令，弹出"置入嵌入的对象"对话框。在该对话框中选择"花边"图片文件，单击"置入"按钮，将其置入文档窗口中，并移动其位置，如图 3-74 所示。

（6）选择菜单中的"窗口"→"图层"命令，在"图层"面板中将"不透明度"设置为 30%，如图 3-75 所示。

（7）选择菜单中的"文件"→"置入嵌入对象"命令，弹出"置入嵌入的对象"对话框。在该对话框中选择"顶"图片文件，单击"置入"按钮，将其置入文档窗口中，然后将其拖到相应的位置，如图 3-76 所示。

（8）选择工具箱中的"矩形工具"，按住鼠标左键拖曳鼠标在文档窗口中绘制一个矩形，如图 3-77 所示。

图 3-74　移动置入的"花边"

图 3-75　设置"不透明度"

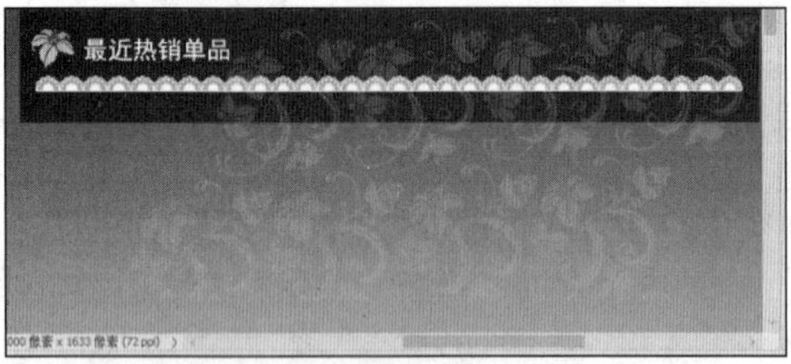

图 3-76　拖动置入的图片文件

图 3-77　绘制矩形

（9）选择制作好的商品图片，将其置入文档窗口中，并调整到合适的位置，如图 3-78 所示。

（10）选择工具箱中的"横排文字工具"，在文档窗口中输入商品名称和价格信息，将字号设置为"18 点"，字体设置为"黑体"，如图 3-79 所示。

图 3-78　置入制作好的商品图片并调整位置

图 3-79　输入文字并设置文字样式

（11）选择工具箱中的"矩形工具"，在文档窗口中绘制一个矩形，并在矩形中输入文字"柔棉 T 恤"，如图 3-80 所示。

（12）选择菜单中的"文件"→"置入嵌入对象"命令，弹出"置入嵌入的对象"对话框。在该对话框中选择"顶"图片文件，单击"置入"按钮，将其置入文档窗口中，并将其拖到刚绘制的矩形底部，如图 3-81 所示。

图 3-80　绘制矩形并输入文字

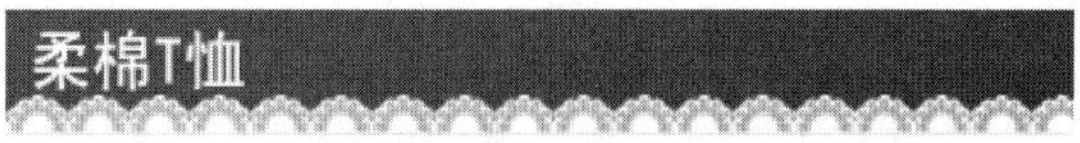

图 3-81　拖动置入的图片

（13）选择制作好的商品图片，将其置入文档窗口中，并调整到合适的位置，如图 3-82 所示。

（14）选择工具箱中的"横排文字工具"，在文档窗口中输入各个商品的名称，将字号设置为"13 点"，字体设置为"黑体"，效果如图 3-83 所示。

图 3-82　置入制作好的商品图片并调整位置

图 3-83　输入文字并设置文字样式

（15）用同样的方法在商品展示栏左侧的空白位置添加一些辅助栏目，如图 3-84 所示，这样便于消费者快速找到相应的栏目。

图 3-84　添加辅助栏目

（16）在网页底部添加导航信息，可以先绘制一个矩形作为背景，接着输入相应的导航文字，如图 3-85 所示。

图 3-85　添加导航信息

3.5 切割网站首页

网站首页设计完成后，还需要对其进行切割，使其可以方便地应用于网页中。切割并保存网站首页的具体操作步骤如下。

（1）启动 Photoshop，选择菜单中的"文件"→"打开"命令，打开制作好的网站首页文件，选择工具箱中的"切片工具"，如图 3-86 所示。

图 3-86　选择"切片工具"

（2）按住鼠标左键在文档窗口中拖曳鼠标，绘制切割区域，如图 3-87 所示。

图 3-87　绘制切割区域

（3）在合适的位置双击即可切割图片，使用同样的方法切割其他部分，如图 3-88 所示。

（4）选择菜单中的"文件"→"存储为 Web 所用格式"命令，弹出"存储为 Web 所用格式"对话框，在该对话框中将优化的文件格式设置为"JPEG"，如图 3-89 所示。

（5）单击"存储"按钮，弹出"将优化结果存储为"对话框，选择要保存图片的位置和文件名，在"格式"下拉列表框中选择"HTML 和图像"选项，如图 3-90 所示。

（6）单击"保存"按钮，将图片保存为网页格式，如图 3-91 所示。

图 3-88　切割其他部分

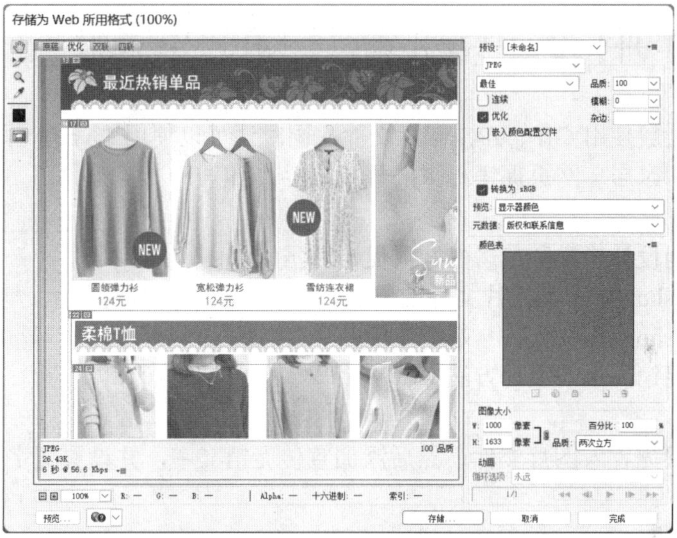

图 3-89　"存储为 Web 所用格式"对话框

图 3-90　"将优化结果存储为"对话框

图 3-91　将图片保存为网页格式

【单元小结】

（1）网站 Logo 在设计上除了要讲究艺术性外，还要讲究个性化，使得网站 Logo 与众不同。网站 Logo 是一种视觉语言，其设计要求简练、醒目，图案切忌复杂，应该给消费者传递明确的信息。

（2）为了吸引消费者，在商品主图中适当添加一些文案会起到画龙点睛的作用，如添加商品卖点、功能、促销信息等方面的文案。应注意的是，必须在保证整体风格明确、不影响图片美观的前提下添加文案。

（3）在设计网站首页时，要采用统一的风格和结构把各个元素组织在一起。使用的颜色、字体、图形及页面布局应能传递给消费者一个形象化的主题，并引导他们关注网站的内容。为了吸引用户注意，可以把商品导航栏放在明显的地方，或使用特殊样式的导航按钮标注出商品分类。

（4）切割网页图像就是指将一幅大图片分割为一些小的图片切片，然后在网页中通过没有间距和宽度的表格，重新将这些小的图片无缝隙地拼接起来，形成一幅完整的图片。这样可以减小图片的尺寸，加快网页加载速度，还能将图片的一些区域用 HTML 代替。

【综合实训】设计"祥和家居"网页促销海报

网页促销海报一般使用 GIF、JPG 图片文件，同时还可以使用 Java 等语言使其产生交互性。下面讲述设计"祥和家居"网页促销海报的相关内容。

一、实训目的
本实训的目的为设计"祥和家居"网页促销海报。

（1）掌握 Photoshop 中置入图片文件的方法。

（2）掌握 Photoshop 中输入宣传文字的方法。

（3）掌握网页促销海报的设计方法。

二、实训内容
完成本实训需要先置入图片文件，然后添加宣传促销文字，并设置文字样式，具体实训内容如下。

1. 置入图片文件
置入图片文件的具体操作步骤如下。

（1）启动 Photoshop，打开"'祥和家居'网页促销海报背景图"文件，如图 3-92 所示。

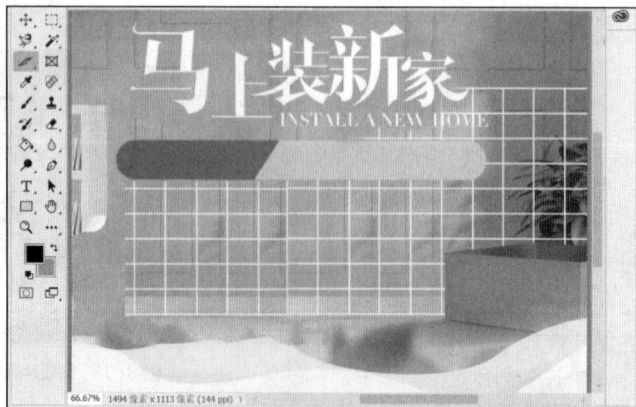

图 3-92 打开"'祥和家居'网页促销海报背景图"文件

（2）选择菜单中的"文件"→"置入嵌入对象"命令，弹出"置入嵌入的对象"对话框。在该对话框中选择"沙发"图片文件，如图 3-93 所示。

（3）单击"置入"按钮，将图片文件置入文档窗口中，然后将其拖动到合适的位置，如图 3-94 所示。

图 3-93　置入图片文件

图 3-94　置入文档窗口中并调整合适的位置

（4）选择工具箱中的"魔棒工具"，单击置入的"沙发"图片文件，选择其中的白色背景，如图 3-95 所示。

（5）按键盘中的"Delete"键，删除选中的白色背景，如图 3-96 所示。

图 3-95　使用"魔棒工具"单击选择背景

图 3-96　删除选中的白色背景

（6）使用"魔棒工具"选中置入图片的其他颜色背景，并删除，如图 3-97 所示。

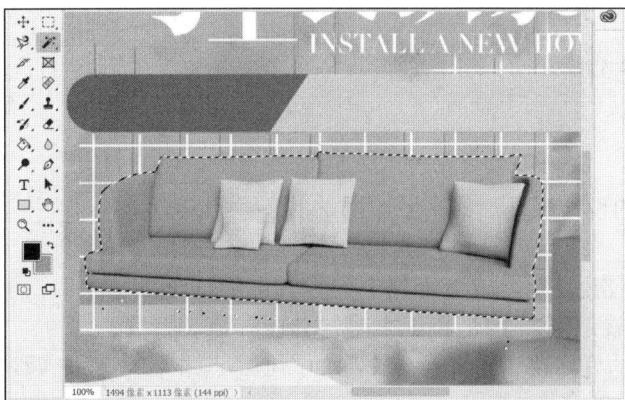

图 3-97　删除置入图片的其他颜色背景

2. 添加宣传促销文字并设置文字样式

添加宣传促销文字并设置文字样式的具体操作步骤如下。

（1）选择工具箱中的"横排文字工具"，在文档窗口中输入文字"新品上市舒适的家居用品"，设置字号为"24点"，字体为"黑体"，颜色为白色，如图3-98所示。

（2）选择菜单中的"图层"→"图层样式"→"投影"命令，弹出"图层样式"对话框。在该对话框中将"角度"设置为30°，"距离"设置为6像素，"大小"设置为14像素，"不透明度"设置为35%，如图3-99所示。

图3-98　输入文字并设置文字样式

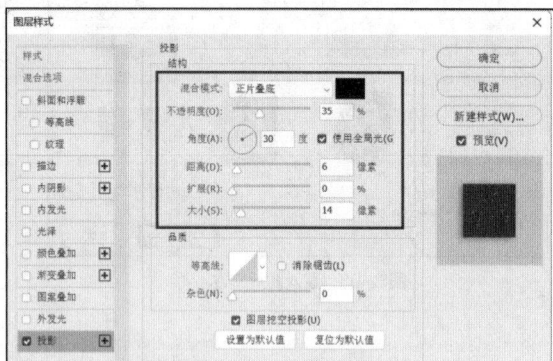

图3-99　"图层样式"对话框

（3）单击"确定"按钮，应用图层样式后的效果如图3-100所示。

图3-100　应用图层样式后的效果

【理论练习】

一、填空题

1. 从网站Logo的设计表现形式来看，网站Logo可以分为＿＿＿＿＿＿、＿＿＿＿＿＿、＿＿＿＿＿＿、＿＿＿＿＿＿。

2. ＿＿＿＿＿＿使用图形与文字相结合的方式进行设计。

3. ＿＿＿＿＿＿就是将多个图片和文字效果制作成GIF动画。

4. ＿＿＿＿＿＿的好坏决定了商品点击率的高低，点击率的高低也影响这个商品能否成为热销款。

二、单选题

1. （　　　）就是将多张商品图片合成一张商品主图。
　　A．拼接式设计　　　　B．场景化设计　　　　C．突出品牌　　　　　D．网站导航

2. 关于网站 Logo 的设计策略和技巧，不正确的是（　　　）。
　　A．网站 Logo 元素应与网站相关
　　B．网站 Logo 设计越复杂越好
　　C．网站 Logo 设计应有造型
　　D．网站 Logo 风格应与网站风格统一

3. 下面哪一项不是商品促销海报的设计标准？（　　　）
　　A．确定主题　　　　　B．视觉冲击力强　　　　C．色彩越多越好　　　　D．主次分明

三、简答题

1. 网站 Logo 的制作方法有哪些？
2. 商品主图的设计标准是怎样的？
3. 商品促销海报的设计思路有哪些？

【实战演练】设计"宝盛首饰"网页促销海报

设计的"宝盛首饰"网页促销海报如图 3-101 所示。

图 3-101　"宝盛首饰"网页促销海报

1. 设置背景颜色

设置的渐变背景如图 3-102 所示。

图 3-102　设置的渐变背景

（1）在 Photoshop 中创建一个宽为 1000 像素，高为 600 像素，背景为白色的文档。

（2）选择工具箱中的"矩形选框工具"，选中整个文档，将背景颜色设置为"#825110"，然后按"Ctrl+Delete"组合键填充背景颜色。

（3）选择工具箱中的"矩形选框工具"，选择一定的区域，然后选择"渐变工具"来设计渐变颜色，在选区中单击，即可设置渐变填充。

2. 置入图片

置入图片如图 3-103 所示。

图 3-103　置入图片

（1）选择工具箱中的"画笔工具"，在工具选项栏中单击"画笔"右边的下三角按钮，在弹出的列表框中选择需要的画笔，按住鼠标左键拖曳鼠标在文档窗口中绘制星形。

（2）选择菜单中的"文件"→"置入嵌入对象"命令，弹出"置入嵌入的对象"对话框，在该对话框中选择图片"戒指.gif"，单击"置入"按钮，将图片置入文档中。选择工具箱中的"移动工具"，将其拖动到相应的位置。

（3）置入其他图片"布.png""灯.png"，并调整其位置。

3. 添加导航和促销文字

添加的导航和促销文字如图 3-104 所示。

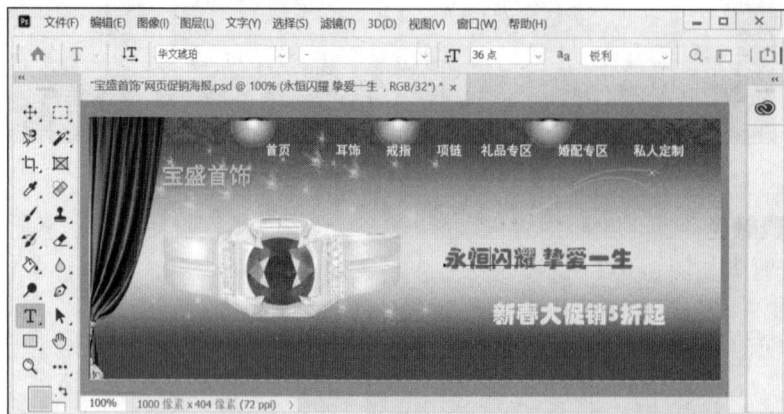

图 3-104　添加的导航和促销文字

（1）选择工具箱中的"横排文字工具"，在文档窗口中输入导航栏文字，将字号设置为"20点"，字体设置为"黑体"，字体颜色设置为黄色。

（2）选择工具箱中的"横排文字工具"，在文档窗口中输入"宝盛首饰"，将字号设置为"36点"，字体设置为"黑体"，并设置字体颜色为棕色。

（3）选择工具箱中的"横排文字工具"，在文档窗口中输入促销文字，将字号设置为"36点"，字体设置为"华文琥珀"，并设置字体颜色分别为红色和黄色。

4 Chapter

第 4 章
使用 Dreamweaver 制作
基本网页

利用 Dreamweaver 中的可视化编辑功能，可以快速制作网页而不需要编写任何代码，对于网页制作者来说，这种方式使工作变得很轻松。文本是网页最基本和最常用的元素，是传播网页信息的重要载体。在网页中除了文字以外，还有各种各样的其他元素，如超链接、图像和声音。图像和多媒体文件是对文本的补充解释和说明。在文档的适当位置放置一些图像或多媒体文件，不仅可以使文本更加容易阅读，而且可以使文档更加具有吸引力。

学习目标

- 掌握在网页中添加文本并设置文本属性的方法。
- 掌握创建超链接的方法。
- 掌握在网页中插入图像与背景音乐的方法。

4.1　添加文本元素

文本是传递信息的基础，浏览网页内容时，大部分时间在浏览网页中的文本，所以学会在网页中添加文本至关重要。在 Dreamweaver 中可以很方便地添加所需的文本，还可以对添加的文本进行段落格式排版。

4.1.1　在网页中添加文本并设置文本属性

Dreamweaver 提供了多种向网页中添加文本和设置文本属性的方法，包括插入文本、设置字体类型、大小、颜色和对齐属性等。在网页中可直接输入文本，也可以将其他应用程序中的文本直接粘贴到网页中，还可以导入已有的 Word 文档。在网页中添加文本并设置文本属性的具体操作步骤如下。

4.1　在网页中
添加文本并设
置文本属性

（1）打开素材文件，如图 4-1 所示。

（2）将光标放置在要添加文本的位置，输入文本，如图 4-2 所示。

图 4-1　打开素材文件

图 4-2　输入文本

（3）在"属性"面板中单击"字体"右边的下三角按钮，在弹出的下拉列表框中选择"管理字体"选项，如图 4-3 所示。

（4）弹出"管理字体"对话框，选择"自定义字体堆栈"选项卡，在"可用字体"列表框中选择要添加的字体，单击 << 按钮将其添加到左侧的"选择的字体"列表框中，在"字体列表"列表框中也会显示新添加的字体，如图 4-4 所示。重复以上操作添加多种字体。若要取消已添加的字体，则选中该字体并单击 >> 按钮。完成一个字体样式的编辑后，单击 + 按钮可进行下一个字体样式的编辑。若要删除某个已经编辑好的字体样式，则选中该样式并单击 − 按钮。

（5）完成字体样式的编辑后，单击"完成"按钮，关闭"管理字体"对话框。返回文档窗口中，可以看到添加的字体，如图 4-5 所示。

（6）选中要设置字号的文本，在"属性"面板中的"大小"下拉列表框中选择字号的大小，或者直接在文本框中输入相应大小的字号，如图 4-6 所示。

（7）选中要设置颜色的文本，在"属性"面板中单击"文本颜色"按钮 □，打开图 4-7 所示的调色板，在调色板中选中所需的颜色，单击调色板外任意处即可选取该颜色。

（8）设置文本样式的代码如下，"拆分"视图如图 4-8 所示。

```
<td align="left" valign="top" style="font-family: '黑体', '宋体';
 font-size: 24px; color: #0A0000;">  夏季新款短袖 T 恤</td>
```

图 4-3　选择"管理字体"选项

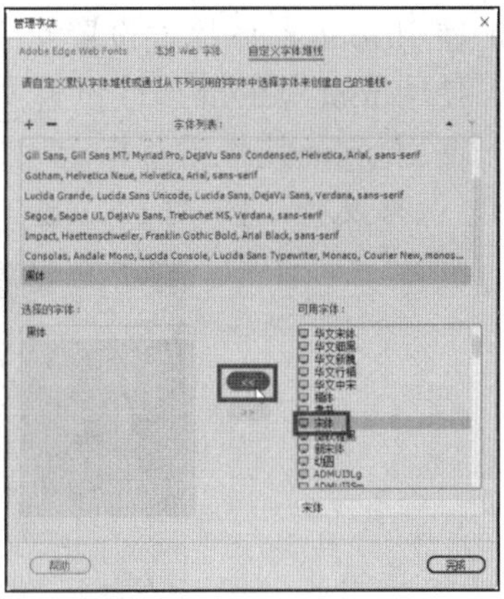

图 4-4　"管理字体"对话框

图 4-5　添加字体

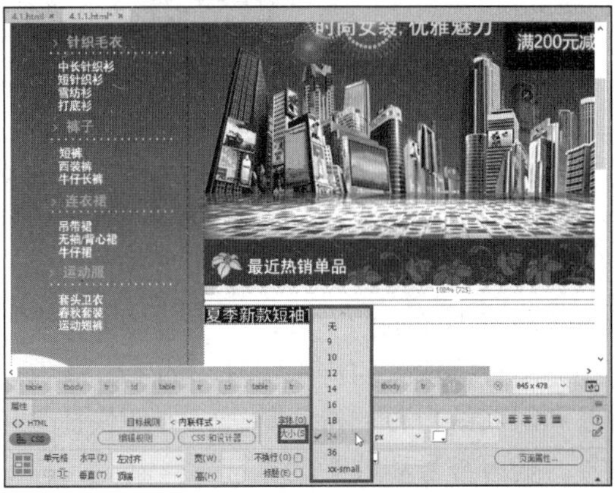

图 4-6　设置文本的字号

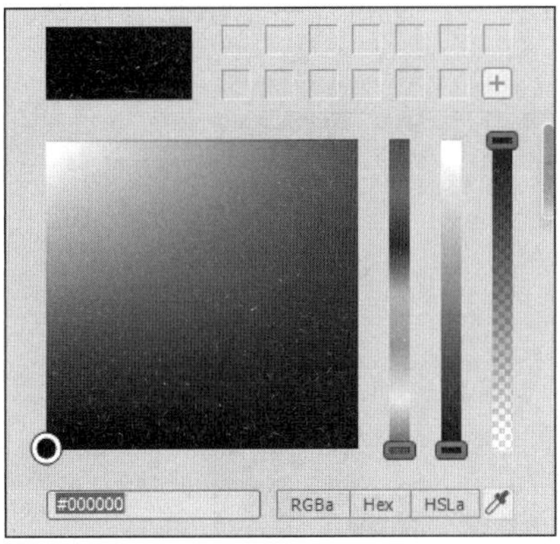

图 4-7　调色板选取颜色

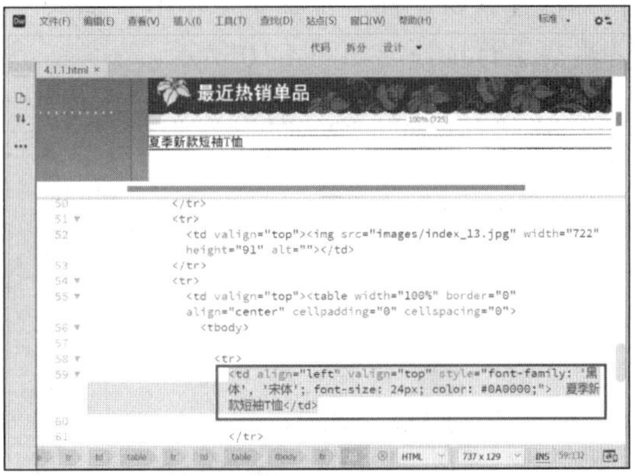

图 4-8　设置文本样式的代码

代码揭秘：字体标签<font>

基本语法：

```
<font-family:字体的名称；font-size：字号；font-weight:文字粗细值；font-style:样式的取值；color:
颜色取值；>……</font>
```

<font>标签用于控制字体、字号、文字粗细、样式和颜色等属性，它是 HTML 中最基本的标签之一。

① 使用 font-family 属性设置文字的字体。

② 使用 font-size 属性设置文字的字号。

③ 使用 font-style 属性设置文字是否为斜体。

④ 使用 font-weight 属性设置文字的粗细。

⑤ 使用 color 属性设置指定元素的颜色，颜色值是一个关键字或一个十六进制的 RGB 值。

（9）保存文档，按"F12"键在浏览器中预览效果，如图 4-9 所示。

图 4-9 预览效果

4.1.2 插入特殊字符

在网页中添加的文本，除了可以是中文、英文和其他语言以外，还可以是一些无法直接输入的特殊字符，如¥、$、◎、#等。在 Dreamweaver 中，用户可以利用系统自带的符号集合，方便快捷地插入一些常用的特殊字符，如版权符号、货币符号和数字运算符号等。

4.2 插入特殊字符

下面以插入版权符号为例讲述特殊字符的插入，具体操作步骤如下。

（1）打开素材文件，选择菜单中的"插入"→"HTML"→"字符"→"版权"命令，根据不同的需要进行选择，如图 4-10 所示。

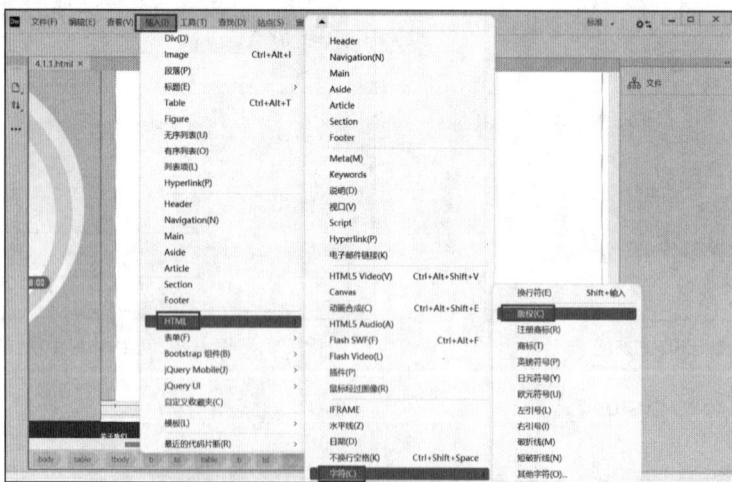

图 4-10 选择"版权"命令

（2）选择"版权"命令后，即可插入版权符号，如图 4-11 所示。

（3）选择菜单中的"插入"→"HTML"→"字符"→"其他字符"命令，弹出"插入其他字符"对话框，在该对话框中可以选择更多的特殊字符，如图 4-12 所示。

（4）保存文档，按"F12"键在浏览器中预览效果，如图 4-13 所示。

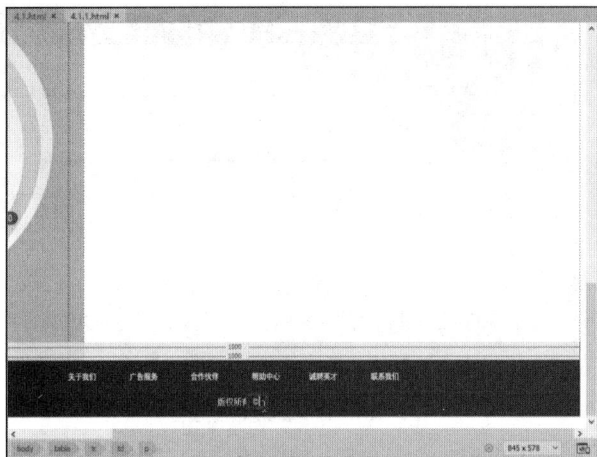

图 4-11　插入版权符号

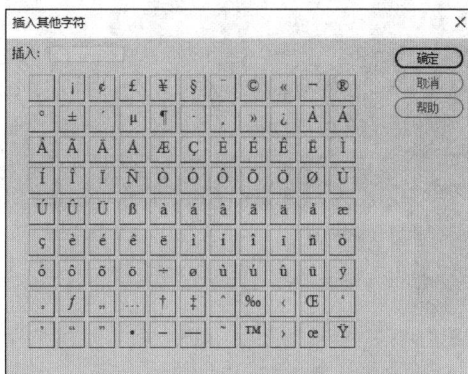

图 4-12　"插入其他字符"对话框

图 4-13　预览效果

4.1.3　插入水平线

在网页中除了插入文字和日期外，还可以插入水平线或注释等。水平线在网页文档中经常出现，它主要用于分隔文档内容，使文档结构清晰明了，合理使用水平线可以获得非常好的效果。一篇内容繁杂的文档合理放置水平线，会变得层次分明、易于阅读。在网页中插入水平线的具体操作步骤如下。

（1）打开素材文件，如图 4-14 所示。

（2）将光标置于要插入水平线的位置，选择菜单中的"插入"→"HTML"→"水平线"命令，如图 4-15 所示。

图 4-14　打开素材文件

图 4-15　选择"水平线"命令

（3）选择命令后，插入水平线，如图 4-16 所示。

（4）选中水平线，打开"属性"面板，可以在"属性"面板中设置水平线的高、宽、对齐方式和阴影，如图 4-17 所示，相关代码如下。

图 4-16　插入水平线

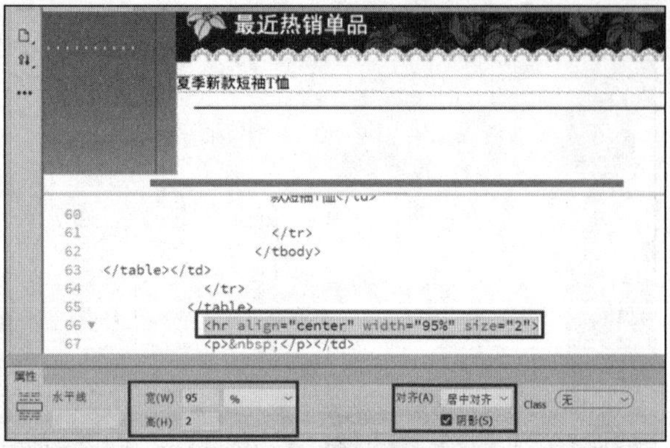

图 4-17　设置水平线属性

```
<hr align="center" width="95%" size="2">
```

代码揭秘：水平线标签<hr>

基本语法：

```
<hr width="宽度"  size="高度"  align="对齐方式"  color="颜色">
```

默认情况下，水平线的宽度为 100%，水平线的宽度值可以是确定的像素值，也可以是窗口的百分比。size 属性用于改变水平线的高度，水平线的高度只能使用绝对的像素值定义。color 属性由十六进制的数值或者颜色的英文名称表示。

在水平线"属性"面板中可以设置以下参数。

• "宽"和"高"：以像素为单位或以页面尺寸百分比的形式设置水平线的宽度和高度。

• "对齐"：设置水平线的对齐方式，包括"默认""左对齐""居中对齐""右对齐"4 个选项。只有当水平线的宽度小于浏览器窗口的宽度时，该设置才会生效。

• "阴影"：设置绘制的水平线是否带阴影。取消勾选该项将使用纯色来绘制水平线。

（5）保存文档，按"F12"键在浏览器中预览效果，如图 4-18 所示。

图 4-18　预览效果

4.2　创建超链接

超链接是网站最为重要的部分之一，单击某网页中的超链接，可跳转到相应的网页，因此可以非常方便地从一个网页到达另一个网页。

4.2.1　超链接的基本概念

网络中的一个个网页是通过超链接的形式关联在一起的，可以说超链接是网页中最重要、最根本的元素之一。超链接的作用是在因特网上建立从一个位置到另一个位置的链接。超链接由源地址文件和目标地址文件构成，当访问者单击超链接时，浏览器会根据相应的目标地址检索网页并显示在浏览器中。如果目标地址不是网页而是其他类型的文件，则浏览器会自动调用本机上的相关程序打开所访问的文件。

网页中的链接按照链接路径的不同可以分为 3 种形式：绝对路径、相对路径和基于根目录的路径。这些路径都是网页中的 URL，只不过后两种路径将统一资源定位符（Uniform Resource Locator，URL）的通信协议和主机名省略了。后两种路径必须有参照物，前者是以文档为参照物，后者是以站点的根目录为参照物。而第一种路径就不需要参照物，它是最完整的路径，也是标准的 URL。

4.2.2　创建 E-mail 链接

E-mail 链接也叫电子邮件链接，在制作网页时，有些内容需要创建 E-mail 链接。当单击此链接时，将启动相关的邮件程序发送 E-mail 信息。在 Dreamweaver 中，创建 E-mail 链接可以在"属性"面板中设置，也可以使用菜单中的命令进行设置，具体操作步骤如下。

4.3　创建 E-mail 链接

（1）打开素材文件，将光标放置在页面中相应的位置，如图 4-19 所示。

（2）选择菜单中的"插入"→"HTML"→"电子邮件链接"命令，弹出"电子邮件链接"对话框，在该对话框中的"文本"文本框中输入"联系我们"，在"电子邮件"文本框中输入邮箱地址，如图 4-20 所示。

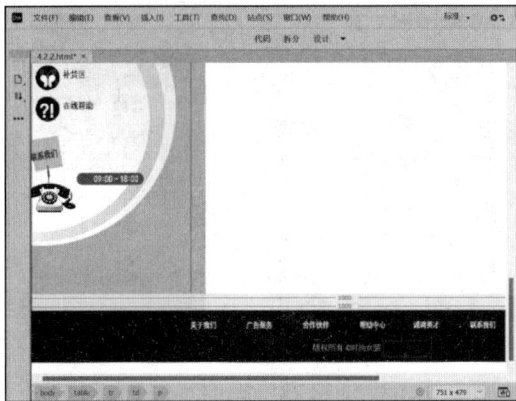

图 4-19　打开素材文件

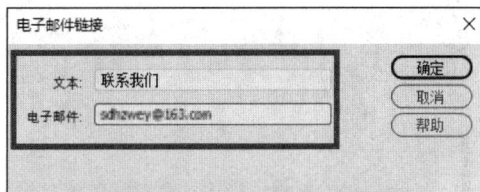

图 4-20　"电子邮件链接"对话框

💠 提示：

在"插入"面板中单击"电子邮件链接"按钮 ▣，也可以打开"电子邮件链接"对话框，创建 E-mail 链接。

（3）单击"确定"按钮即可创建 E-mail 链接，"拆分"视图如图 4-21 所示，相关代码如下。

```
<a href="mailto:28607100@qq.com">联系我们</a>
```

代码揭秘：E-mail 链接标签 mailto

基本语法：

```
<a href="mailto: E-mail 地址">……</a>
```

mailto 是一种特殊的超链接，能让访问者便捷地向网站管理者发送 E-mail。在该语法中的"mailto:"后面输入的是 E-mail 地址。

（4）保存文档，按"F12"键在浏览器中预览效果，单击 E-mail 链接，可以看到"收件箱"窗口，如图 4-22 所示。

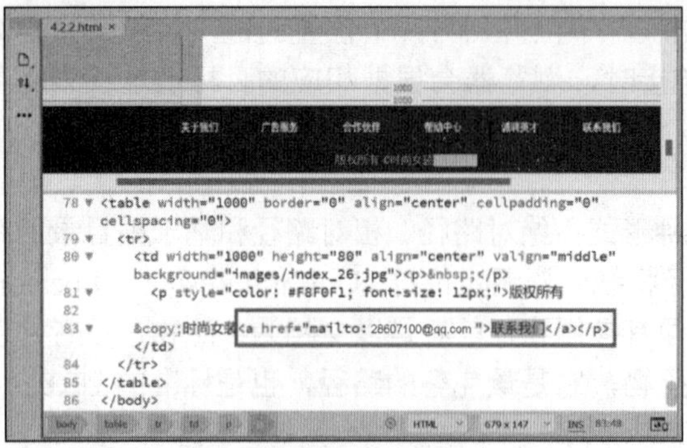

图 4-21 创建 E-mail 链接

图 4-22 预览效果

4.2.3 创建下载文件的链接

如果要在网站中提供下载资料，就需要为文件提供下载链接，如果超链接指向的不是一个网页文件，而是其他文件，如 ZIP、MP3、EXE 等格式的文件，单击链接时就会下载文件。创建下载文件的链接的具体操作步骤如下。

（1）打开素材文件，选中要创建下载链接的文本，如图 4-23 所示。

（2）在"属性"面板中单击"链接"文本框右边的"浏览文件"图标 ，如图 4-24 所示。

4.4 创建下载文件的链接

图 4-23 打开素材文件

图 4-24 单击"浏览文件"图标

（3）弹出"选择文件"对话框，在该对话框中选择要链接的文件，如图 4-25 所示。

（4）单击"确定"按钮，添加链接文件，如图 4-26 所示。

图 4-25 "选择文件"对话框

图 4-26 添加链接文件

（5）保存文档，按"F12"键在浏览器中预览效果，单击文本后的效果如图 4-27 所示。

图 4-27　预览效果

4.2.4　创建图像热点链接

在网页中，超链接可以是文字，也可以是图像。图像整体可以是一个超链接，图像中的一部分或多部分也可以分别成为不同的超链接。创建图像热点链接的具体操作步骤如下。

（1）打开素材文件，如图 4-28 所示。

（2）选中创建图像热点链接的图像，打开"属性"面板，在"属性"面板中单击"矩形热点工具" ▢ ，如图 4-29 所示。

图 4-28　打开素材文件

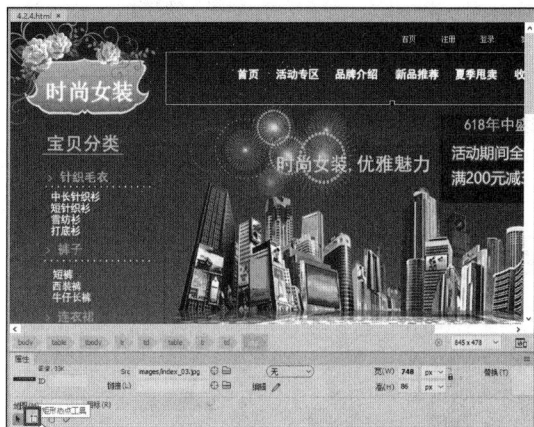

图 4-29　"属性"面板

提示：

"属性"面板中有 3 种热点工具，分别是"矩形热点工具""圆形热点工具""多边形热点工具"，可以根据图像的形状选择热点工具。

（3）将光标移动到要创建图像热点链接"首页"的上方，按住鼠标左键不放，拖曳鼠标绘制一个矩形热点，如图 4-30 所示。

（4）打开"属性"面板，在"属性"面板中的"链接"文本框中输入链接地址，"拆分"视图如图 4-31 所示，相关代码如下。

图 4-30　绘制矩形热点

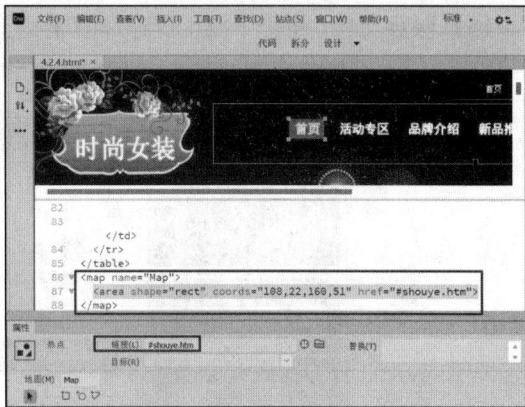

图 4-31　"拆分"视图

```
<map name="Map">
  <area shape="rect" coords="108,22,160,51" href="#shouye.htm">
</map>
```

代码揭秘：图像热点链接

基本语法：

首先在图像文件中设置映射图像名称，在图像的属性中使用<usemap>标签添加图像要引用的映射图像的名称，代码如下。

```
< img src="图像地址" usemap ="映射图像名称">
```

然后定义热区图像以及热区的链接属性，代码如下。

```
<map name="映射图像名称">
<area shape="热区形状" coords="热区坐标" href="链接地址">
</map>
```

在该语法中要先定义映射图像的名称，再引用这个映射图像。在<area>标签中定义了热区的位置和链接地址，其中 shape 参数用于定义热区形状，coords 参数用于设置区域坐标，对于不同形状来说，coords 设置的方式也不同。

（5）同理可创建其他的图像热点链接，并输入相应的链接地址，如图 4-32 所示。

（6）保存文档，按"F12"键在浏览器中预览效果，如图 4-33 所示。

图 4-32　创建其他的图像热点链接

图 4-33　创建图像热点链接的效果

4.2.5　创建脚本链接

脚本链接用于执行 JavaScript 代码或调用 JavaScript 函数，它非常有用，能够在不离开当前网页文档的情况下为访问者提供关于某项内容的附加信息。脚本链接还可以用于在访问者单击特定项时，执行计算、表单验证和其他处理任务。创建脚本链接的具体操作步骤如下。

（1）打开素材文件，选中文本"关闭网页"，如图 4-34 所示。

（2）在"属性"面板中的"链接"文本框中输入"javascript:window.close()"，如图 4-35 所示。

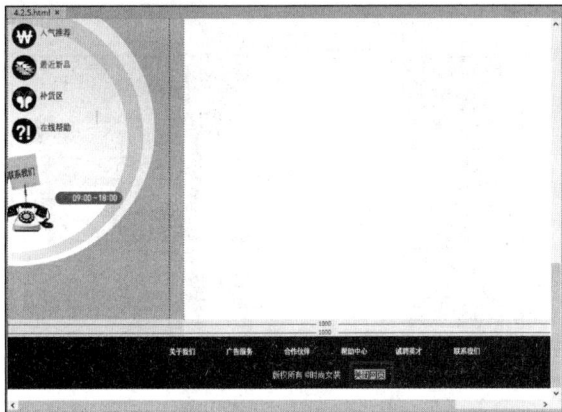

图 4-34　打开素材文件

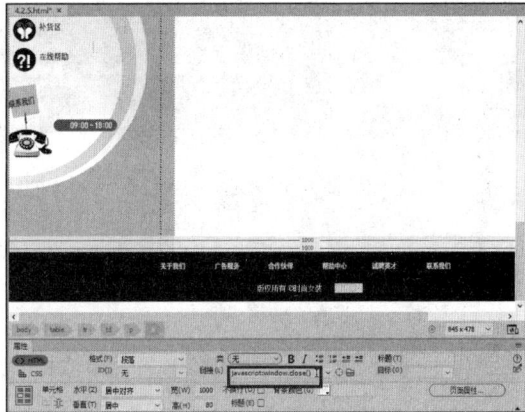

图 4-35　输入链接

（3）保存文档，按"F12"键在浏览器中预览效果，单击"关闭网页"脚本链接，即可关闭网页，如图 4-36 所示。

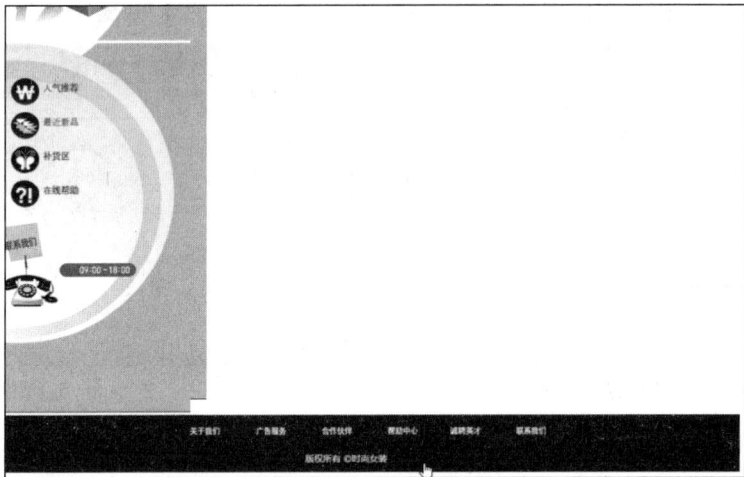

图 4-36　预览效果

4.3　在网页中插入图像与背景音乐

在网页中插入图像，可以使网页更加生动、美观，现在几乎在所有的网页中都可以看到大量精美的图像。

4.3.1　插入图像

图像是网页最重要的元素之一，不但能美化网页，而且与文本相比能够更直观地说明问题，使表达的意思一目了然。插入图像可以为网站增添生命力，同时也可以加深用户对网站的印象。

4.5　插入图像

在网页中插入图像的具体步骤如下。

（1）打开素材文件，如图 4-37 所示。

（2）将光标放置在要插入图像的位置，选择菜单中的"插入"→"Image"命令，如图 4-38 所示。

图 4-37 打开素材文件

图 4-38 选择"Image"命令

（3）选择"Image"命令后，弹出"选择图像源文件"对话框，在该对话框中选择图像文件，如图 4-39 所示。

（4）单击"确定"按钮，图像就被顺利插入网页中了，如图 4-40 所示。

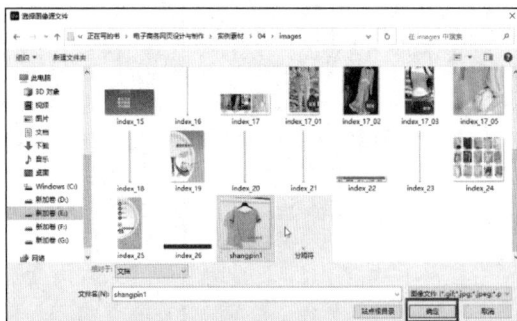

图 4-39 "选择图像源文件"对话框

图 4-40 插入图像

（5）选中插入的图像，打开"属性"面板，在该面板中设置图像属性，如图 4-41 所示。设置图像属性的代码如下。

```
<img src="images/shangpin1.jpg" alt="" width="300" height="300" align="right"/>
```

代码揭秘：图像标签<img>

基本语法：

```
<img src="图像文件的地址" width="图像的宽度" height="图像的高度" alt="提示文字的内容" >
```

在页面中插入图像可以起到美化的作用，<img>标签的作用是向网页中嵌入一幅图像。<img>标签有两个必需的属性：src 属性和 alt 属性。src 参数用于设置图像文件所在的路径，这一路径可以是相对路径，也可以是绝对路径。alt 属性指定替代文本，用于在图像无法显示或者用户禁用图像显示时，代替图像，在浏览器中显示文本内容。width 属性用于定义图片的宽度，height 属性用于定义图片的高度。

图 4-41 图像的"属性"面板

（6）选中插入的图像，单击鼠标右键，在弹出的快捷菜单中选择"对齐"→"右对齐"命令，如图 4-42 所示。

（7）保存文档，在浏览器中预览效果，如图 4-43 所示。

图 4-42 选择"右对齐"命令

图 4-43 预览效果

4.3.2 插入背景图像

在网页中，把设置为网页背景的图像称为背景图像。插入背景图像的具体操作步骤如下。

（1）打开素材文件，如图 4-44 所示。

（2）选择菜单中的"文件"→"页面属性"命令，弹出"页面属性"对话框，在该对话框中单击"背景图像"文本框右边的"浏览"按钮，如图 4-45 所示。

图 4-44 打开素材文件

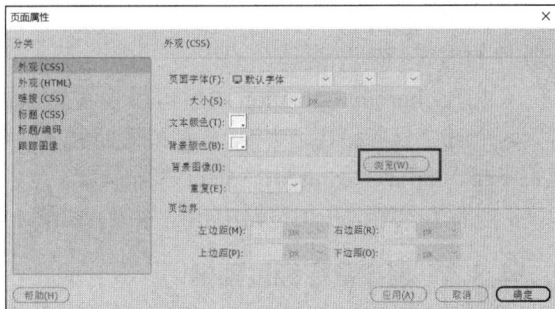

图 4-45 "页面属性"对话框

（3）弹出"选择图像源文件"对话框，在该对话框中选择图像文件，如图 4-46 所示。

提示：

背景图像要能体现出网站的整体风格和特色，要与网页内容和谐统一。一般来说，背景图像的颜色与前景文字的颜色要形成较强的对比。

（4）单击"确定"按钮，插入背景图像，"拆分"视图如图 4-47 所示，相关代码如下。

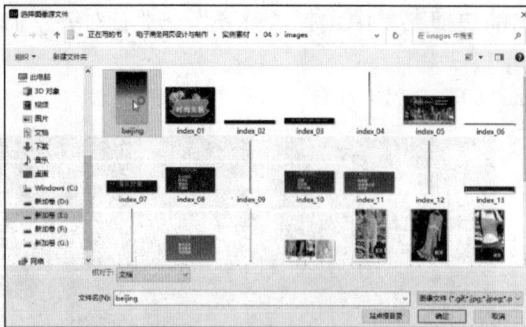

图 4-46　"选择图像源文件"对话框

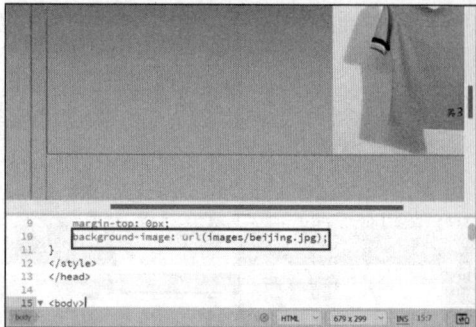

图 4-47　插入背景图像

```
background-image: url(images/beijing.jpg);
```

代码揭秘：背景属性 background

基本语法：

```
background-color:颜色取值;
background-image:url（图像地址）;
background-repeat:取值;
background-attachment: scroll/fixed;
background-position:位置取值;
```

使用 background-color 属性不但可以设置网页的背景颜色，还可以设置文字的背景颜色。

使用 background-image 属性可以设置元素的背景图像。图像地址可以是绝对地址，也可以是相对地址。

使用 background-repeat 属性可以设置背景图像是否平铺，并且可以设置如何平铺。no-repeat 表示背景图像不平铺；repeat 表示背景图像平铺排满整个网页；repeat-x 表示背景图像只在水平方向上平铺；repeat-y 表示背景图像只在垂直方向上平铺。

使用 background-attachment 属性可以设置背景图像是随对象滚动还是固定不动。scroll 表示背景图像随对象滚动，是默认选项；fixed 表示背景图像固定在页面上，只有其他的内容随对象滚动。

使用 background-position 属性可以设置背景图像的位置，这个属性只能应用于块级元素和替换元素。替换元素包括 img、input、textarea、select 和 object。

（5）保存文档，在浏览器中预览效果，如图 4-48 所示。

4.3.3　创建鼠标经过图像

鼠标经过图像就是指当鼠标指针经过图像时，原图像会变成另外一张图像。鼠标经过图像其实是由两张图像组成的：原始图像和鼠标经过图像。组成鼠标经过图像的两张图像大小必须相同；如果两张图像的大小不同，则

图 4-48　预览效果

Dreamweaver 会自动将第二张图像的大小调整为第一张图像的大小。

创建鼠标经过图像的具体操作步骤如下。

（1）打开素材文件，将光标置于要插入鼠标经过图像的位置，如图 4-49 所示。

（2）选择菜单中的"插入"→"HTML"→"鼠标经过图像"命令，如图 4-50 所示。

（3）选择"鼠标经过图像"命令后，弹出图 4-51 所示的"插入鼠标经过图像"对话框，在该对话框中单击"原始图像"文本框右边的"浏览"按钮。

图 4-49　打开素材文件

图 4-50　选择"鼠标经过图像"命令

图 4-51　"插入鼠标经过图像"对话框

（4）弹出"原始图像:"对话框，在该对话框中选择图像文件，单击"确定"按钮，即可添加原始图像，如图 4-52 所示。

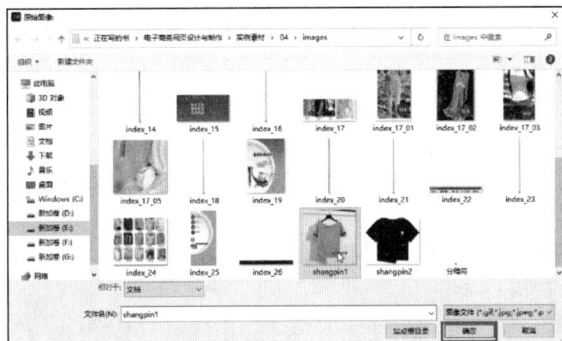

图 4-52　"原始图像:"对话框

在"插入鼠标经过图像"对话框中可以设置以下参数。

- 图像名称：在文本框中输入图像名称。
- 原始图像：单击"浏览"按钮，选择图像源文件，或直接在文本框中输入图像路径。
- 鼠标经过图像：单击"浏览"按钮，选择图像文件，或直接在文本框中输入图像路径。用于设置鼠标指针经过时显示的图像。
- 预载鼠标经过图像：让图像预先加载到浏览器的缓存中，以便提高图像的显示速度。
- 替换文本：当浏览器不显示图像时，显示替换文本。
- 按下时，前往的 URL：单击"浏览"按钮，选择文件，或者直接在文本框中输入鼠标指针经过图像时打开的文件路径。如果没有设置链接，则 Dreamweaver 会自动在 HTML 代码中为鼠标经过图像加上一个空链接（#）。如果将这个空链接删去，鼠标经过图像就无法应用。

（5）单击"鼠标经过图像"文本框右边的"浏览"按钮，弹出"鼠标经过图像:"对话框，在该对话框中选择图像文件，单击"确定"按钮，如图 4-53 所示。

（6）添加的图像文件如图 4-54 所示。

图 4-53　"鼠标经过图像："对话框

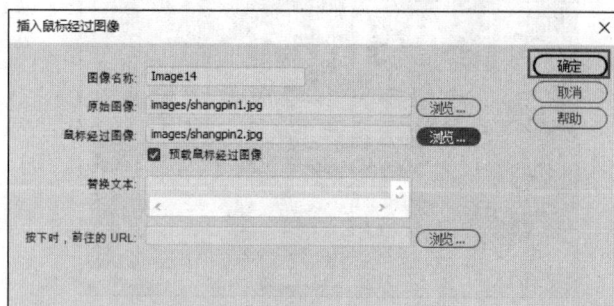

图 4-54　"插入鼠标经过图像"对话框

（7）单击"确定"按钮，插入鼠标经过图像，如图 4-55 所示。

（8）将图像设置为右对齐，"拆分"视图如图 4-56 所示，相关代码如下。

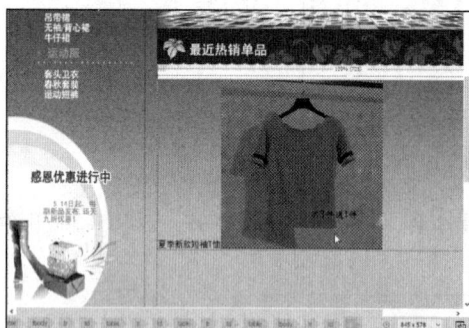

图 4-55　插入鼠标经过图像

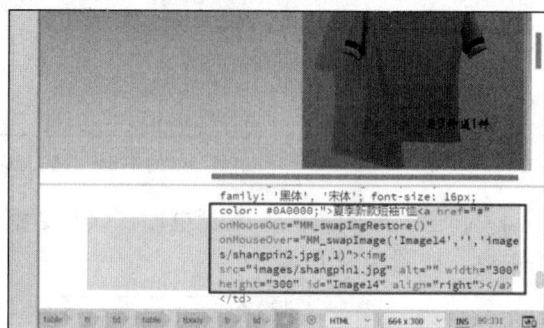

图 4-56　将图像设置为右对齐

```
<a href="#" onMouseOut="MM_swapImgRestore()"
onMouseOver="MM_swapImage('Image14','','images/shangpin2.jpg',1)">
<img src="images/shangpin1.jpg" alt="" width="300" height="300"
id="Image14" align="right"></a>
```

代码揭秘：　onMouseOut 与 onMouseOver 事件

基本语法：

```
onMouseOut="JavaScript 代码"
onMouseOver="JavaScript 代码"
```

onMouseOut 事件在鼠标指针移出指定的对象时发生。

onMouseOver 事件在鼠标指针移动到指定的对象上时发生。

（9）保存网页文档，即可在浏览器中预览效果。鼠标指针经过图像前的效果如图 4-57 所示，鼠标指针经过图像时的效果如图 4-58 所示。

图 4-57　鼠标指针经过图像前的效果

图 4-58　鼠标指针经过图像时的效果

4.3.4　使用代码提示添加背景音乐

在"代码"视图中可以插入代码，在"代码"视图中输入某些字符时会显示一个列表，列出此时能执行的操作。下面通过这种代码提示方式插入背景音乐，具体操作步骤如下。

（1）打开素材文件，如图 4-59 所示。

（2）切换到"代码"视图，在"代码"视图中找到标签<body>，并在其后面输入"<"以显示标签列表，在列表中选择"embed"标签，如图 4-60 所示。

图 4-59　打开素材文件

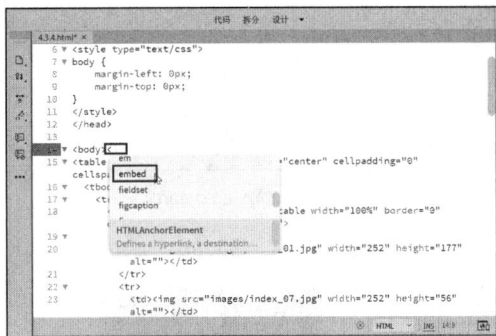

图 4-60　在< body >后面输入"<"

（3）在列表中双击"embed"标签，插入该标签，如图 4-61 所示。

（4）如果该标签支持属性，则按空格键可显示该标签允许的属性列表，从中选择属性"src"，"src"属性用来设置背景音乐文件的路径，双击属性"src"后出现"浏览"字样，如图 4-62 所示。

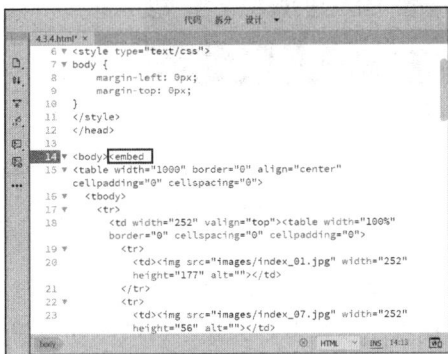

图 4-61　插入标签"embed"

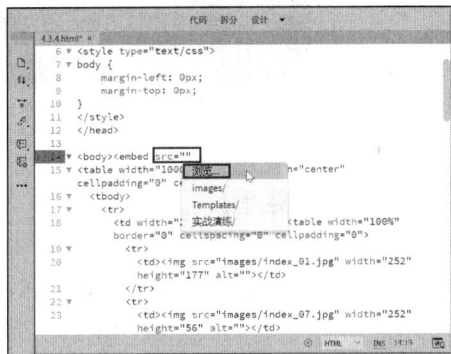

图 4-62　选择属性"src"

（5）打开"选择文件"对话框，从该对话框中选择音乐文件，如图 4-63 所示。

（6）选择音乐文件后，单击"确定"按钮，插入音乐文件，如图 4-64 所示。

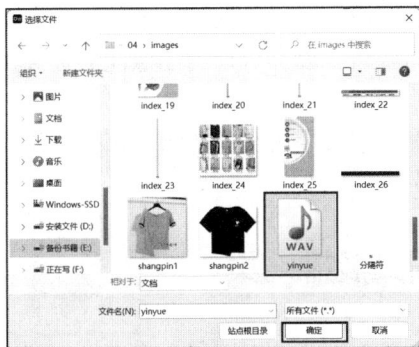

图 4-63　"选择文件"对话框

图 4-64　插入音乐文件

（7）在插入的音乐文件代码后输入 autostart 标签，如图 4-65 所示。

（8）设置 autostart=true，然后输入"></embed>以结束该标签，如图 4-66 所示。

图 4-65　输入 autostart

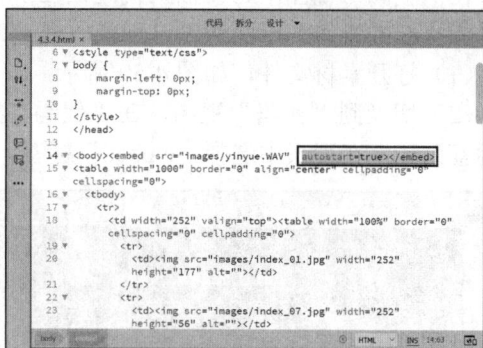

图 4-66　设置 autostart=true

（9）保存网页文档，即可在浏览器中预览效果，当打开图 4-67 所示的网页时就能听到音乐。

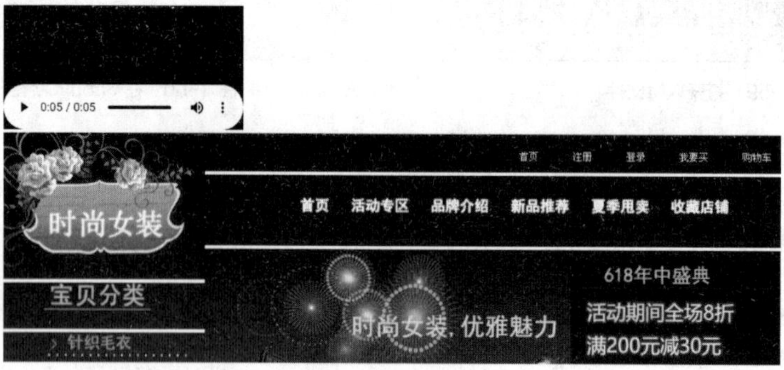

图 4-67　预览效果

【单元小结】

（1）编辑网页文本是网页制作中最基本的操作之一，灵活应用各种文本属性可以设计出更加美观、条理清晰的网页。虽然文本属性较多，各种设置项比较繁多，但在学习时不要着急，逐步实践并体会其中的细节即可。

（2）合理设置网站导航链接，实现网站内所有页面相通，才能发挥更高效率。在 Dreamweaver 中，除了网页间相互链接外，还可以使网页链接到相关的图像文件、多媒体文件及下载程序等对象，利用这些链接可以实现链接的丰富性。

（3）图像和文本都是网页最重要的元素，合理使用图像可以提高网页的丰富性和观赏性，它具有强大的视觉冲击力，能够吸引更多的注意力，制作精巧、设计合理的图像能够提高浏览者浏览网页的兴趣和动力。

（4）如今的网页看起来丰富多彩，各种多媒体对象起到的作用不言而喻，正是背景音乐的应用，使得网页内容既丰富多彩，又呈现出无限动感。

【综合实训】制作"祥和家居"图文混排网页

文字和图像是网页最基本的元素，在网页中，图像和文本的混合排版非常常见，图文混排的方式包括图像左环绕、图像右环绕等。下面讲述制作"祥和家居"图文混排网页的相关内容，本实训完成后的参考效果如图 4-68 所示。

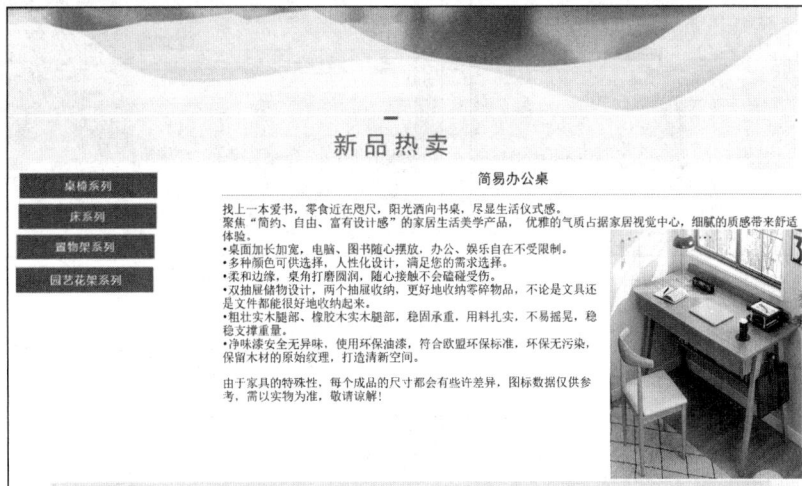

图 4-68　"祥和家居"图文混排网页

一、实训目的

本实训的目的为制作"祥和家居"图文混排网页。

（1）掌握在网页中输入文字并设置文字样式的方法。

（2）掌握在网页中输入插入图片，并设置图文混排的方法。

二、实训内容

完成本实训需要先在网页中输入商品介绍，并设置文字样式，然后插入商品图片，并设置图文混排，具体实训内容如下。

1. 输入商品介绍文字并设置文字样式

输入商品介绍文字的具体操作步骤如下。

（1）打开素材文件，如图 4-69 所示。

（2）将光标置于页面中，输入商品名称"简易办公桌"，如图 4-70 所示。

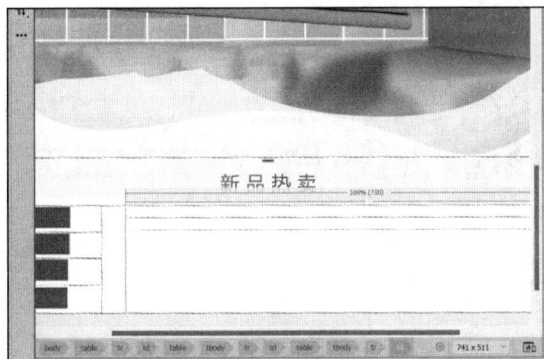

图 4-69　打开素材文件

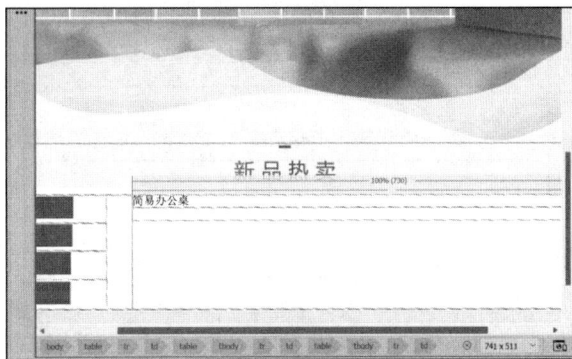

图 4-70　输入商品名称"简易办公桌"

（3）选中文本，在"属性"面板中单击"大小"文本框右边的下拉按钮，在弹出的列表中选择 18px，并设置文本居中对齐，如图 4-71 所示。

（4）选中文本，在"属性"面板中单击"字体"文本框右边的下拉按钮，在弹出的列表中选择字体为"黑体"，如图 4-72 所示。

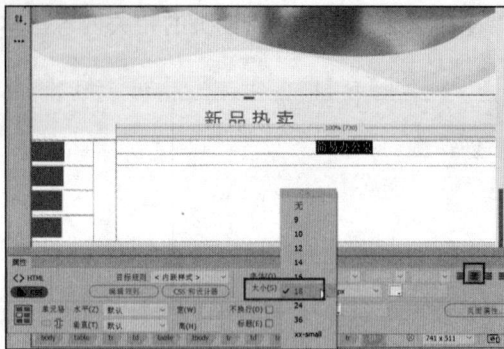

图 4-71　选择字号并设置居中对齐

图 4-72　设置字体

（5）选中文本，在"属性"面板中单击颜色按钮，在弹出的颜色拾色器中选择相应的颜色，如图 4-73 所示。

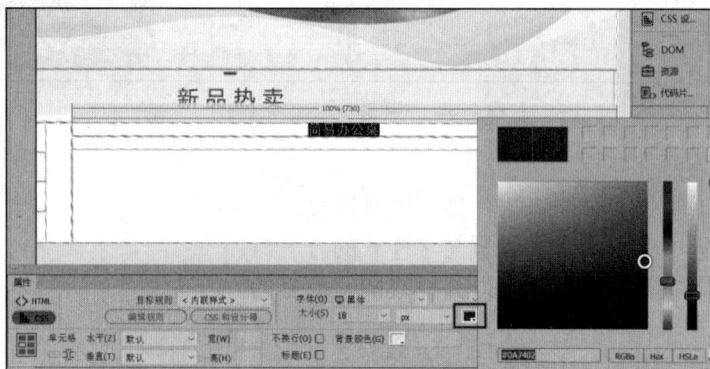

图 4-73　设置文本颜色

（6）将光标置于"简易办公桌"文字下方，选择菜单中的"插入"→"HTML"→"水平线"命令，插入水平线并设置水平线高度，如图 4-74 所示。

（7）输入商品介绍文字，并设置文字样式，如图 4-75 所示。

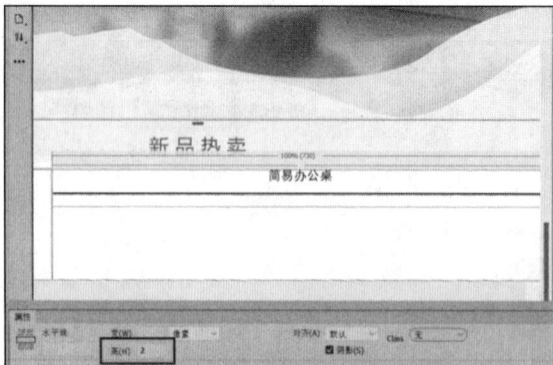

图 4-74　插入水平线

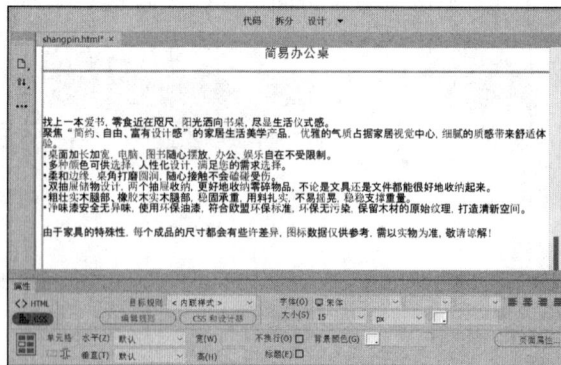

图 4-75　输入商品介绍文字并设置文字样式

2. 插入商品图片并设置图文混排

插入商品图片并设置图文混排的具体操作步骤如下。

（1）将光标置于要插入图像的位置，选择菜单中的"插入"→"Image"命令，弹出"选择图像源文件"对话框，在该对话框中选择相应的图像文件 002.jpg，如图 4-76 所示。

（2）单击"确定"按钮，即可插入图像，如图 4-77 所示。

图 4-76　"选择图像源文件"对话框

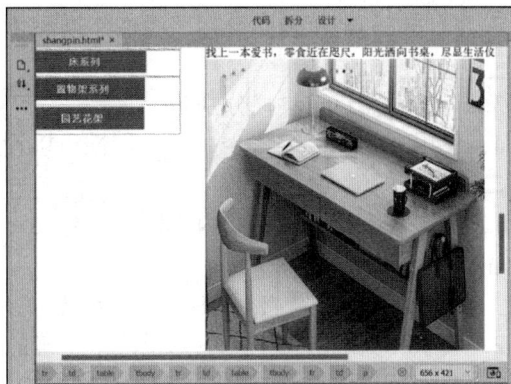

图 4-77　插入图像

（3）选中插入的图像，单击鼠标右键，在弹出的快捷菜单中选择"对齐"→"右对齐"命令，如图 4-78 所示。

图 4-78　设置图像的对齐方式

（4）设置右对齐后的网页效果如图 4-79 所示。

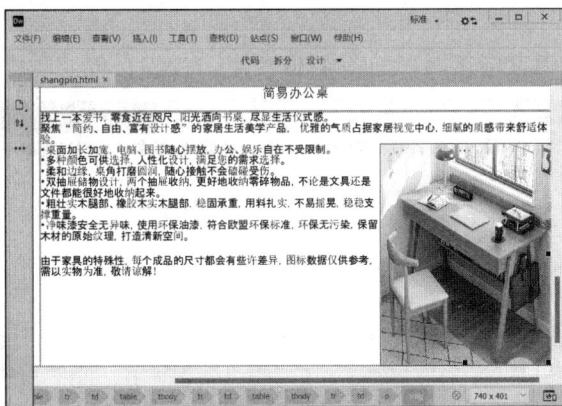

图 4-79　设置右对齐后的网页效果

【理论练习】

一、填空题

1. _____在网页文档中经常用到，它主要用于分隔文档内容，使文档结构清晰明了。

2．网页中的链接按照链接路径的不同可以分为 3 种形式：＿＿＿＿＿＿＿＿、＿＿＿＿＿＿＿＿、
＿＿＿＿＿＿＿＿。

3．有 3 种热点工具，分别是＿＿＿＿＿＿＿＿、＿＿＿＿＿＿＿＿、＿＿＿＿＿＿＿＿。

4．使用＿＿＿＿＿＿＿＿＿＿属性可以设置背景图像是否平铺。

二、单选题

1．在制作网页时，有些内容需要创建（　　）。当单击此链接时，将启动相关的邮件程序发
送 E-mail 信息。

　　A．电子邮件链接　　　B．超级链接　　　　　C．下载文件链接　　　　D．热点链接

2．关于网页中的文字，下列说法不正确的是（　　）。

　　A．Dreamweaver 提供了多种向网页中添加文本和设置文本格式的方法

　　B．可以在网页中输入一些无法直接输入的特殊字符

　　C．在"属性"面板中可以设置水平线颜色

　　D．使用 Dreamweaver 可以方便快捷地插入一些常用的特殊字符

3．关于鼠标经过图像，下列说法不正确的是（　　）。

　　A．鼠标经过图像就是当鼠标指针经过图像时，原图像会变成另外一张图像

　　B．鼠标经过图像其实是由两张图像组成的：原始图像和鼠标经过图像

　　C．组成鼠标经过图像的两张图像的大小不必相同

　　D．鼠标指针经过图像时交替显示

三、简答题

1．如何在网页中添加文本？

2．超链接的基本概念是怎样的？

3．如何在网页中插入图像，常见方法有哪些？

4．如何在网页中插入背景音乐？

【实战演练】制作"宝盛首饰"图文混排网页

制作的"宝盛首饰"图文混排网页如图 4-80 所示。

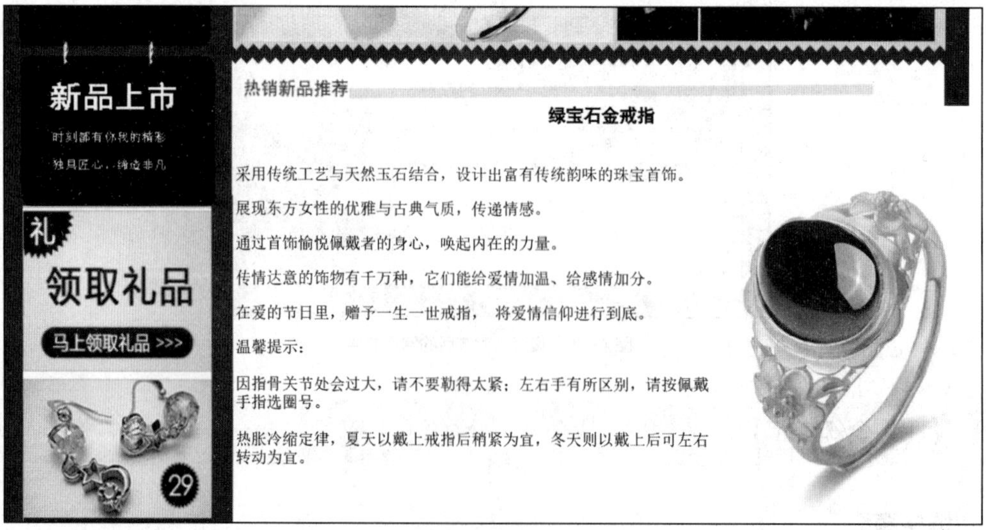

图 4-80　制作的"宝盛首饰"图文混排网页

1．输入商品介绍文字

输入的商品介绍文字如图 4-81 所示。

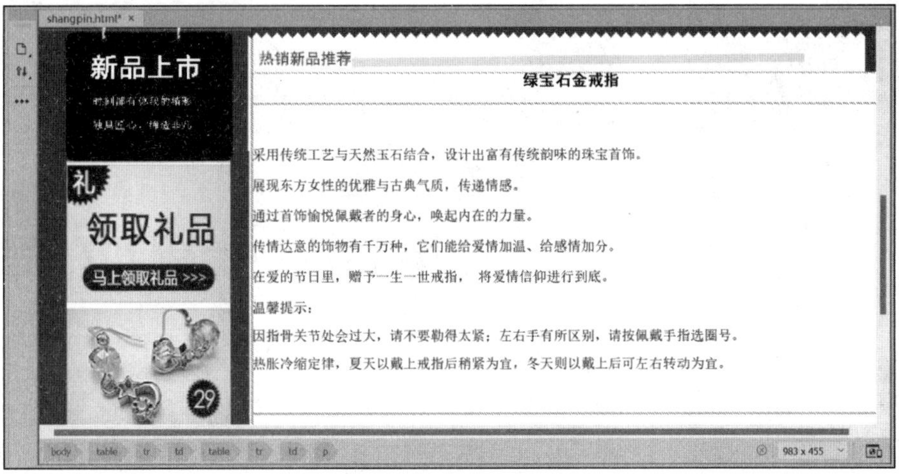

图 4-81　输入的商品介绍文字

（1）打开网页文件，将光标置于页面中，输入商品名称"绿宝石金戒指"和商品介绍文字。

（2）选中文本，在"属性"面板中单击"大小"文本框右边的下拉按钮，在弹出的列表中选择字号，并设置文本居中对齐。

（3）选中文本，在"属性"面板中单击"字体"文本框右边的下拉按钮，在弹出的列表中选择字体为"黑体"。

（4）选中文本，在"属性"面板中单击颜色按钮，在弹出的颜色拾色器中选择相应的颜色。

2．插入商品图片并设置右对齐

插入商品图片并设置右对齐的网页如图 4-82 所示。

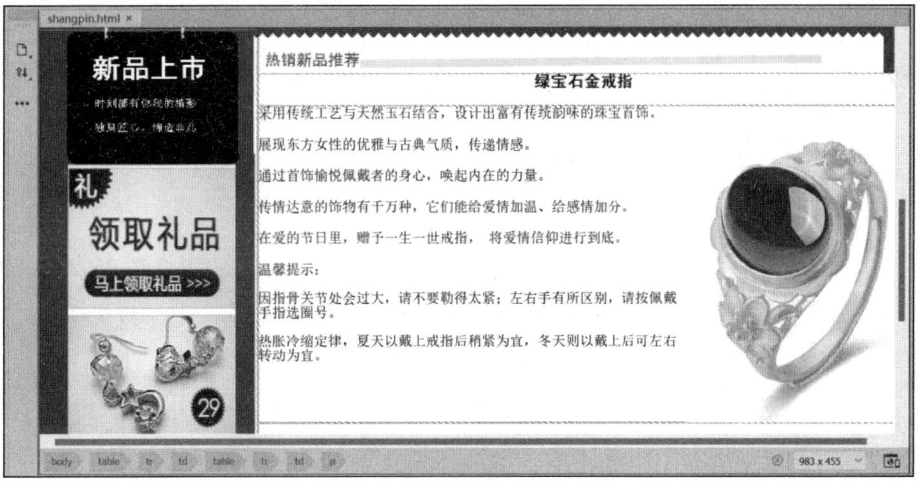

图 4-82　插入商品图片并设置右对齐的网页

（1）将光标置于要插入图像的位置，选择菜单中的"插入"→"Image"命令，弹出"选择图像源文件"对话框，在该对话框中选择相应的图像文件 shangpin.jpg，单击"确定"按钮，即可插入图像。

（2）选中插入的图像，单击鼠标右键，在弹出的下拉菜单中选择"对齐"→"右对齐"命令。

5 Chapter

第 5 章
使用 CSS 美化和布局网页

CSS 是 Cascading Style Sheets 的缩写，又称为"串联样式表"，简称为样式表。它是一种制作网页的新技术，现在已经被大多数浏览器支持，成为网页设计必不可少的工具之一。掌握基于 CSS 的网页美化与布局方式，是构建 Web 页面的基础。

学习目标

☐ 掌握 CSS 的使用方法。
☐ 掌握使用 CSS 美化网页文本和图片的方法。
☐ 掌握 CSS 布局理念。
☐ 掌握 CSS 定位技术。

5.1 CSS 的使用

使用 CSS 能够简化网页的格式代码，加快下载显示的速度，也减少了需要上传的代码量，大大减少了重复劳动的工作量。

5.1.1 CSS 基本语法

CSS 的语法结构仅由 3 部分组成，分别是选择器、属性和值，基本语法如下。

```
选择符{属性：值；属性：值；属性：值；……}
```

- 选择符（Selector）是指这组样式编码要针对的对象，可以是一个可扩展超文本标记语言（eXtensible Hypertext Markup Language，XHTML）标签，如<body>、<h1>；也可以是定义了特定 id 或 class 的标签，如#lay 选择符表示选择<div id=lay>，即一个被指定了 id 为 lay 的对象。浏览器将对 CSS 选择符进行严格的解析，每一组样式均会被浏览器应用到对应的对象上。
- 属性（Property）是 CSS 样式控制的核心，对于每一个 XHTML 标签，CSS 都提供了丰富的样式属性，如颜色、大小、定位、浮动方式等。
- 值（Value）是指属性的值，有两种形式，一种是指定范围的值，如 float 属性，只能使用 left、right 和 none 这 3 种值；另一种为数值，如 width 能够使用 0~9999px，或指定的其他数值。

在实际应用中，往往使用以下类似的语法。

```
body{background-color: red}
```

上述语法表示选择符为 body，即选择了页面中的<body>标签，属性为 background-color，这个属性用于控制对象的背景颜色，其值为 red。页面中的 body 对象的背景颜色使用这组 CSS 编码被定义为红色。除了定义单个属性，还可以为一个标签定义一个甚至更多个属性，每个属性之间使用分号隔开。

5.1.2 添加 CSS 的方法

添加 CSS 有 3 种方法：链接外部样式表、导入外部样式表和内嵌样式。下面分别介绍。

1. 链接外部样式表

链接外部样式表就是在网页中调用已经定义好的样式表来实现样式表的应用，样式表是一个单独的文件，在页面中使用<link>标签链接到这个样式表文件，<link>标签必须位于页面的<head>标签内。这种方法适用于大型网站的 CSS 定义。

基本语法：

```
<link type="text/css" rel="stylesheet"  href="外部样式表的文件名称">
```

说明：

（1）链接外部样式表时，不需要使用 style 元素，只需直接将<link>标签放在<head>标签中即可。

（2）外部样式表的文件名称是要嵌入的样式表文件名称，扩展名为.css。

（3）CSS 文件一定是纯文本格式。

（4）在修改外部样式表时，引用它的所有页面也会自动更新。

（5）外部样式表中的 URL 是相对于样式表文件在服务器上的位置。

（6）外部样式表的优先级低于内部样式表。

（7）可以同时链接几个样式表，靠后的样式表优先于靠前的样式表。

下面是一个链接外部样式表的实例。

```
<head>
```

```
...
<link rel="stylesheet"type="text/css"href="slstyle.css">
...
</head>
```

上面这个实例表示浏览器从 slstyle.css 文件中以文档格式读出定义的样式表。rel= stylesheet
是在页面中使用的外部样式表，type=text/css 表示指定文件的类型是样式表文件，href= slstyle.css
表示文件所在的位置。

一个外部样式表文件可以应用于多个页面。当改变这个样式表文件时，所有页面的样式都会
随之改变。在制作大量相同样式页面的网站时，链接外部样式表非常有用，不仅减少了重复的工
作量，而且有利于以后的修改、编辑，在浏览时也减少了重复下载的代码。

2．导入外部样式表

导入外部样式表是指在内部样式表的<style>中导入一个外部样式表，使用@import 来导入。
基本语法：

```
<style type=text/css>
@import url("外部样式表的文件名称");
</style>
```

说明：

（1）import 语句后的";"一定要加上！

（2）外部样式表的文件名称是要嵌入的样式表文件名称，扩展名为.css。

（3）@import 应该位于 style 元素中的所有样式规则之前。

下面是一个导入外部样式表的实例。

```
<head>
<style type=text/css>
<!-
@import slstyle.css
其他样式表的声明
-->
</style>
</head>
```

此例中的@import slstyle.css 表示导入 slstyle.css 文件，注意使用外部样式表的路径、方法和
链接外部样式表的类似，但导入外部样式表这种方法更有优势，实质上导入的外部样式表相当于
存在于内部样式表中。

3．内嵌样式

内嵌样式是混合在 HTML 标签中使用的，通过这种方法，可以很简单地对某个元素单独定义样
式，主要在<body>内实现。内嵌样式的使用方法是直接在 HTML 标签中添加 style 参数，而 style 参
数的内容就是 CSS 的属性和值，style 参数后面引号中的内容相当于样式表花括号中的内容。

基本语法：

```
<style type="text/css">
<!--
选择符 1（样式属性：值；样式属性：值；...）
选择符 2（样式属性：值；样式属性：值；...）
选择符 3（样式属性：值；样式属性：值；...）
...
选择符 n（样式属性：值；样式属性：值；...）
-->
```

说明：

（1）<style>用于说明要定义的样式，type 属性用于说明样式表的类别。

（2）<!--… -->隐藏标签：避免了因浏览器不支持 CSS 而导致错误，加上这个标签后，不支持

CSS 的浏览器会自动跳过此段内容，以避免一些错误。

（3）选择符 1,…,选择符 n：选择符可以使用 HTML 标签的名称，所有 HTML 标签都可以作为选择符。

（4）样式属性主要是关于对选择符格式化显示风格的属性名称。

（5）值是对应属性的值。

下面的实例展示了使用<style>标签创建的内嵌样式。

```
<head>
<style type="text/css">
<!--body {margin-left: 0px;
    margin-top: 0px;
    margin-right: 0px;
    margin-bottom: 0px;}
.style1 {color: #fbe334;
    font-size: 13px;}-->
</style>
</head>
```

5.2　使用 CSS 美化网页

下面使用 CSS 美化网页，包括文本和图片的美化。

5.2.1　使用 CSS 美化文本

文字是人类语言最基本的表达方式，文本的美化与布局在网页设计中占据很大比例，文本与段落也可以说是网页最重要的组成部分之一。使用 CSS 美化文本的具体操作步骤如下。

5.2　使用 CSS 美化文本

（1）用 Dreamweaver 打开网页文档，如图 5-1 所示。

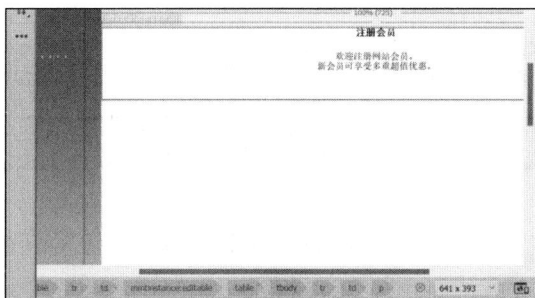

图 5-1　打开网页文档

（2）选中文字"注册会员"，如图 5-2 所示。

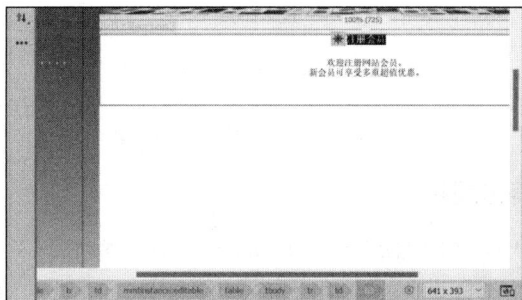

图 5-2　选中文字

（3）在"属性"面板中单击"CSS"图标，设置字体为黑体，大小为 18px，颜色为#000000，如图 5-3 所示。

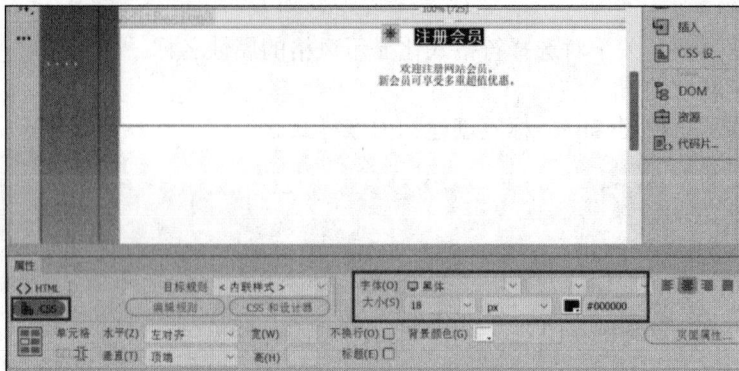

图 5-3　设置字体、大小和颜色

（4）设置完毕，其 CSS 代码如下。

```
<h3 style="text-align: center; font-size: 18px; color: #000000; font-family: '黑体';">
注册会员</h3>
```

（5）选中正文，并设置字体、字号，"拆分"视图如图 5-4 所示。

图 5-4　设置正文样式

```
<p style="text-align: center; font-size: 14px; font-family: '宋体';">欢迎注册网站会员。<br>
新会员可享受多重超值优惠。</p>
```

（6）保存文档，在浏览器中预览效果，效果如图 5-5 所示。

图 5-5　使用 CSS 设置网页文本样式

5.2.2　使用 CSS 美化图片

CSS 提供了强大的图片样式控制能力，以帮助用户设计专业、美观的网页。在 HTML 中，使用表格来创建文本周围的边框，但是使用 CSS 边框属性，可以创建出效果出色的边框，并且可以将其应用于任何元素。默认情况下，图片是没有边框的，通过"边框"属性可以为图片添加边框。

下面是一个使用 CSS 美化图片边框的实例，其代码如下。

```
<style type="text/css">
.wu {border: 5px solid #F60;}
</style>
<body>
<img src="002.jpg" width="268" height="314"  class="wu"/>
</body>
```

这里首先定义了一个样式，设置边框宽度为 5px，边框样式为实线，边框颜色为#F60，在正文中对图片应用样式，效果如图 5-6 所示。

利用"border: 5px dashed"设置边框为宽度为 5px 的虚线边框，效果如图 5-7 所示。其 CSS 代码如下。

```
.wu {border: 5px dashed #F60;}
```

图 5-6　实线边框效果

图 5-7　虚线边框效果

通过设置边框样式、宽度和颜色，可以得到下列不同效果。

（1）设置"border: 5px dotted #F60"，效果如图 5-8 所示。

（2）设置"border: 5px double #F60"，效果如图 5-9 所示。

图 5-8　点划线边框效果

图 5-9　双线边框效果

（3）设置"border: 30px groove #F60"，效果如图 5-10 所示。

（4）设置"border: 30px ridge #F60"，效果如图 5-11 所示。

图 5-10　槽状边框效果

图 5-11　脊状边框效果

（5）设置"border: 30px inset #F60"，效果如图 5-12 所示。

（6）设置"border: 30px outset #F60"，效果如图 5-13 所示。

图 5-12　凹陷边框效果

图 5-13　凸出边框效果

代码揭秘：边框属性 border

基本语法：

```
border:边框宽度 边框样式 边框颜色
border-top:上边框宽度 上边框样式 边框颜色
border-right:右边框宽度 右边框样式 边框颜色
border-bottom:下边框宽度 下边框样式 边框颜色
border-left:左边框宽度 左边框样式 边框颜色
```

使用 border 属性可以设置元素的边框宽度、边框样式和边框颜色。边框有 3 个属性：一是边框宽度，用于设置边框的宽度；二是边框颜色，用于设置边框的颜色；三是边框样式，用于设置边框的样式。

5.3　CSS 布局理念

无论是使用表格还是 CSS，网页布局都是把大块的内容放进网页的不同区域。对于 CSS 来说，最常用于组织内容的元素就是<div>标签。在使用 CSS 布局时，首先要使用<div>将页面整体划分为几个板块，然后对各个板块进行 CSS 定位，最后在各个板块中添加相应的内容。

5.3　CSS 布局理念

5.3.1　将页面用 DIV 分块

在利用 CSS 布局页面时，首先要有整体的规划，包括整个页面分成哪些板块、各个板块之间的父子关系等。以最简单的框架为例，页面由 banner、content（主体内容）、links（菜单导航）和 footer（脚注）几个板块组成，各个板块分别用唯一的 id 标识，如图 5-14 所示。

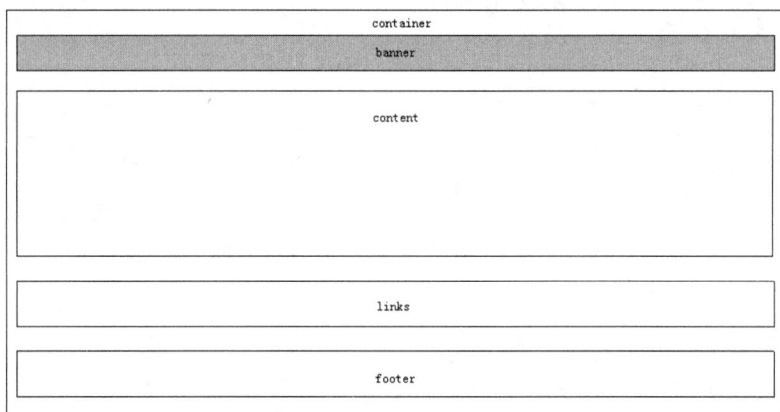

图 5-14　页面框架

页面框架的 HTML 代码如下所示。

```
<div id="container">container
  <div id="banner">banner</div>
<div id="content">content</div>
<div id="links">links</div>
<div id="footer">footer</div>
</div>
```

实例中的每个板块都是一个<div>，这里直接使用 CSS 中的 id 来表示各个板块，页面的所有板块都属于 container，一般的 DIV 布局都会在最外面加上父 DIV，便于对页面的整体进行调整。对于每个板块，还可以再加入各种元素或行内元素。

5.3.2　设计各个板块的位置

当页面的内容确定后，就需要根据内容本身考虑整体的页面布局类型，如是单栏、双栏还是三栏等，这里采用的布局如图 5-15 所示。

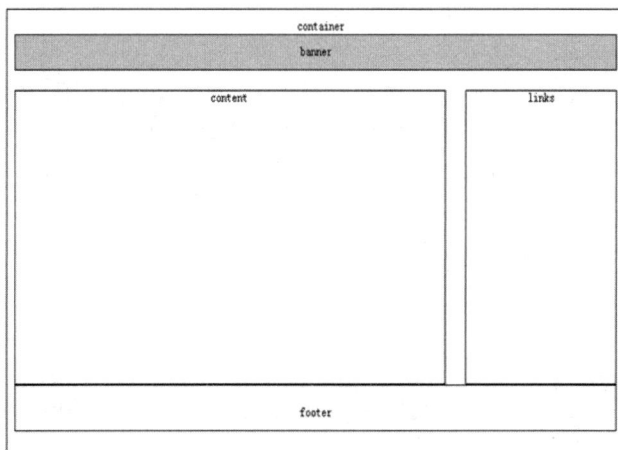

图 5-15　简单的页面布局

由图 5-15 可以看出，在页面中有一个整体的框架 container，banner 位于页面整体框架最上方，content 与 links 位于页面中部，其中 content 占据页面的绝大部分区域。最下面是页面的 footer。

5.3.3　用 CSS 定位

设计好页面的框架后，就可以利用 CSS 对各个板块进行定位，实现对页面的整体规划，再往各个板块中添加内容。

下面首先对<body>标签与 container 进行设置，CSS 代码如下所示。

```
body{margin:10px;
    text-align:center;}
#container{width:900px;
    border:2px solid #000000;
    padding:10px;}
```

上述代码设置了页面的边界、页面文本的对齐方式，以及将 container 的宽度设置为 900px。下面设置 banner 板块，CSS 代码如下所示。

```
#banner{margin-bottom:5px;
    padding:10px;
    background-color:#a2d9ff;
    border:2px solid #000000;
    text-align:center;}
```

这里设置了 banner 板块的边界、填充方式、背景颜色等。

下面利用 float 属性将 content 移动到左侧，links 移动到页面右侧，这里分别设置了这两个板块的宽度和高度，读者可以根据需要自行调整。

```
#content{float:left;
    width:600px;
    height:300px;
    border:2px solid #000000;
    text-align:center;}
#links{float:right;
    width:290px;
    height:300px;
    border:2px solid #000000;
    text-align:center;}
```

由于 content 和 links 对象都设置了 float 属性，因此 footer 需要设置 clear 属性，使其不受浮动的影响，代码如下所示。

```
#footer{clear:both;  /* 不受 float 影响 */
    padding:10px;
    border:2px solid #000000;
    text-align:center;}
```

这样，页面的整体框架便搭建好了。这里需要指出的是，content 中不能放置宽度过大的元素，如很长的图片或不换行的英文等，否则 links 将再次被挤到 content 下方。

特别地，如果后期维护时希望 content 的位置与 links 对调，则只需要改变 content 和 links 属性中的 left 和 right。这是传统布局方式不可能简单实现的，也正是 CSS 布局的魅力之一。

另外，如果 links 的内容比 content 的内容长，那么在浏览器中 footer 会紧跟在 content 下方而与 links 重合。

5.4　CSS 定位

CSS 对元素的定位包括相对定位和绝对定位，同时，还可以把相对定位和绝对定位结合起来，形成混合定位。

5.4.1　盒子模型的概念

要想熟练掌握 DIV 和 CSS 的布局方法，首先要对盒子模型有足够的了解。盒子模型是 CSS 布局中非常重要的概念，只有很好地掌握盒子模型以及其中每个元素的使用方法，才能真正布局网页中各个元素。

页面中的所有元素都可以看作一个装了东西的盒子，盒子里面的内容到盒子边框之间的距离即填充，盒子本身有边框，而盒子边框外和其他盒子之间还有边界。

一个盒子由 4 个独立部分组成，如图 5-16 所示。

第一部分是边界（margin）；第二部分是边框（border），边框可以有不同的样式；第三部分是填充（padding），填充用于定义内容区域与边框之间的空白；第四部分是内容区域（content）。

填充、边框和边界都分为上、下、左、右 4 个方向，既可以分别定义，又可以统一定义。当使用 CSS 定义盒子的 width

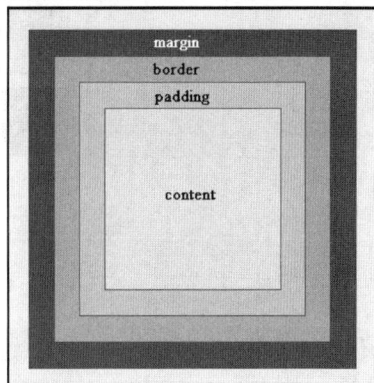

图 5-16　盒子模型

和 height 时，定义的并不是内容区域、填充、边框和边界所占的总区域，而是内容区域的 width 和 height。为了计算盒子所占的实际区域必须加上填充、边框和边界，即

实际宽度=左边界+左边框+左填充+内容宽度（width）+右填充+右边框+右边界

实际高度=上边界+上边框+上填充+内容高度（height）+下填充+下边框+下边界

5.4.2　float 定位

float 属性用于定义元素向哪个方向浮动。以往这个属性应用于图像，使文本围绕在图像周围，不过在 CSS 中，任何元素都可以浮动。浮动元素会生成一个块级框，而不论它本身是何种元素。float 是相对定位的，会随着浏览器的大小和分辨率的变化而改变。float 属性是元素定位中非常重要的属性，常常通过对 DIV 应用 float 属性来定位。

基本语法：

```
float:none|left|right
```

说明：

none 是默认值，表示对象不浮动；left 表示对象浮在左边；right 表示对象浮在右边。CSS 允许任何元素浮动，不论是图像、段落还是列表。无论先前元素是什么状态，浮动后都成为块级元素。浮动元素的宽度默认为 auto。如果 float 取值为 none，或没有设置 float，则不会发生任何浮动，块级元素独占一行，紧随其后的块级元素将在新行中显示，其代码如下所示。在浏览器中浏览图 5-17 所示的网页时，可以看到由于没有设置 DIV 的 float 属性，因此每个 DIV 都单独占一行，两个 DIV 分两行显示。

```
<!doctype html>
<html>
<head>
<meta http-equiv="Content-Type" content="text/html; charset=gb2312" />
 <title>没有设置float时</title>
 <style type="text/css">
  #content_a {width:250px; height:100px; border:3px solid #000000; margin:20px; background:
#F90;}
   #content_b {width:250px; height:100px; border:3px solid #000000; margin:20px; background:
#6C6;}</style>
 </head>
```

```
<body>
    <div id="content_a">这是第一个 DIV</div>
    <div id="content_b">这是第二个 DIV</div>
</body>
</html>
```

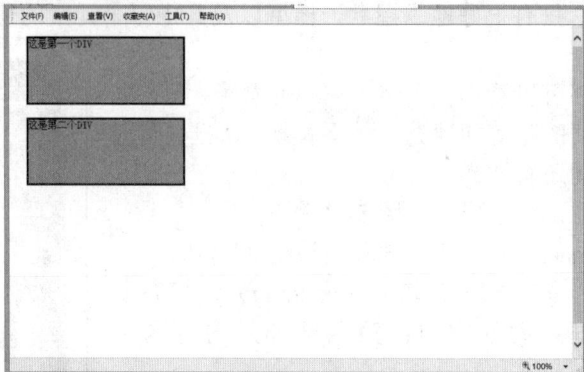

图 5-17　没有设置 float 属性

下面对上述代码进行修改，对 content_a 应用"float:left"以实现向左浮动，对 content_b 应用"float:right"以实现向右浮动。代码如下所示，在浏览器中的浏览效果如图 5-18 所示。可以看到 content_a 向左浮动，content_b 向右浮动，content_b 在水平方向紧跟着 content_a，两个 DIV 在一行上并列显示。

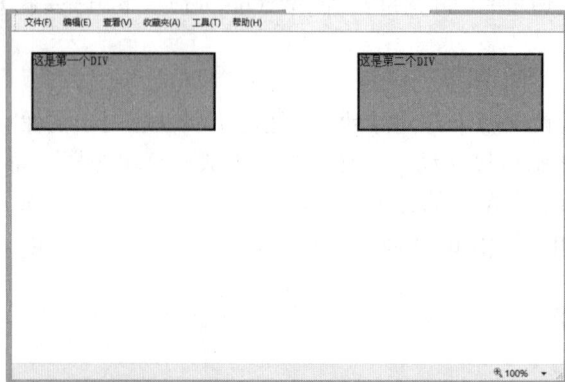

图 5-18　设置 float 属性，使两个 DIV 并列显示

```
<!doctype html>
<html>
<head>
<meta http-equiv="Content-Type" content="text/html; charset=gb2312"/>
<title>设置浮动时</title>
<style type="text/css">
#content_a {width:250px; height:100px; float:left; border:3px solid #000000; margin:20px;
background: #F90;}
#content_b {width:250px; height:100px; float:right;border:3px solid #000000; margin:20px;
background: #6C6;}  </style>
</head>
<body>
<div id="content_a">这是第一个 DIV</div>
<div id="content_b">这是第二个 DIV</div>
</body>
</html>
```

5.4.3　position 定位

position 的原意为位置、状态、安置。在 CSS 布局中，position 属性非常重要，很多特殊容器的定位必须用 position 来完成。position 属性有 4 个值，分别是 static、absolute、fixed、relative。

定位允许用户精确定义元素框出现的相对位置，可以相对于它通常出现的位置、相对于其上级元素、相对于另一个元素，或者相对于浏览器视窗本身。每个显示元素都可以用定位的方法来描述，而其位置是由此元素的包含块来决定的。

基本语法：

```
position: static | absolute | fixed | relative
```

static 是默认值，表示无特殊定位，对象遵循 HTML 定位规则；absolute 表示采用绝对定位，需要同时使用 left、right、top 和 bottom 等属性进行绝对定位，而对象层叠通过 z-index 属性定义，此时对象不具有边界，但仍有填充和边框；fixed 表示当页面滚动时，元素保持在浏览器视区内，其行为类似 absolute；relative 表示采用相对定位，对象不可层叠，但可以使用 left、right、top 和 bottom 等属性来设置在页面中的偏移位置。

当容器的 position 属性值为 fixed 时，这个容器即被固定定位。固定定位和绝对定位非常类似，不过被定位的容器不会随着滚动条的拖动而变化位置。在浏览器窗口中，固定定位的容器的位置是不会改变的。

下面举例讲述固定定位的使用方法，其代码如下所示。

```html
<!doctype html>
<html>
<head>
<meta charset="utf-8">
<title>CSS 固定定位</title>
<style type="text/css">
*{margin: 0px;
  padding:0px;}
#all{ width:500px;
    height:550px;
    background-color:#ccc0cc;}
#fixed{ width:150px;
    height:80px;
    border:15px outset #f0ff00;
    background-color:#9c9000;
    position:fixed;
    top:20px;
    left:10px;}
#a{ width:250px;
    height:300px;
    margin-left:20px;
    background-color:#ee00ee;
    border:2px outset #000000;}
</style>
</head>
<body>
<div id="all">
   <div id="fixed">固定的容器</div>
   <div id="a">无定位的 DIV 容器</div>
</div>
</body>
</html>
```

在本例中将外部 DIV 的背景颜色设置为 #ccc0cc，将内部无定位的 DIV 的背景颜色设置为

#ee00ee，将固定定位的 DIV 的背景颜色设置为#9c9000，并为固定定位的 DIV 设置了 outset 类型的边框。在浏览器中的预览效果如图 5-19 和图 5-20 所示。

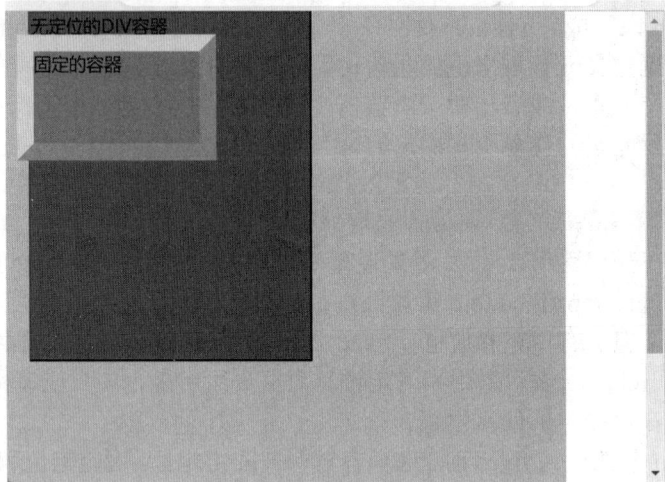

图 5-19　固定定位效果

图 5-20　拖动浏览器滚动条后的效果

【单元小结】

（1）通过 CSS 定义，可以将网页制作得更加绚丽多彩。利用 CSS 技术，可以有效并更加精确地对页面的布局、字体、颜色、背景和其他效果实现进行控制。

（2）CSS 布局的最终目的是搭建完善的页面框架。利用 CSS 布局的页面更新起来十分容易，甚至连页面的结构都可以通过修改 CSS 属性来重新定位。

（3）CSS 布局主要涉及两个属性——position 和 float。CSS 为定位和浮动提供了一些属性，利用这些属性，可以建立列式布局，将布局的一部分与另一部分重叠，还可以完成过去通常需要使用多个表格才能完成的任务。

（4）CSS 盒子是用于装东西的，比如要将文字内容、图片布局到网页中，就需要有盒子一样的东西装着。这时我们对盒子设置高度、宽度、边框、边界、填充，即可实现盒子模型。

【综合实训】应用 CSS 样式美化"祥和家居"网页

精美的网页实现离不开 CSS 技术，使用 CSS 可以制作出更加复杂和精巧的网页，这样制作的网页维护和更新起来也更加容易和方便。下面讲述应用 CSS 样式美化"祥和家居"网页的相关内容，具体操作步骤如下。

本实训完成后的参考效果如图 5-21 所示。

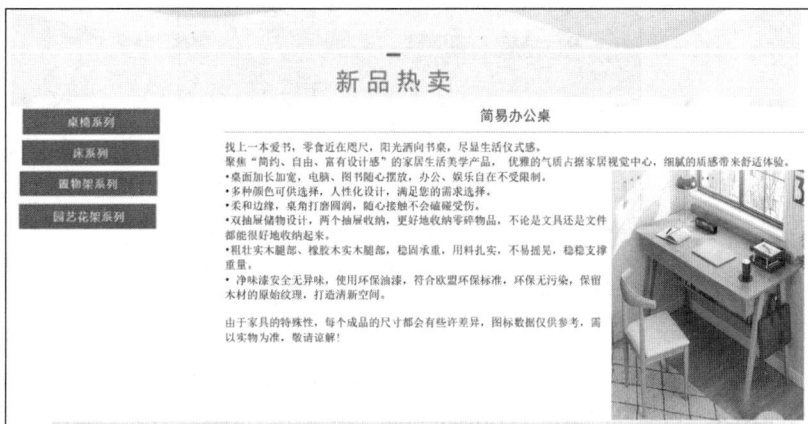

图 5-21　应用 CSS 样式美化后的"祥和家居"网页

一、实训目的

本实训的目的为应用 CSS 样式美化"祥和家居"网页。

（1）掌握使用 CSS 定义文字大小的方法。

（2）掌握应用 CSS 滤镜样式设置图像透明度的方法。

二、实训内容

完成本实训需要先使用 CSS 定义文字大小，然后应用 CSS 滤镜样式设置图像透明度，具体实训内容如下。

1. 定义文字大小

（1）打开素材文件，选择文档中的文本，单击鼠标右键，在弹出的菜单中选择"CSS 样式"→"新建"命令，如图 5-22 所示。

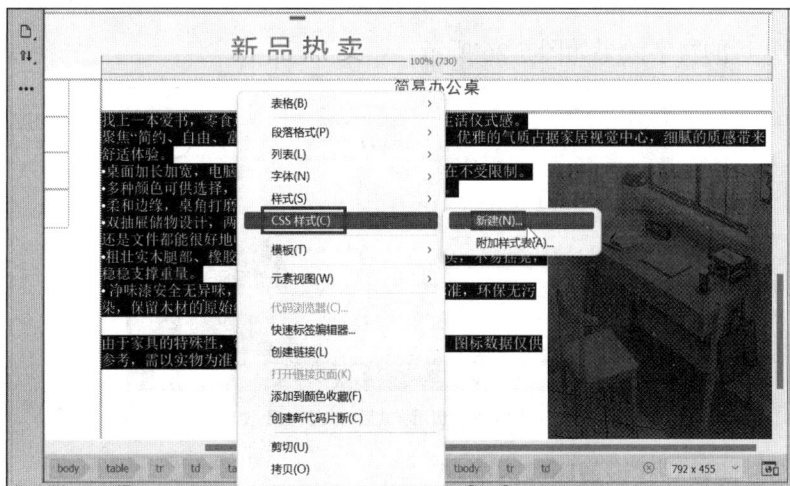

图 5-22　选择"CSS 样式"→"新建"命令

（2）弹出"新建 CSS 规则"对话框，在"选择器名称"中输入".yangshi"，在"选择器类型"中选择"类（可应用于任何 HTML 元素）"，在"规则定义"中选择"（仅限该文档）"，单击"确定"按钮，如图 5-23 所示。

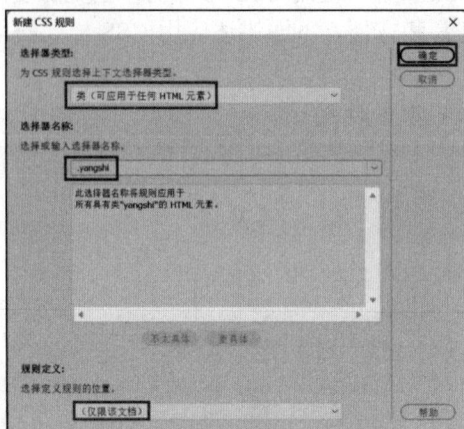

图 5-23　"新建 CSS 规则"对话框

（3）弹出".yangshi 的 CSS 规则定义"对话框，选择"分类"中的"类型"选项卡，将"Font-family"设置为宋体，"Font-size"设置为 14px，"Line-height"设置为 130%，单击"确定"按钮，如图 5-24所示。

（4）选择菜单中的"窗口"→"属性"命令，打开"属性"面板，在"属性"面板中的"目标规则"下拉列表框中选择新建的样式，如图 5-25 所示。

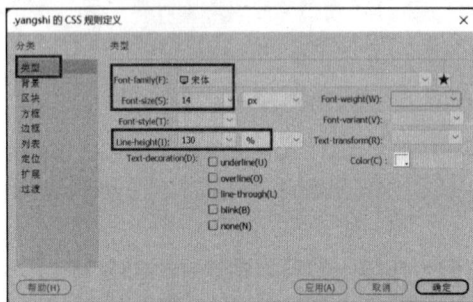

图 5-24　".yangshi 的 CSS 样式定义"对话框

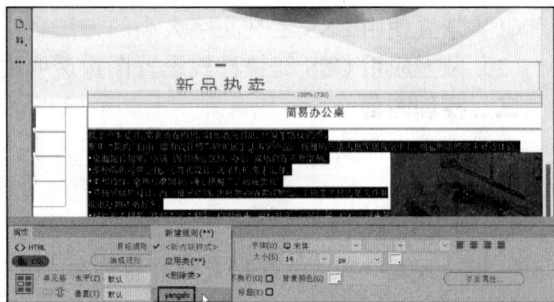

图 5-25　选择新建的样式

（5）应用样式后的文字效果如图 5-26 所示。

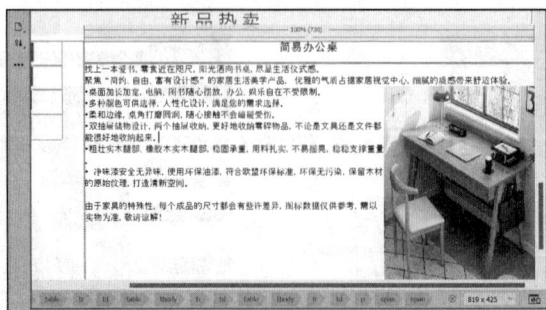

图 5-26　应用样式后的文字效果

2．应用 CSS 滤镜样式设置图像透明度

（1）打开素材文件，选中商品图片，单击鼠标右键，在弹出的菜单中选择"CSS 样式"→"新

建"命令，弹出"新建 CSS 规则"对话框，在"选择器名称"中输入".tupian"，在"选择器类型"中选择"类（可应用于任何 HTML 元素）"，在"规则定义"选择"（仅限该文档）"，单击"确定"按钮，如图 5-27 所示。

（2）弹出".tupian 的 CSS 规则定义"对话框，选择"分类"中的"扩展"选项卡，将"Filter"设置为相应的参数 Alpha(Opacity=30, FinishOpacity=50, Style=1)，如图 5-28 所示。

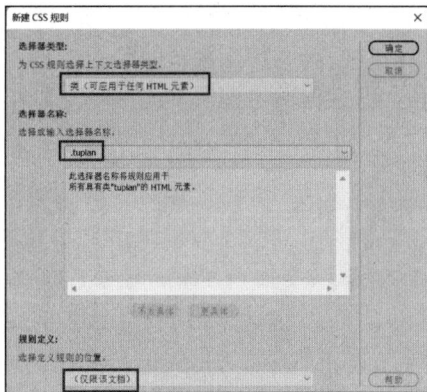

图 5-27　"新建 CSS 规则"对话框　　　　　图 5-28　".tupian 的 CSS 规则定义"对话框

（3）选择菜单中的"窗口"→"属性"命令，打开"属性"面板，在"属性"面板中的"目标规则"下拉列表框中选择新建的样式，如图 5-29 所示。

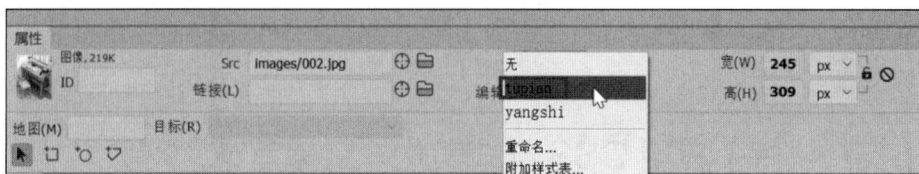

图 5-29　选择新建的样式

（4）保存文档，按"F12"键在浏览器中预览效果，效果如图 5-30 所示。

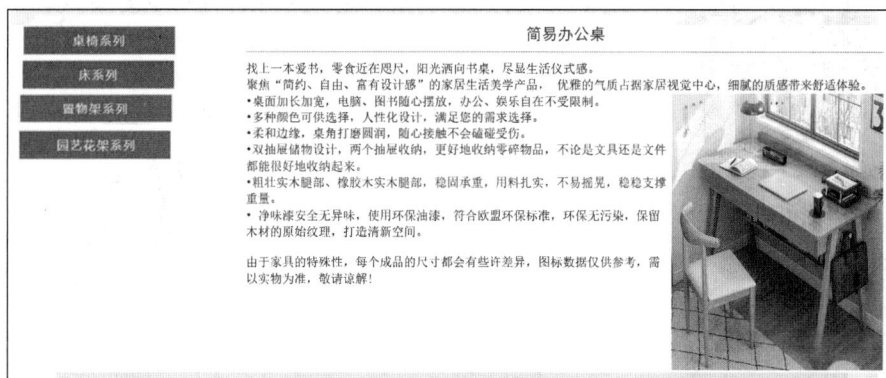

图 5-30　预览效果

【理论练习】

一、填空题

1. 使用 CSS 的首要目的是将网页上的元素_____。

2．CSS 的语法结构仅由 3 部分组成，_____、_____、_____。

3．添加 CSS 有 3 种方法：_____、_____、_____。

4．内嵌样式的使用方法是直接在 HTML 标签中添加_____参数，而_____参数的内容就是 CSS 的属性和值。

二、单选题

1．（　　）是指这组样式编码要针对的对象。

　　A．选择符　　　　　　　B．属性　　　　　　　C．值　　　　　　　　　　D．样式

2．（　　）是混合在 HTML 标签中使用的，通过这种方法，可以很简单地对某个元素单独定义样式。

　　A．内嵌样式　　　　　　　　　　　　　　B．行内样式

　　C．链接外部样式表　　　　　　　　　　　D．导入外部样式表

3．关于 CSS，下列说法不正确的是（　　）。

　　A．外部样式表优先级低于内部样式表

　　B．一个外部样式表文件可以应用于多个页面

　　C．链接外部样式表时，需要使用 style 元素

　　D．标签本身定义的 style 优先于其他所有样式定义

三、简答题

1．什么是 float 定位？其基本语法是怎样的？

2．CSS 基本语法是怎样的？

3．CSS 布局理念是怎样的？

4．什么是盒子模型？

【实战演练】应用 CSS 样式美化"宝盛首饰"网页

应用 CSS 样式美化后的"宝盛首饰"网页如图 5-31 所示。

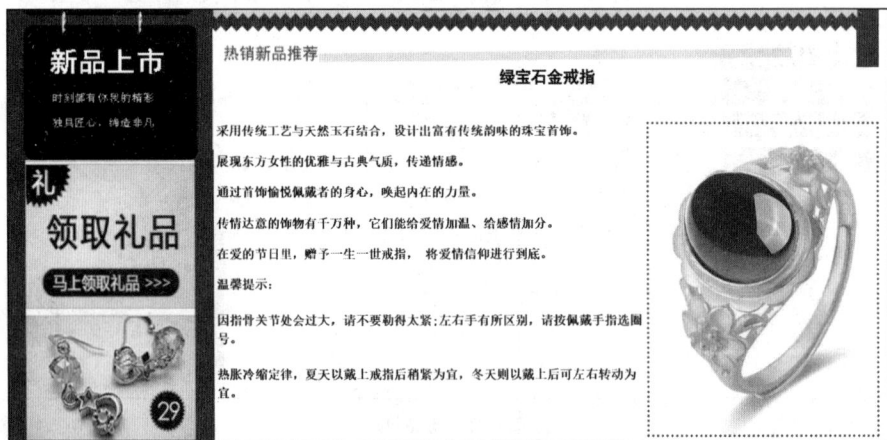

图 5-31　应用 CSS 样式美化后的"宝盛首饰"网页

1．定义文字样式

按照图 5-32 所示的方式来定义文字样式。

（1）选择文档中的商品介绍文本，单击鼠标右键，在弹出的菜单中选择"CSS 样式"→"新建"命令，弹出"新建 CSS 规则"对话框，在"选择器名称"中输入".yangshi"，在"选择器类

型"中选择"类（可应用于任何 HTML 元素）"，在"规则定义"选择"（仅限该文档）"，单击"确定"按钮。

图 5-32　定义文字样式

（2）弹出".yangshi 的 CSS 规则定义"对话框，选择"分类"中的"类型"选项卡，将"Font-family"设置为宋体，"Font-size"设置为 14px，"Font-weight"设置为 bold，"Line-height"设置为 140%，单击"确定"按钮，新建样式。

（3）选择菜单中的"窗口"→"属性"命令，打开"属性"面板，在"属性"面板中的"目标规则"下拉列表框中选择新建的样式。

2. 定义图片样式

按照图 5-33 所示的方式来定义图片样式。

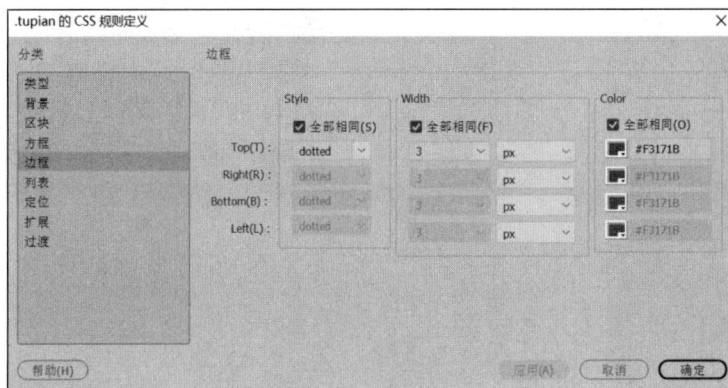

图 5-33　定义图片样式

（1）选中商品图片，单击鼠标右键，在弹出的菜单中选择"CSS 样式"→"新建"命令，弹出"新建 CSS 规则"对话框，在"选择器名称"中输入".tupian"，在"选择器类型"中选择"类（可应用于任何 HTML 元素）"，在"规则定义"选择"（仅限该文档）"，单击"确定"按钮。

（2）弹出".tupian 的 CSS 规则定义"对话框，选择"分类"中的"边框"选项卡，将"style"设置为 dotted，"width"设置为 3px，"颜色"设置为红色。

（3）选择菜单中的"窗口"→"属性"命令，打开"属性"面板，在"属性"面板中的"目标规则"下拉列表框中选择新建的样式。

6 Chapter

第 6 章
使用表格布局网页

表格是设计与制作网页时不可或缺的重要元素。无论是排列数据，还是在页面上对文本进行排版，表格都表现出了强大的功能。它以简洁明了和高效快捷的方式，将数据、文本、图像、表单等元素有序地显示在页面上，从而展现出漂亮的网页版式。表格最基本的作用是让复杂的数据变得有条理，让人容易看懂，在设计页面时，往往要利用表格来布局网页元素。

学习目标

☐ 掌握在网页中插入表格的方法。
☐ 熟悉表格属性的设置。
☐ 掌握选择表格元素的方法。
☐ 掌握表格的基本操作。
☐ 掌握排序及整理表格内容的方法。

6.1　在网页中插入表格

在 Dreamweaver 中，表格可以用于制作简单的图表，还可以用于安排网页文档的整体布局，在网页布局中起着非常重要的作用。利用表格设计页面布局，可以不受分辨率的限制。

6.1　插入表格

6.1.1　插入表格

表格是随着添加正文或图像而扩展的。表格由行、列和单元格这 3 部分组成。行贯穿表格的左右，列则是上下方向的。单元格是行和列交汇的部分，它是输入信息的地方。单元格会自动扩展到与输入信息相适应的尺寸。图 6-1 所示为表格的结构。

图 6-1　表格的结构

在 Dreamweaver 中插入表格非常简单，具体操作步骤如下。

（1）打开网页文件，将光标放置在要插入表格的位置，如图 6-2 所示。

（2）选择菜单中的"插入"→"Table"命令，弹出"Table"对话框，在该对话框中将"行数"设置为 3，"列"设置为 4，"表格宽度"设置为 100，单位为百分比，"边框粗细"为 1，"单元格边距"为 2，"单元格间距"为 1，如图 6-3 所示。

图 6-2　打开素材文件

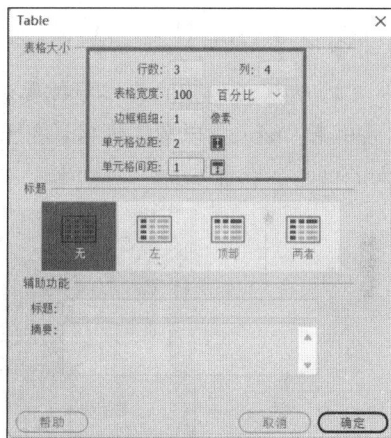

图 6-3　"Table"对话框

在"Table"对话框中可以进行如下设置。

表格大小：设置表格的行数、列、表格宽度、边框粗细、单元格边距和单元格间距。

- 行数：在文本框中输入新建表格的行数。
- 列：在文本框中输入新建表格的列数。
- 表格宽度：用于设置表格的宽度，其中右边的下拉列表框中包含"百分比"和"像素"。
- 边框粗细：用于设置表格边框的宽度，如果设置为 0，则在浏览时看不到表格的边框。
- 单元格边距：单元格内容和单元格边界之间的像素数。
- 单元格间距：单元格之间的像素数。

标题：可以定义表头样式，在无、左、顶部、两者这 4 种样式中可以任选一种。

- 无：对表格不启用列或行标题。
- 左：将表格的第一列作为标题列，以便为表格中的每一行输入一个标题。
- 顶部：将表格的第一行作为标题行，以便为表格中的每一列输入一个标题。

- 两者：在表格中同时输入列标题和行标题。

辅助功能：定义表格的标题和摘要。

- 标题：用于输入表格标题。
- 摘要：用于对表格进行注释。

（3）单击"确定"按钮，即可插入表格，如图 6-4 所示。

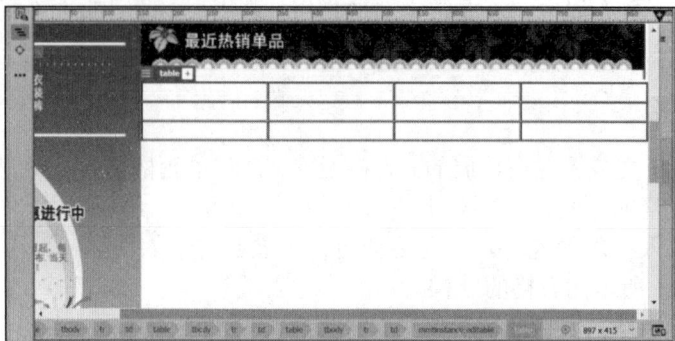

图 6-4　插入表格

提示：

还可以用以下方法插入表格。

按"Ctrl+Alt+T"组合键同样也可以弹出"Table"对话框。

（4）为了使创建的表格更加美观、醒目，可以对表格的属性进行设置。在页面中单击表格边框，然后单击"table"以选中表格，打开表格"属性"面板，在"属性"面板中将"CellPad"设置为 8，"CellSpace"设置为 3，"Border"设置为 3，"Align"设置为居中对齐，如图 6-5 所示。

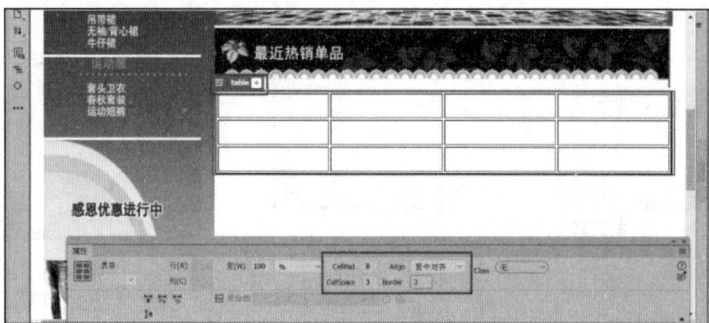

图 6-5　设置表格属性

（5）在对表格进行操作的过程中，如需设置单元格的属性，则可以选中其中一个或多个单元格，打开单元格"属性"面板进行相应的设置，如设置单元格不同的背景颜色，"拆分"视图如图 6-6 所示，其代码如下。

在单元格的"属性"面板中可以设置以下参数。

- 水平：设置单元格中对象的对齐方式，"水平"下拉列表框中包含"默认""左对齐""居中对齐""右对齐"4 个选项。
- 垂直：设置单元格中对象的对齐方式，"垂直"下拉列表框中包含"默认""顶端""居中""底部""基线"5 个选项。
- 宽和高：设置单元格的宽与高。
- 不换行：表示单元格的宽度将随文字长度的增加而增加。

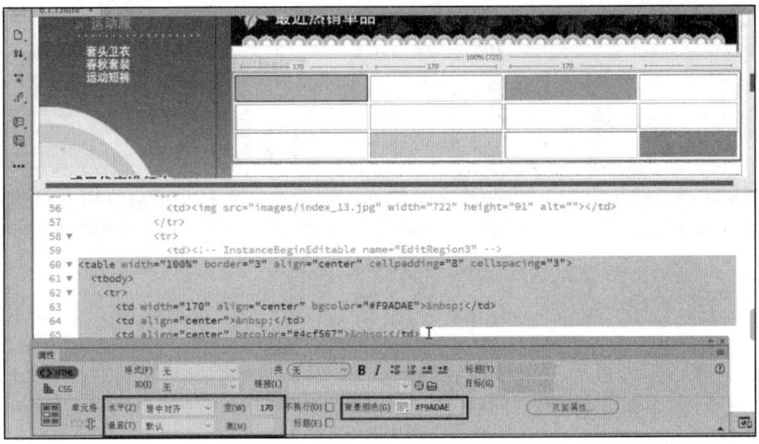

图 6-6　设置单元格属性

- 标题：将当前单元格设置为标题行。
- 背景颜色：设置单元格的颜色。
- 页面属性：设置单元格的页面属性。
- ▢：将选择的单元格、行或列合并为一个单元格，只有当选择的区域为矩形时才可以合并这些单元格。
- ⊀：将一个单元格拆分成两个或者更多个单元格，一次只能对一个单元格进行拆分，如果选择的单元格超过一个，则此按钮将被禁用。

```html
<table width="100%" border="3" align="center" cellpadding="8" cellspacing="3">
  <tbody>
    <tr>
      <td width="170" align="center" bgcolor="#F9ADAE"> </td>
      <td align="center"> </td>
      <td align="center" bgcolor="#4cf567"> </td>
      <td align="center"> </td>
    </tr>
    <tr>
      <td> </td>
      <td width="170" align="center"> </td>
      <td width="170" align="center"> </td>
      <td> </td>
    </tr>
    <tr>
      <td align="center"> </td>
      <td align="center" bgcolor="#d7f347"> </td>
      <td align="center"> </td>
      <td align="center" bgcolor="#afa2a2"> </td>
    </tr>
  </tbody>
</table>
```

代码揭秘：表格标签

基本语法：

```html
<table width="表格宽度" border="边框宽度" cellspacing="单元格间距" cellpadding="单元格边距">
<caption>表格的标题</caption>
<thead>
<tr>
<th>表头</th>
<td colspan="横跨的列数" rowspan="横跨的行数" align="水平对齐方式" valign="垂直对齐方式" >单元格
```

```
内的文字</td>
    <td>单元格内的文字</td>
    </tr>
    </thead>
    <tbody>
    <tr>
    <td>单元格内的文字</td>
    <td>单元格内的文字</td>
    </tr>
    </tbody>
    <tfoot>
    <tr>
    <td>单元格内的文字</td>
    <td>单元格内的文字</td>
    </tr>
    </tfoot>
    </table>
```

① 表格由行、列和单元格 3 部分组成，一般通过 3 个标签来创建，分别是表格标签<table>、行标签<tr>和单元格标签<td>。<table>标签和</table>标签分别表示表格的开始和结束；<tr>和</tr>分别表示行的开始和结束，在表格中包含几组<tr></tr>就表示该表格有几行；<td>和</td>表示单元格的开始和结束。

② 使用<caption>来设置表格标题，<caption>标签必须紧随<table>标签之后，只能对每个表格定义一个标题。通常这个标题会居中放于表格之上。

③ 表格的表头<th>是<td>单元格的一种变体，实质上仍是一种单元格。它一般位于第一行和第一列，用来表明这一行或列的内容类别。在一般情况下，<th>标签内部的文本通常会呈现为居中的粗体文本，而<td>标签内的文本通常会呈现为左对齐的普通文本。

④ 使用表格的 width 属性来设置表格的宽度。表格宽度的值可以是像素值，也可以为百分比。如果不指定表格 width 属性，浏览器就会根据表格内容的多少自动调整宽度。

⑤ 使用 border 属性设置表格的边框效果，默认情况下，如果不指定 border 属性，则浏览器将不显示表格边框。只有 border 值不为 0，在网页中才能显示出表格的边框。

⑥ 使用 cellspacing 属性设置单元格之间的距离。

⑦ 使用 cellpadding 属性设置单元格内容与其边框之间的距离。

⑧ 使用 colspan 属性设置单元格可横跨的列数。

⑨ 使用 rowspan 属性设置单元格可横跨的行数。

⑩ 使用 align 属性设置单元格的水平对齐方式，使用 valign 属性设置单元格的垂直对齐方式，水平对齐方式的取值可以是 left、center 或 right，垂直对齐方式的取值可以是 top、middle 或 bottom。

⑪ 使用<thead>标签定义表格的表头内容。<thead>标签应该与<tbody>标签和<tfoot>标签结合起来使用，用于规定表格的各个部分（表头、主体、页脚）。<thead>标签内部必须包含一个或者多个<tr>标签。

⑫ 使用<tbody>标签定义表格的主体（正文），用于组合 HTML 表格的主体内容。

⑬ 使用<tfoot>标签定义表格的页脚。

6.1.2 添加内容到单元格

建立表格以后，就可以向表格中添加各种网页元素了，如文本、图像、表格等。在表格中添加元素的操作非常简单，只需要根据设计要求选定单元格，然后插入网页元素即可。具体操作步骤如下。

（1）将光标定位到表格的第 1 行第 1 列单元格中，输入文字"条纹短袖弹力衫"，如图 6-7 所示。

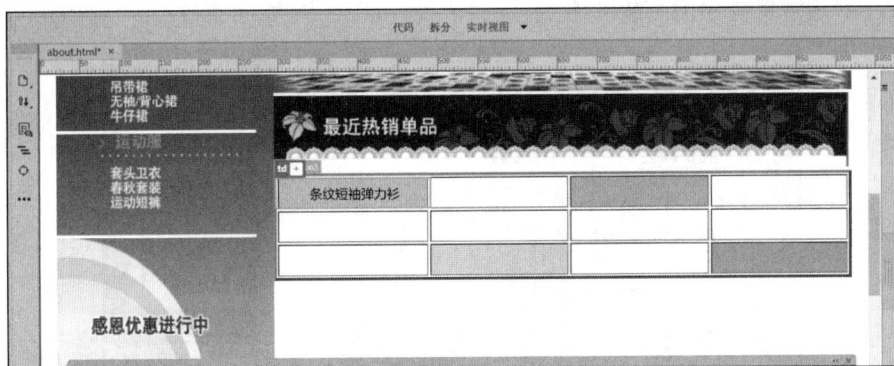

图 6-7 输入文字"条纹短袖弹力衫"

（2）将光标定位到表格的第 2 行第 1 列单元格内，选择菜单中的"插入"→"Image"命令，选择"嵌套"，如图 6-8 所示，打开"选择图像源文件"对话框，在该对话框中选择图像，如图 6-9 所示。

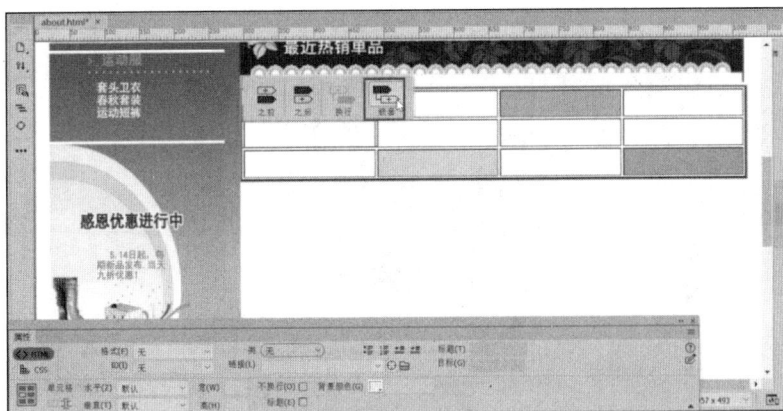

图 6-8 选择"嵌套"

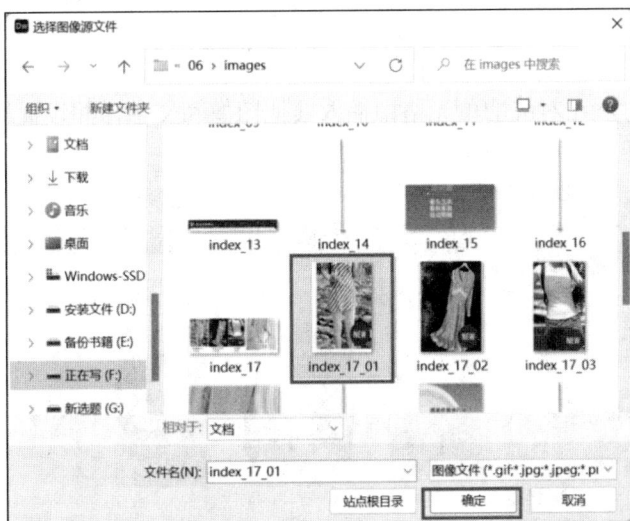

图 6-9 选择图像

（3）单击"确定"按钮，插入图像，选中插入的图像，在"属性"面板中根据需要设置图像的高和宽，如图6-10所示。在单元格中插入图像时，如果单元格的尺寸小于插入图像的尺寸，则插入图像后，单元格将自动增高或者增宽。

图6-10　插入图像并设置图像属性

（4）在第3行第1列单元格中输入文字"124元"，在单元格"属性"面板中设置"水平"为居中对齐，如图6-11所示。

图6-11　输入文字"124元"并设置文字属性

（5）使用同样的方法在对应的单元格中插入其他图像和文字，并设置相应的单元格属性，效果如图6-12所示。

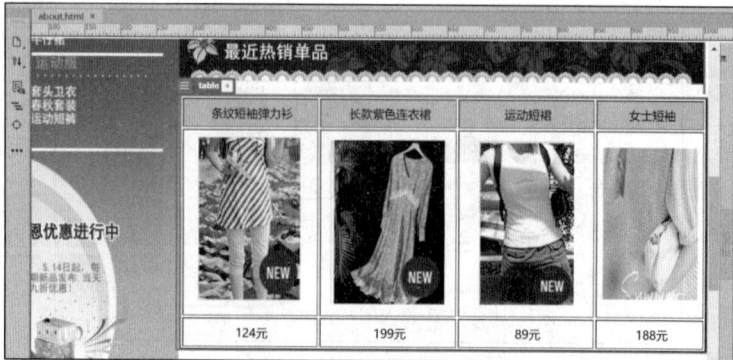

图6-12　插入其他图像和文字的效果

6.2　表格的基本操作

插入表格后，可以通过选择表格元素、剪切、复制和粘贴等一系列操作实现对表格的编辑。表格的行数、列数可以通过增加、删除行和列及拆分单元格来改变。

6.2.1　选择表格元素

掌握选择表格元素及单元格的方法是对表格进行编辑的前提，在 Dreamweaver 中选择表格元素的方法与在 Microsoft Office 软件中选择表格元素的方法类似，具体操作如下。

6.2　选择表格元素

1．选择整个表格

选择整个表格的具体操作方法如下。

（1）直接在文档窗口中选择：单击表格的边框，再单击"table"，可选中整个表格，如图 6-13 所示。

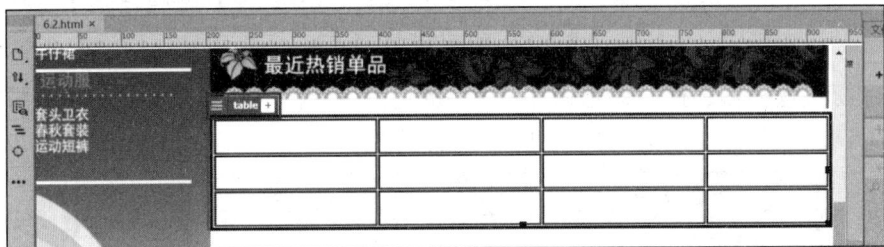

图 6-13　直接在文档窗口中选择

（2）利用菜单选择：将光标置于表格的任意单元格中，选择菜单中的"编辑"→"表格"→"选择表格"命令，可选中整个表格，如图 6-14 所示。

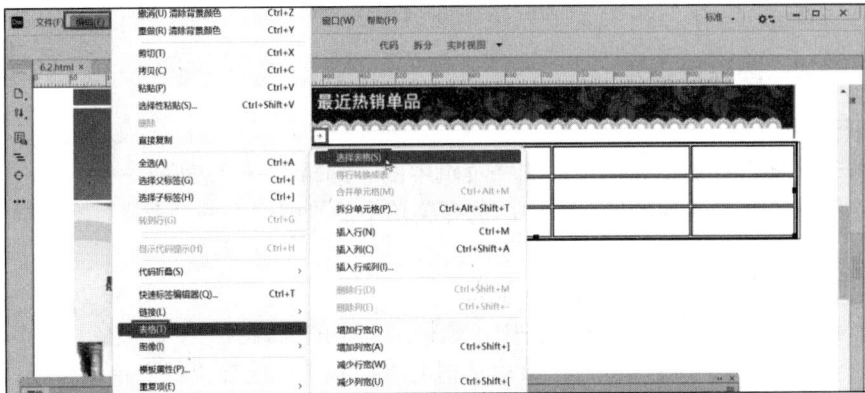

图 6-14　利用菜单选择

（3）利用标签选择器选择：将光标置于表格的任意单元格中，单击文档窗口底部的标签选择器中的"table"，可选中整个表格，如图 6-15 所示。

2．选择单元格

选择单元格的具体操作方法如下。

（1）直接在文档窗口中选择：先将光标置于表格的任意单元格中，然后将其拖到相邻的单元格中，当被选中的单元格四周出现粗边框时释放鼠标左键，可选中该单元格，如图 6-16 所示，如果不释放鼠标左键，持续向右下方拖曳鼠标，则可选择相邻的多个单元格。

图 6-15　利用标签选择器选择

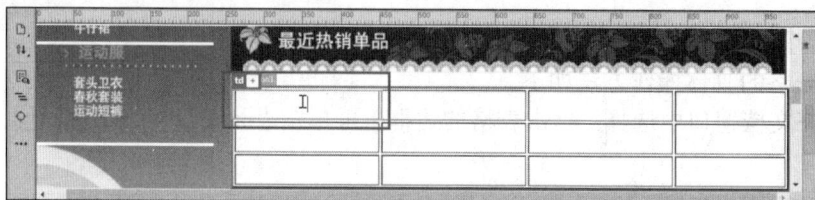

图 6-16　直接在文档窗口中选择

（2）利用标签选择器选择：将光标置于表格的任意单元格中，文档窗口底部的标签选择器中会出现图 6-17 所示的标签，单击"td"可选中当前单元格。

图 6-17　利用标签选择器选择

6.2.2　添加、删除行或列

1．添加行或列

将光标置于要插入行的单元格中，选择菜单中的"编辑"→"表格"→"插入行"命令，可插入行。将光标置于要插入列的单元格中，选择菜单中的"编辑"→"表格"→"插入列"命令，可插入列。

在网页文档中添加行或列的具体操作步骤如下。

（1）将光标置于第 1 行第 2 列单元格中，选择菜单中的"编辑"→"表格"→"插入行或列"命令，弹出"插入行或列"对话框，在该对话框的"插入"中选择"行"单选按钮，将"行数"设置为 1，"位置"选择"所选之下"，如图 6-18 所示。

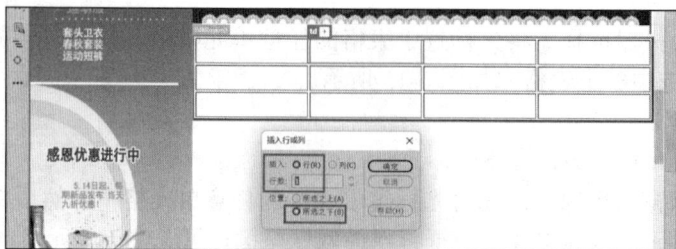

图 6-18　"插入行或列"对话框

（2）单击"确定"按钮，即可插入行，插入行后的效果如图 6-19 所示，可以看到表格中增加了 1 行。

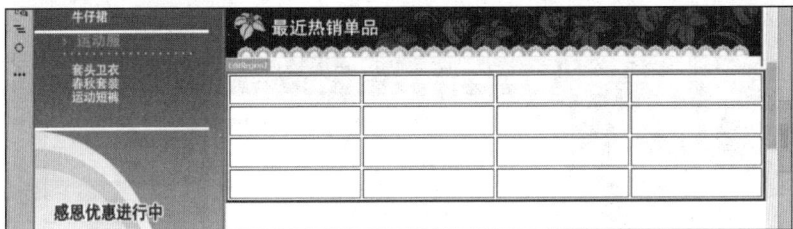

图 6-19 插入行

2. 删除行或列

在网页文档中删除行或列的具体操作步骤如下。

（1）将光标置于要删除行的任意一个单元格中，选择菜单中的"编辑"→"表格"→"删除行"命令，如图 6-20 所示，即可删除当前行。

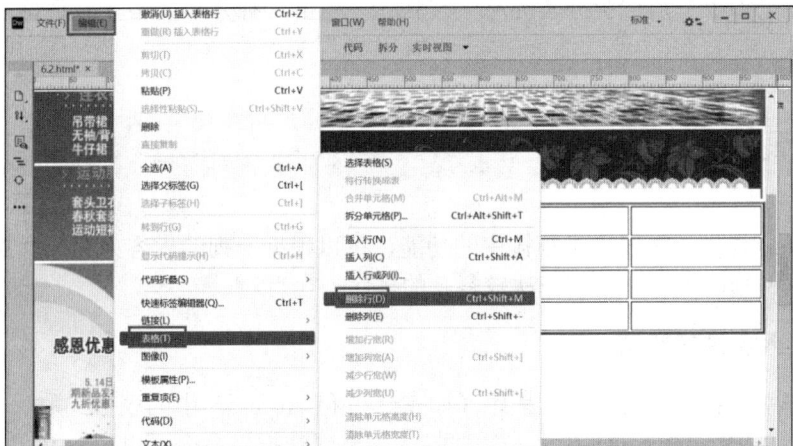

图 6-20 删除当前行

（2）将光标置于要删除列中的任意一个单元格中，选择菜单中的"编辑"→"表格"→"删除列"命令，即可删除当前列。

6.2.3 拆分单元格

在使用表格的过程中，有时需要拆分单元格以达到自己所需的效果，下面介绍拆分单元格的方法。拆分单元格就是将选中的单元格拆分为多行或多列，具体操作步骤如下。

（1）将光标置于要拆分的单元格中，选择菜单中的"编辑"→"表格"→"拆分单元格"命令，弹出"拆分单元格"对话框，在该对话框的"把单元格拆分成"中选择"行"，将"行数"设置为 2，单击"确定"按钮，如图 6-21 所示。

图 6-21 "拆分单元格"对话框

（2）将单元格拆分成 2 行的效果如图 6-22 所示。

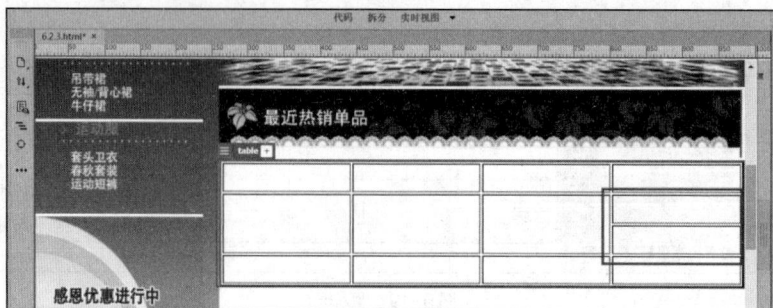

图 6-22　拆分单元格

提示：

拆分单元格还有以下方法。

单击"属性"面板中的"拆分单元格"按钮，弹出"拆分单元格"对话框，然后进行相应的设置。

6.3　排序表格内容

Dreamweaver 提供了对表格进行排序的功能，可以根据一列的内容来完成一次简单的表格排序，也可以根据两列的内容来完成一次较复杂的排序。

6.3.1　导入表格式数据

在实际工作中，有时需要把其他程序（如 Excel 和 Access）中的表格式数据导入网页中，在 Dreamweaver 中，利用"导入表格式数据"命令可以很容易地实现这一功能。在导入表格式数据前，首先要将表格数据文件转换成.txt（文本文件）格式，并且该文件中的数据要带有分隔符，如逗号、分号和冒号等，具体操作步骤如下。

6.3　导入表格式数据

（1）打开素材文件，如图 6-23 所示。

图 6-23　打开素材文件

（2）将光标置于页面中，选择菜单中的"文件"→"导入"→"表格式数据"命令，弹出"导入表格式数据"对话框，在该对话框中单击"数据文件"文本框右边的"浏览"按钮，如图 6-24 所示。

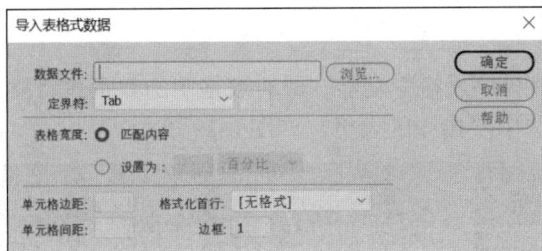

图 6-24　"导入表格式数据"对话框

（3）弹出对话框，在该对话框中选择数据文件，如图 6-25 所示。

（4）单击"打开"按钮，将数据文件添加到"数据文件"文本框中，在"定界符"文本框中选择"逗点"，"单元格边距"和"单元格间距"设置为 2，"边框"设置为 1，"格式化首行"选择"粗体"，"表格宽度"设置为"匹配内容"，如图 6-26 所示。

图 6-25　选择数据文件

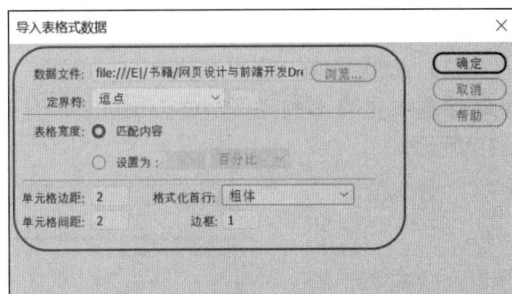

图 6-26　"导入表格式数据"对话框

（5）单击"确定"按钮，导入表格式数据，如图 6-27 所示。

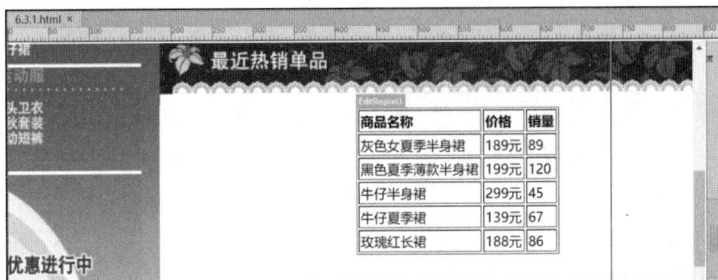

图 6-27　导入表格式数据

（6）保存文档，即可在浏览器中预览效果，如图 6-28 所示。

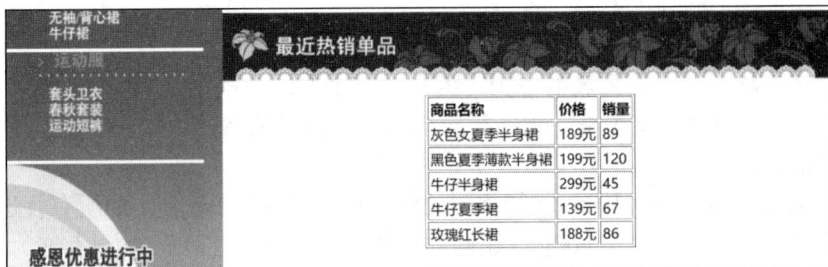

图 6-28　预览效果

6.3.2 排序表格

Dreamweaver 提供了"排序表格"功能，即对表格中的数据进行排序，具体操作步骤如下。

（1）打开素材文件，选中要排序的表格，如图 6-29 所示。

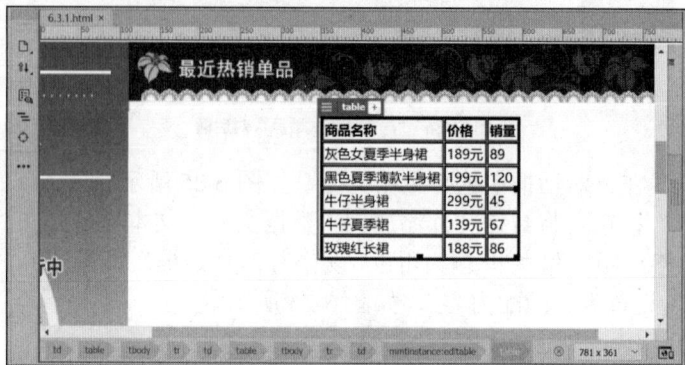

图 6-29 打开素材文件

（2）选择菜单中的"编辑"→"表格"→"排序表格"命令，弹出"排序表格"对话框，在该对话框中先将"列 2""按字母顺序"升序排列，再将"列 3""按字母顺序"升序排列，如图 6-30 所示。

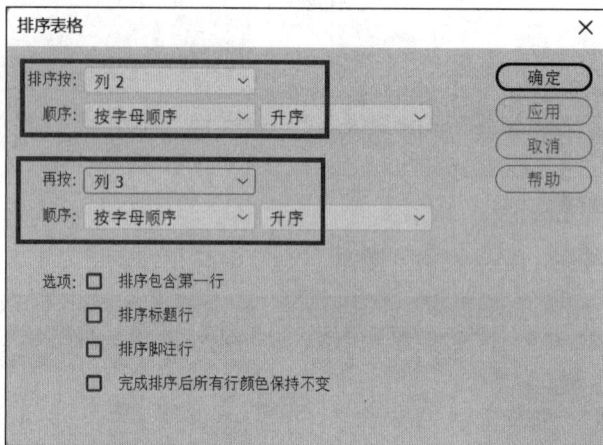

图 6-30 设置排序

"排序表格"对话框中主要有以下选项。

• 排序按：确定将对表格的哪列进行排序。

• 顺序：确定是按字母还是按数字顺序，以及是以升序（A 到 Z、小数字到大数字）还是降序对列进行排序。

• 再按：确定在不同列上的第二种排序方法的顺序。在"再按"下拉列表框中指定应用第二种排序方法的列。

• 顺序：在"顺序"下拉列表框中指定第二种排序方法的顺序。

• 排序包含第一行：指定表格的第一行应该包含在排序范围内。如果第一行是不应移动的标题，则不选择此选项。

• 排序标题行：指定使用与 body 行相同的条件对表格 thead 部分中的所有行进行排序。

• 排序脚注行：指定使用与 body 行相同的条件对表格 tfoot 部分（如果存在）中的所有行进行排序。

- 完成排序后所有行颜色保持不变：指定排序之后的表格行属性（如颜色）应该与同一内容保持关联。如果表格行使用两种交替出现的颜色，则不选择此选项。

（3）单击"确定"按钮，即可将表格内的"价格"按升序排列，如图 6-31 所示。

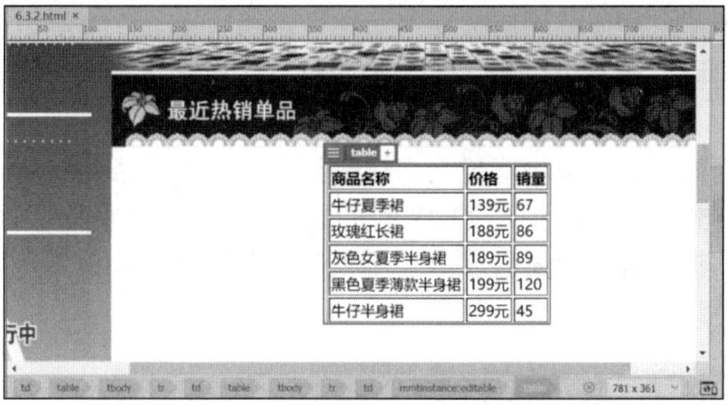

图 6-31 "价格"按升序排序后的表格

（4）在"排序表格"对话框中设置按"列 2"降序排列，再按"列 3"升序排列，如图 6-32 所示。此时，表格排序后的效果如图 6-33 所示。

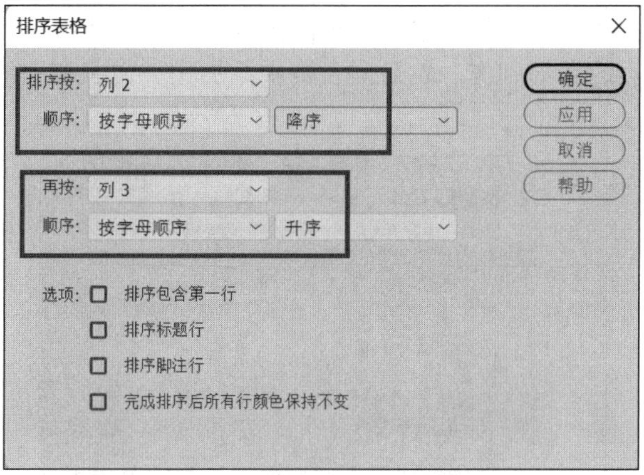

图 6-32 按"列 2"降序排列，再按"列 3"升序排列

提示：

如果表格中含有合并单元格或拆分单元格，则无法使用表格排序功能。

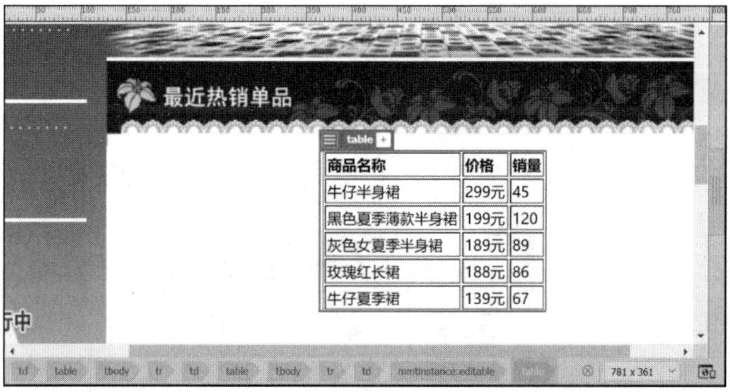

图 6-33 按"列 2"降序排列，再按"列 3"升序排列后的表格效果

【单元小结】

（1）表格由行、列、单元格这 3 部分组成。

（2）表格的基本操作包含选择表格元素，添加、删除行或列，拆分单元格。

（3）使用"排序表格"命令可以对表格进行排序，还可利用"导入表格式数据"命令导入表格数据。

（4）根据网页布局的要求和复杂程度，可以采用不同形式的表格进行布局。对于比较简单的页面，可以采用简单表格布局；对于比较复杂的页面，可以采用表格嵌套以及多表格的方式布局。如果页面不是特别多，页面容量不是特别大，则使用哪种方式都没有太大差别，设计人员可以根据自己的特长灵活选择。

【综合实训】使用表格布局"祥和家居"主页

下面讲述使用表格布局"祥和家居"主页的相关内容。

一、实训目的

本实训的目的为制作"祥和家居"主页，该网页为企业电子商务网页，通过表格的各种操作来完成"祥和家居"主页的布局制作，然后向表格中添加相关文字和图片内容，本实训完成后的参考效果如图 6-34 所示。

图 6-34 "祥和家居"主页

（1）掌握创建表格和设置表格属性的方法。

（2）掌握表格的基本操作。

（3）掌握利用表格布局网页的方法。

二、实训内容

完成本实训需要先制作主页顶部导航部分，然后制作主页宣传海报部分和商品分类部分，最后制作新品热卖部分和主页底部部分。具体实训内容如下。

1. 制作主页顶部导航部分

主页顶部导航部分如图 6-35 所示，具体操作步骤如下。

图 6-35　主页顶部导航部分

（1）新建一个空白网页文档，将其命名为 "index.html" 并保存。

（2）插入一个 1 行 2 列的表格，在表格的第 1 行第 1 列单元格中插入网站 Logo 图片 index_01_01.jpg，在表格的第 1 行第 2 列单元格中插入网站 Banner 图片 index_01_02.jpg，如图 6-36 所示。

图 6-36　插入表格并插入网站 Logo 和 Banner 图片

（3）插入一个 1 行 7 列的表格，在表格中分别插入主页的导航栏图片，如图 6-37 所示。

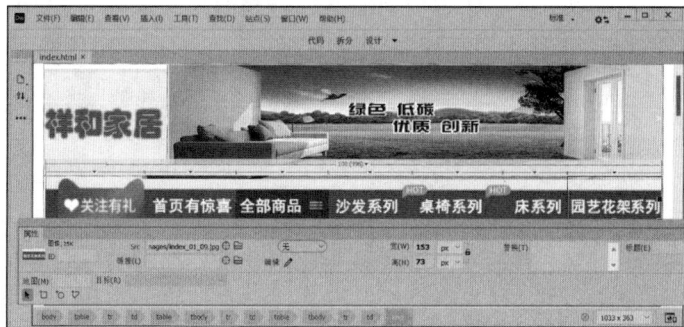

图 6-37　插入表格并插入主页的导航栏图片

2. 制作主页宣传海报部分

主页宣传海报部分如图 6-38 所示，主要包括网页宣传海报和优惠券信息，具体操作步骤如下。

图 6-38　主页宣传海报部分

（1）插入一个 1 行 1 列的表格，在表格中插入网页宣传海报图片 index_02.jpg，如图 6-39 所示。

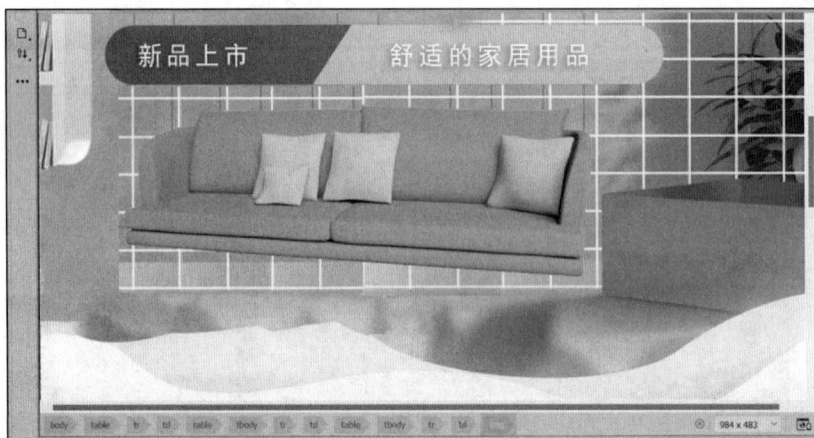

图 6-39　插入网页宣传海报图片

（2）插入一个 1 行 3 列的表格，在表格中插入优惠券信息，如图 6-40 所示。

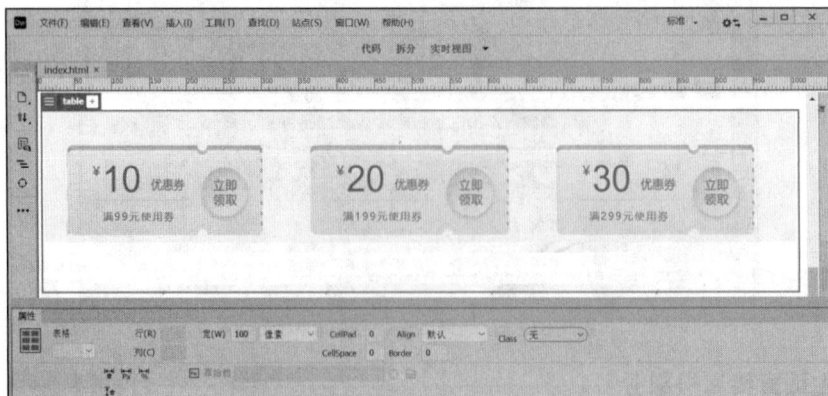

图 6-40　插入优惠券信息

3. 制作商品分类部分

商品分类部分如图 6-41 所示,主要包括商品分类信息,具体操作步骤如下。

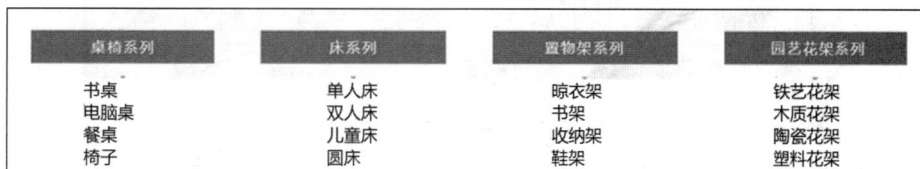

图 6-41 商品分类部分

(1)插入一个 1 行 4 列的表格,在表格中插入商品分类按钮图片,如图 6-42 所示。

图 6-42 插入商品分类按钮图片

(2)插入一个 4 行 4 列的表格,在单元格中分别输入商品分类文字,如图 6-43 所示。

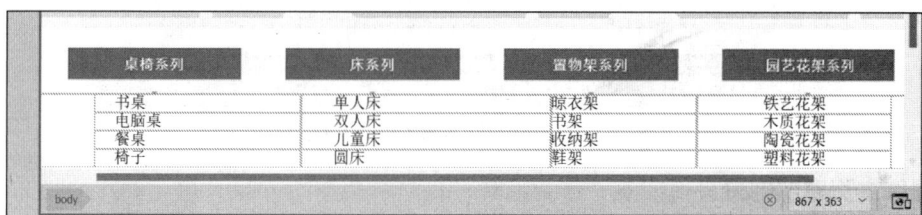

图 6-43 输入商品分类文字

4. 制作新品热卖部分

新品热卖部分如图 6-44 所示,主要包括热卖商品信息,具体操作步骤如下。

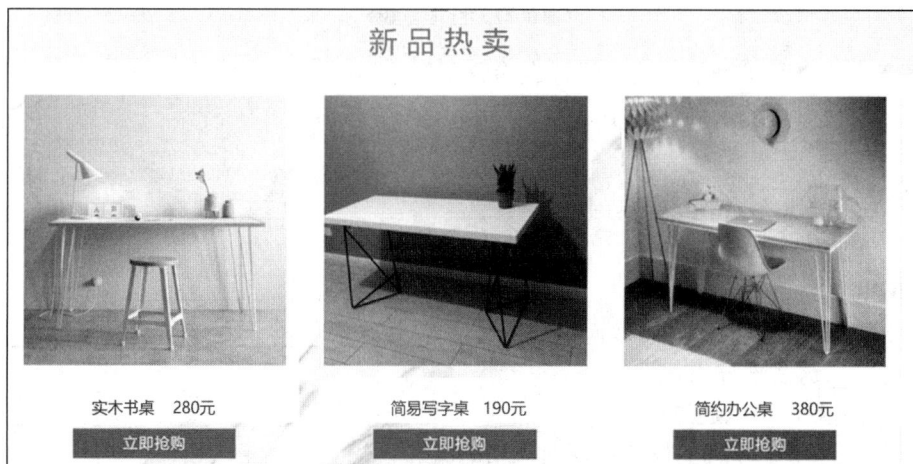

图 6-44 新品热卖部分

(1)插入一个 1 行 1 列的表格,插入"新品热卖"图片 index_13.jpg,如图 6-45 所示。

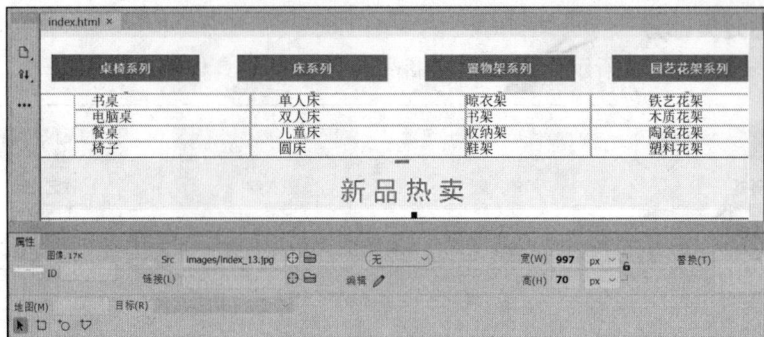

图 6-45　插入"新品热卖"图片

（2）插入一个 3 行 3 列的表格，分别插入商品图片、商品名称、商品价格和立即抢购按钮，如图 6-46 所示。

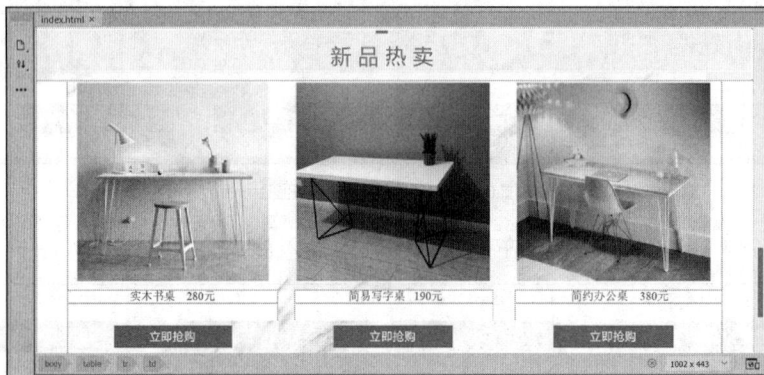

图 6-46　插入商品图片、商品名称和立即抢购按钮

5. 制作主页底部部分

主页底部部分如图 6-47 所示，主要包括底部导航信息，具体操作步骤如下。

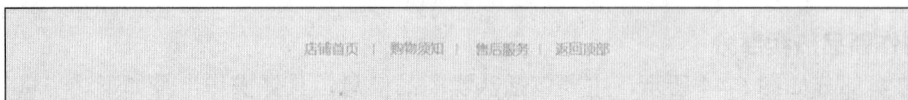

图 6-47　主页底部部分

（1）插入一个 1 行 1 列的表格，设置表格背景颜色为绿色。

（2）在表格中分别输入导航文字。

【理论练习】

一、填空题

1. 表格是随着添加正文或图像而扩展的。表格由_____、_____和_____这 3 部分组成。

2. 插入表格后，可以通过_____、_____、_____和_____等一系列的操作实现对表格的编辑。

3. _____就是将选中的单元格拆分为多行或多列。

4. Dreamweaver 提供了_____功能，用于对表格中的数据进行排序。

二、单选题

1. 表格由行、列和单元格这 3 部分组成，贯穿表格左右的是（   ）。

   A．行　　　　　　　　B．列　　　　　　　　C．单元格　　　　　　　　D．边距

2. （   ）是指单元格内容和单元格边界之间的像素数。

   A．单元格间距　　　B．单元格边距　　　C．单元格边框　　　　D．边框粗细

3. 下列关于表格的说法不正确的是（   ）。

   A．单元格会自动扩展到与输入信息相适应的尺寸

   B．一次只能对一个单元格进行拆分

   C．利用文档窗口底部的标签选择器可以选择单元格

   D．使用"导入表格式数据"命令可以对表格进行排序

4. 下列关于单元格的说法不正确的是（   ）。

   A．可以粘贴在其他文字编辑软件中复制的带有格式的文本

   B．单击表格的边框，再单击"table"，即可选中整个表格

   C．如果表格中含有合并单元格或拆分单元格，则可以使用表格排序功能

   D．对于比较复杂的页面，可以采用表格嵌套和多表格的方式布局

三、简答题

1. 在 Dreamweaver 中如何插入表格？

2. 选择整个表格的方法有哪些？

3. 如何使用"导入表格式数据"命令导入文件？

4. 如何使用"排序表格"功能对表格中的数据进行排序？

【实战演练】使用表格创建"宝盛首饰"网页

使用表格创建的"宝盛首饰"网页如图 6-48 所示。

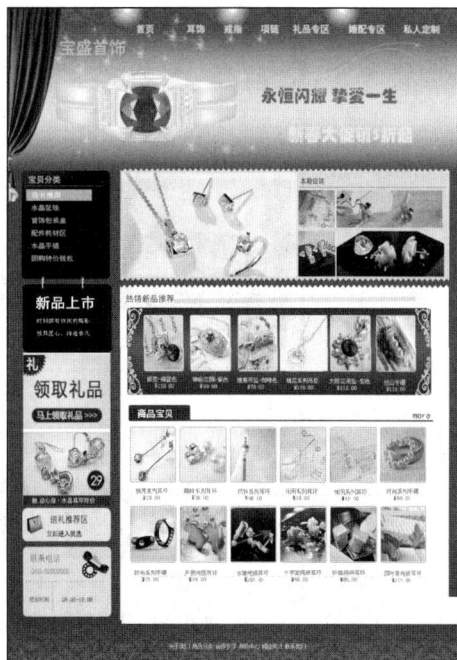

图 6-48　使用表格创建的"宝盛首饰"网页

1. 制作网站顶部导航部分

网站顶部导航部分如图 6-49 所示。

（1）创建名为 index.html 的新文档并将其存储于站点根文件夹中。

（2）设置页面属性：字号为 12px，颜色为白色，加粗，背景颜色为棕色。

（3）插入一个 1 行 1 列的表格，表格宽度为 900px，在表格中插入顶部导航图片。

图 6-49　网站顶部导航部分

2. 制作左侧栏目部分

左侧栏目部分如图 6-50 所示。

（1）插入一个 1 行 2 列的表格 1，在表格 1 的左侧单元格中再插入一个 6 行 1 列的表格 2。

（2）在表格 2 的各个单元格中分别插入左侧栏目导航的图片。

3. 制作热销商品推荐和商品展示部分

热销商品推荐和商品展示部分如图 6-51 所示。

（1）插入一个 5 行 1 列的表格。

（2）在表格的单元格内分别插入商品图片并输入商品信息。

图 6-50　左侧栏目部分

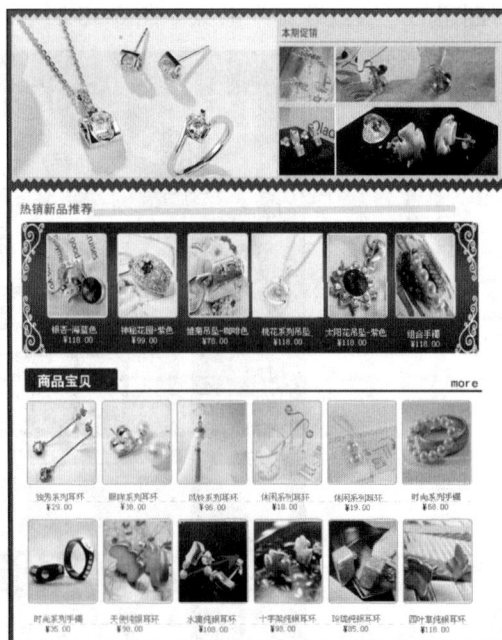

图 6-51　热销商品推荐和商品展示部分

7 Chapter

第 7 章
使用模板和库快速制作网页

如果想让站点保持统一的风格或使站点中的多个文档包含相同的内容，则逐一对其进行编辑未免过于麻烦。为了提高网站的制作效率，Dreamweaver 提供了模板和库，可以使整个网站的页面设计风格保持一致，还可以使网站维护更轻松。只要改变模板，就能自动更改所有基于这个模板创建的网页。

学习目标

- ☐ 掌握创建模板的方法。
- ☐ 掌握利用模板创建网页的方法。
- ☐ 掌握创建和应用库项目的方法。

7.1 使用模板

在网页制作中很多工作是重复的，如很多页面的顶部和底部都一样，或同一栏目中除了某一个区域外，版式、内容完全一样。如果将这些工作简化，就能够大幅度提高效率，而 Dreamweaver 中的模板就可以解决这一问题，模板主要用于同一栏目中的页面制作。

7.1.1 认识模板

Dreamweaver 中的模板是一种特殊类型的文档，用于设计"固定的"页面布局。网页设计人员可以基于模板创建文档，从而使创建的文档继承模板的页面布局。在设计模板时，可以指定在基于模板的文档中可以编辑的区域。

使用模板能够帮助网页设计人员快速制作出一系列具有相同风格的网页。制作模板与制作普通网页的过程基本相同，只是不需要把网页的所有部分都制作完成，而只需要把导航栏和标题栏等各个网页的共有部分制作出来，把中间部分留给各个网页来安排具体内容。在模板中，可编辑区域是指基于该模板的页面中可以修改的部分，不可编辑（锁定）区域是在所有页面中保持不变的页面布局部分。在创建模板时，新模板中的所有区域都是锁定的，所以要使该模板可用，必须定义一些可编辑区域。在基于模板的网页中，只能对文档的可编辑区域进行修改，文档的不可编辑区域是不能修改的。

7.1.2 创建模板

创建模板有两种方法，一种是直接创建模板，另一种是从现有文档创建模板，下面分别进行讲述。

7.1　创建模板

1. 直接创建模板

直接创建模板的具体操作步骤如下。

（1）选择菜单中的"文件"→"新建"命令，弹出"新建文档"对话框，在该对话框中选择"新建文档"选项卡中的"</>HTML 模板"→"无"选项，单击"创建"按钮，如图 7-1 所示。

（2）创建的模板网页如图 7-2 所示。

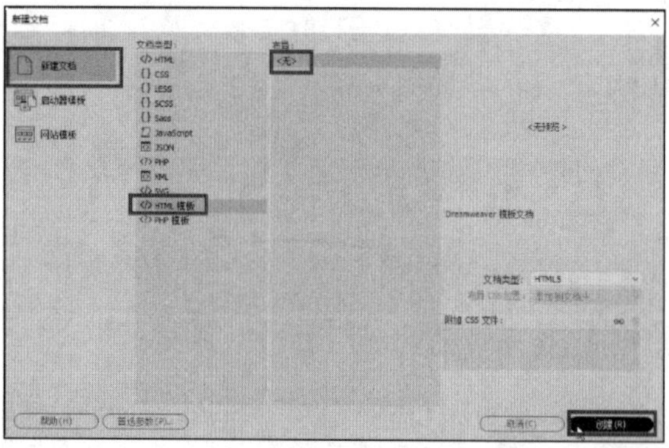

图 7-1　"新建文档"对话框

图 7-2　创建的模板网页

（3）选择菜单中的"文件"→"保存"命令，弹出"Dreamweaver"提示对话框，单击"确定"按钮，如图 7-3 所示。

（4）弹出"另存模板"对话框，在该对话框中的"另存为"文本框中输入"moban"，单击"保存"按钮，如图 7-4 所示。

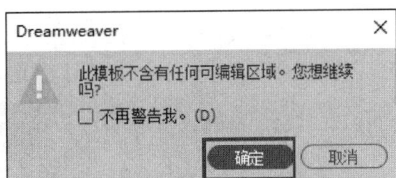

图 7-3　"Dreamweaver"提示对话框

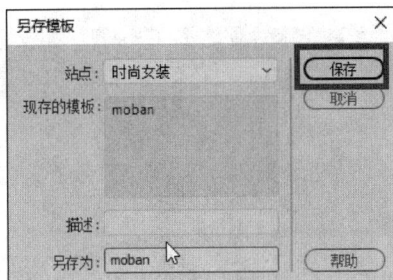

图 7-4　"另存模板"对话框

（5）将文档另存为模板网页，在"拆分"视图中可以看到相关代码，如图 7-5 所示。

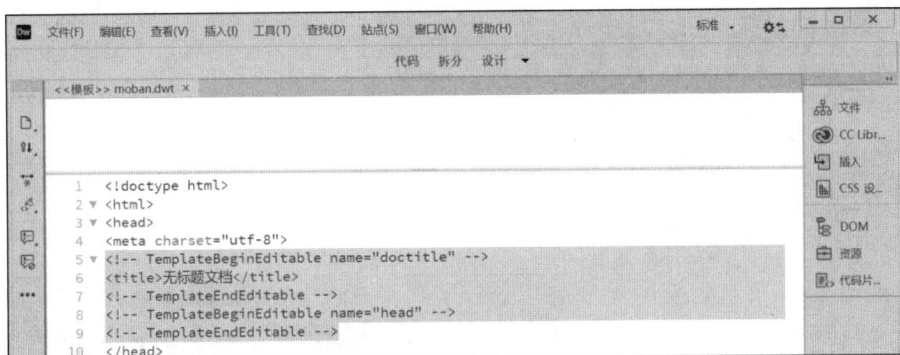

图 7-5　另存为模板网页

提示：

Dreamweaver 会在网站根目录中建立一个名为 Templates 的文件夹来保存这个模板网页。不能将 Templates 文件夹移到本地根文件夹之外，否则将在模板中的路径中引起错误。此外，也不要将模板网页移动到 Templates 文件夹之外或者将任何非模板网页放在 Templates 文件夹中。

```
<!-- TemplateBeginEditable name="doctitle" -->
<title>无标题文档</title>
<!-- TemplateEndEditable -->
<!-- TemplateBeginEditable name="head" -->
<!-- TemplateEndEditable -->
```

代码揭秘：模板标签

基本语法：

```
<!-- TemplateBeginEditable name="head" -->设置可编辑区域
<!-- TemplateEndEditable -->
```

TemplateBeginEditable 是可编辑区域的开始语句，表示模板可开始编辑。

name="" 定义模板可编辑区域的名称。

TemplateEndEditable 是可编辑区域的结束语句。

2. 从现有文档创建模板

从现有文档创建模板的具体操作步骤如下。

（1）打开要创建模板的网页文件，如图 7-6 所示。

（2）选择菜单中的"文件"→"另存为模板"命令，弹出"另存模板"对话框，在该对话框中的"站点"下拉列表框中选择保存模板的站点，在"另存为"文本框中输入"moban1"，单击"保存"按钮，如图 7-7 所示。

图 7-6　打开网页文件

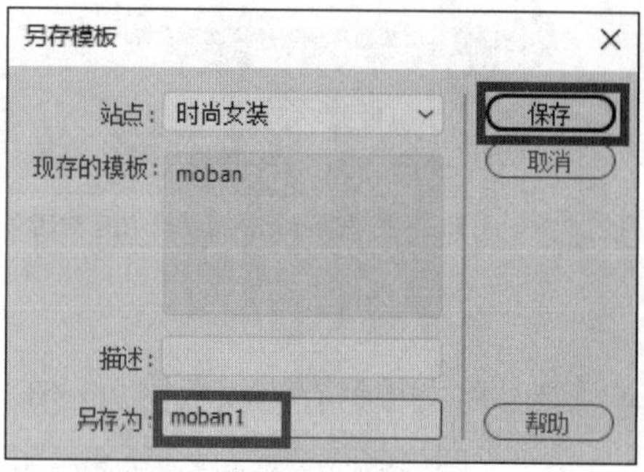

图 7-7　"另存模板"对话框

（3）弹出"Dreamweaver"提示对话框，单击"是"按钮，如图 7-8 所示。

（4）将文档另存为模板，如图 7-9 所示。

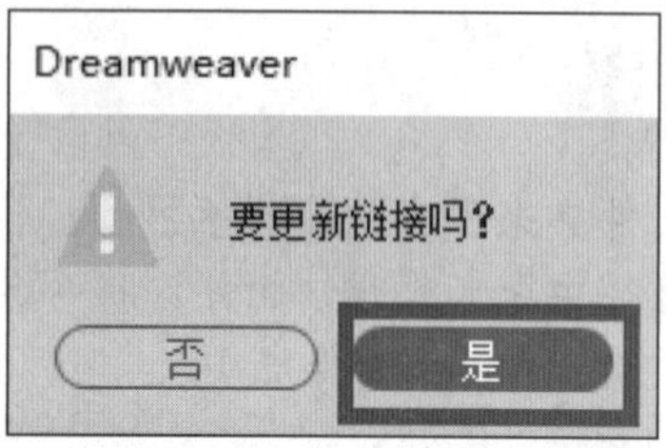

图 7-8　"Dreamweaver"提示对话框

图 7-9　另存模板

7.1.3　创建可编辑区域

模板的功能很强大，通过定义和锁定可编辑区域可以避免模板的格式和内容被修改，只有在可编辑区域中才能输入新的内容。在模板中，可编辑区域是页面的一部分，对于基于模板的页面，能够改变可编辑区域中的内容。默认情况下，新创建的模板的所有区域都处于锁定状态，因此，要使用模板，必须将模板中的某些区域设置为可编辑区域。创建可编辑区域的具体操作步骤如下。

7.2　创建可编辑区域

（1）打开 7.1.2 小节创建的模板网页，将光标放置在要插入可编辑区域的位置，选择菜单中的"插入"→"模板"→"可编辑区域"命令，如图 7-10 所示。

（2）选择"可编辑区域"命令后，弹出"新建可编辑区域"对话框，在"名称"文本框中输入"EditRegion3"，单击"确定"按钮，如图 7-11 所示。

（3）插入可编辑区域的效果如图 7-12 所示。

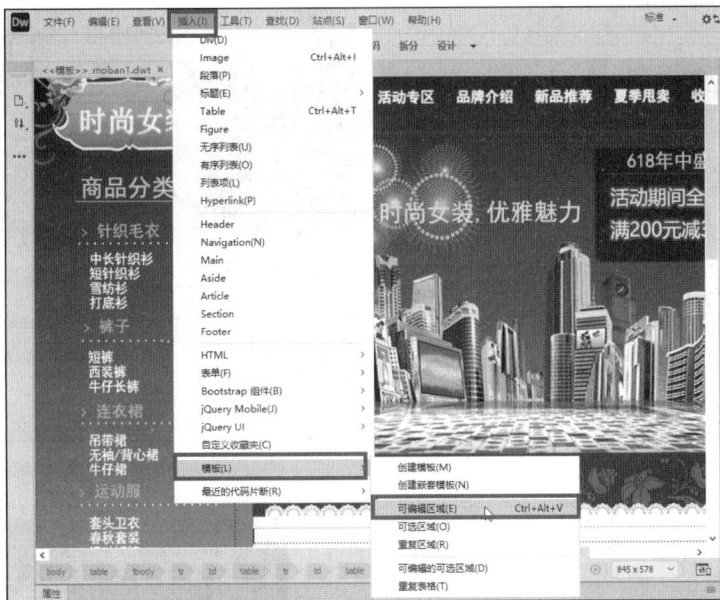

图 7-10　选择"可编辑区域"命令

图 7-11　"新建可编辑区域"对话框

图 7-12　插入可编辑区域的效果

7.1.4　创建基于模板的网页

模板最强大的用途之一是一次更新多个页面。基于模板创建的网页与该模板保持连接状态，可以修改模板并立即更新基于该模板的所有网页中的设计，创建基于模板的网页可以快速创建大量风格一致的网页，具体操作步骤如下。

（1）选择菜单中的"文件"→"新建"命令，弹出"新建文档"对话框，在该对话框中选择"网站模板"选项卡中的"时尚女装"→"moban1"选项，如图 7-13 所示。

（2）单击"创建"按钮，即可创建一个模板网页，如图 7-14 所示。

（3）选择菜单中的"文件"→"保存"命令，弹出"另存为"对话框，在该对话框的"文件名"文本框中输入"inde"，如图 7-15 所示。

（4）单击"保存"按钮，保存文档，将光标放置在可编辑区域中，选择菜单中的"插入"→"Table"命令，插入一个 3 行 1 列的表格，如图 7-16 所示。

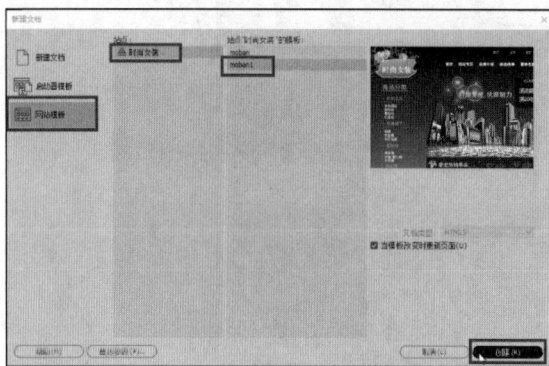

图 7-13　"新建文档"对话框

图 7-14　创建模板网页

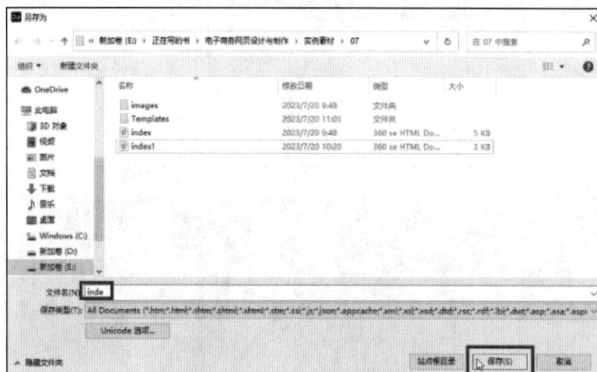

图 7-15　"另存为"对话框

图 7-16　插入表格

（5）将光标置于第 1 行单元格中，单击鼠标右键，在弹出的快捷菜单中选择"表格"→"拆分单元格"命令，弹出"拆分单元格"对话框，在该对话框的"把单元格拆分成"中选择"列"，在"列数"文本框中输入"4"，单击"确定"按钮，如图 7-17 所示。

（6）拆分单元格的效果如图 7-18 所示。

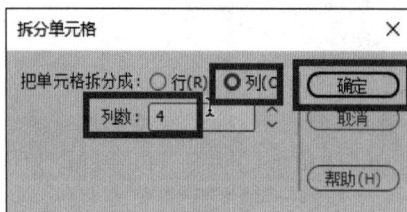

图 7-17　"拆分单元格"对话框

图 7-18　拆分单元格

（7）选择菜单中的"插入"→"Image"命令，弹出"选择图像源文件"对话框，在该对话框中选择图像文件，如图 7-19 所示。

（8）单击"确定"按钮，插入图像，如图 7-20 所示。

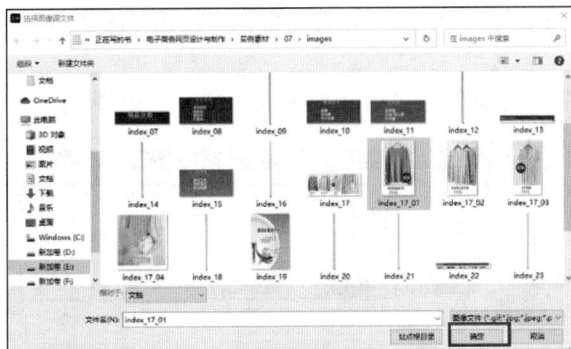

图 7-19　选择图像文件

图 7-20　插入图像（1）

（9）将光标放置在第 1 行第 2 列单元格中，选择菜单中的"插入"→"Image"命令，弹出"选择图像源文件"对话框，在该对话框中选择图像文件，单击"确定"按钮，插入图像，如图 7-21 所示。

（10）用同样的方法在第 1 行第 3 列和第 1 行第 4 列单元格中插入图像，如图 7-22 所示。

图 7-21　插入图像（2）

图 7-22　插入图像（3）

（11）将光标放置在第 2 行单元格中，选择菜单中的"插入"→"Image"命令，弹出"选择图像源文件"对话框，在该对话框中选择图像文件并插入图像，如图 7-23 所示。

（12）将光标放置在第 3 行单元格中，选择菜单中的"插入"→"Table"命令，插入一个 6 行 5 列的表格，如图 7-24 所示。

图 7-23　插入图像（4）

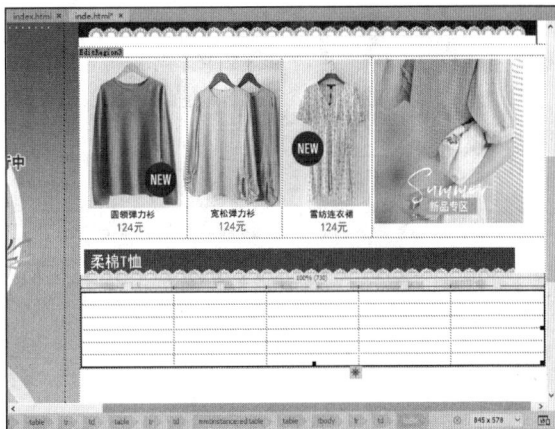

图 7-24　插入表格

（13）将光标放置在新插入表格的第 1 行第 1 列单元格中，选择菜单中的"插入"→"Image"命令，插入图像，如图 7-25 所示。

（14）用同样的方法在新插入表格的第 1 行中的其他单元格中插入图像，如图 7-26 所示。

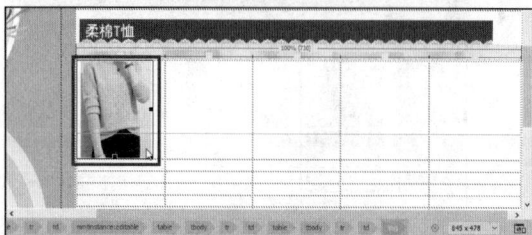

图 7-25　插入图像（5）

图 7-26　插入图像（6）

（15）在新插入表格的第 2 行第 1 列单元格中输入文字，如图 7-27 所示。

（16）在"属性"面板中设置字体、大小等属性，如图 7-28 所示。

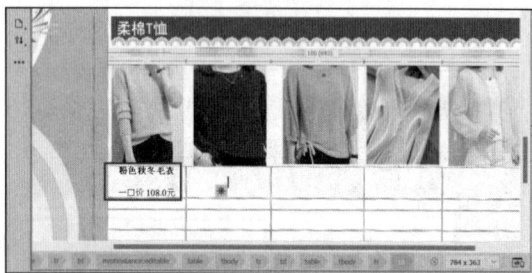

图 7-27　输入文字

图 7-28　设置文字属性

（17）在新插入表格的其他单元格中分别插入图像和输入文字，如图 7-29 所示。

（18）选择菜单中的"文件"→"保存"命令，保存文档，按"F12"键在浏览器中预览效果，效果如图 7-30 所示。

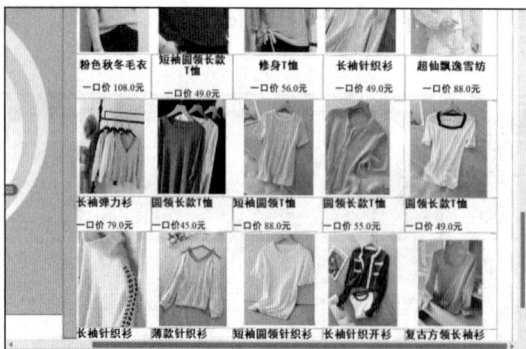

图 7-29　插入图像和输入文字

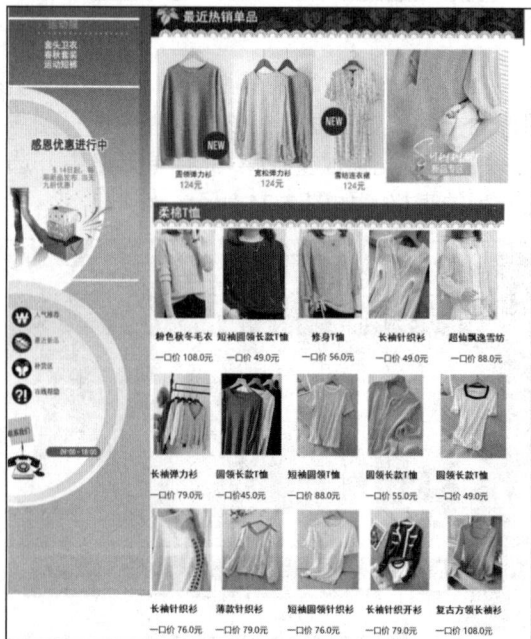

图 7-30　预览效果

7.2　管理站点中的模板

在 Dreamweaver 中，可以创建模板文件并对模板文件进行各种管理操作，如从模板中分离、修改模板等。

7.2.1　从模板中分离

若要更改基于模板的文档的不可编辑区域，则必须将该文档从模板中分离。将文档分离之后，整个文档都将变为可编辑的。

从模板中分离的具体操作步骤如下。

（1）打开素材文件，选择菜单中的"工具"→"模板"→"从模板中分离"命令，如图 7-31 所示。

（2）选择"从模板中分离"命令后，即可将文档从模板中分离出来，如图 7-32 所示。

图 7-31　选择"从模板中分离"命令

图 7-32　将文档从模板中分离出来

7.2.2　修改模板

通过模板创建文档后，文档就同模板密不可分了。以后每次修改模板后，都可以利用 Dreamweaver 的站点管理特性，自动对这些文档进行更新，从而改变文档的风格。

修改模板的具体操作步骤如下。

（1）打开模板文件，选中图像，在"属性"面板的"地图"中选择"矩形热点工具"，如图 7-33 所示。

（2）在图像上绘制矩形热点，并输入相应的链接，如图 7-34 所示。

图 7-33　打开模板文件

图 7-34　绘制矩形热点

（3）选择菜单中的"文件"→"保存"命令，弹出"更新模板文件"对话框，在该对话框中显示要更新的网页文档，如图7-35所示。

（4）单击"更新"按钮，弹出"更新页面"对话框，即可自动更新网页文档，如图7-36所示。

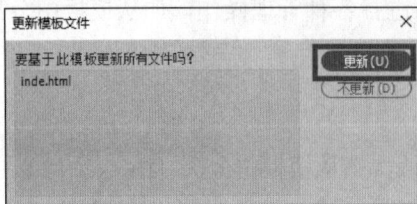

图7-35 "更新模板文件"对话框

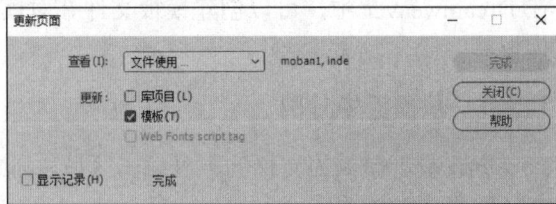

图7-36 "更新页面"对话框

（5）打开利用模板创建的文档，可以看到文档已经更新，如图7-37所示。

图7-37 更新文档

7.3 创建与应用库项目

在Dreamweaver中，另一种维护文档风格的方法是使用库项目。如果说模板从整体上控制了文档风格，那么库项目则从局部维护了文档的风格。

7.3.1 创建库项目

库是一种用于存储在整个网站上经常重复使用或更新的网页元素（如图像、文本和其他对象）的方法，这些元素称为库项目。

可以先创建新的库项目，然后编辑其中的内容，也可以将文档中选中的内容作为库项目保存。创建库项目的具体操作步骤如下。

（1）选择菜单中的"文件"→"新建"命令，弹出"新建文档"对话框，在该对话框中选择"新建文档"中的"</>HTML"→"无"，如图7-38所示。

（2）单击"创建"按钮，创建一个新文档，如图7-39所示。

（3）选择菜单中的"文件"→"保存"命令，弹出"另存为"对话框，在该对话框的"文件名"文本框中输入"top"，在"保存类型"中选择"Library Files(*.lbi)"，如图7-40所示。

（4）单击"保存"按钮，创建一个库项目，如图7-41所示。

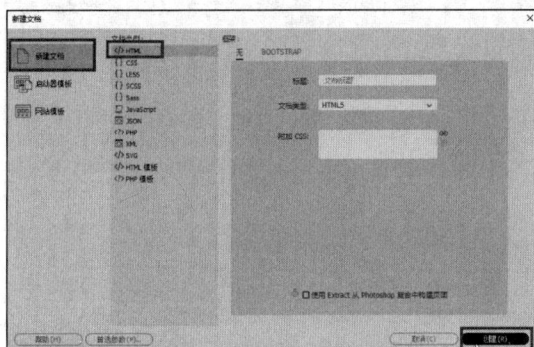

图 7-38　"新建文档"对话框

图 7-39　创建的新文档

图 7-40　"另存为"对话框

图 7-41　创建库项目

（5）将光标置于页面中，选择菜单中的"插入"→"Table"命令，插入一个 1 行 1 列的表格，如图 7-42 所示。

（6）切换至"拆分"视图，在相应的位置输入"background="images/index_26.jpg""来插入背景图像，如图 7-43 所示。

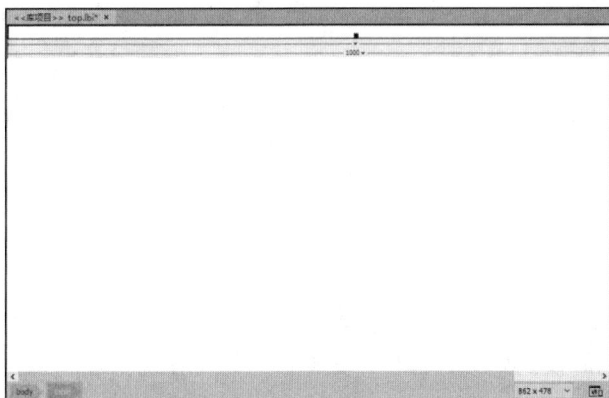

图 7-42　插入表格

图 7-43　插入背景图像

（7）在"拆分"视图中输入代码，设置单元格的高度，如图 7-44 所示。

（8）在单元格中输入相应的文字，并在"属性"面板中设置相应的属性，如图 7-45 所示。

图 7-44 设置相应的高度

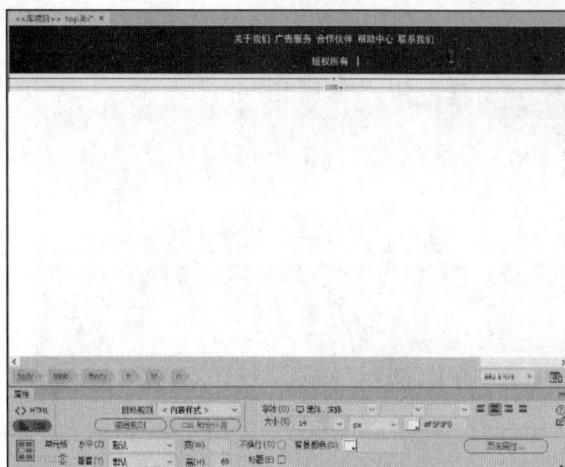

图 7-45 输入文字并设置文字属性

（9）选择菜单中的"文件"→"保存"命令，即可保存库项目。

7.3.2 应用库项目

将库项目应用到文档中，实际内容以及对项目的引用就会被插入文档。在文档中应用库项目的具体操作步骤如下。

（1）打开素材文件，如图 7-46 所示。

（2）打开"资源"面板，在该面板中选择创建好的库项目，单击"插入"按钮，如图 7-47 所示。

7.3 应用库项目

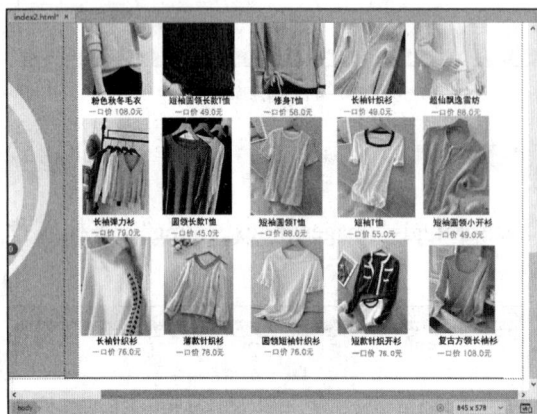

图 7-46 打开素材文件

图 7-47 选择库项目

（3）将库项目插入文档，如图 7-48 所示。

提示：

如果希望仅仅添加库项目内容对应的代码，而不希望插入的内容以项目的形式出现，则可以按住"Ctrl"键，再将相应的库项目从"资源"面板拖到文档窗口，这样插入的内容就以普通文档的形式出现。

（4）保存文档，在浏览器中预览效果，如图 7-49 所示。

图 7-48　插入库项目

图 7-49　预览效果

7.3.3　更新库项目

和 7.2.2 小节类似，通过修改某个库项目来修改整个站点中所有应用该库项目的文档，实现统一更新文档风格。更新库项目的具体操作步骤如下。

（1）打开库文件，选择文字"联系我们"，在"属性"面板的"链接"文本框中输入链接，如图 7-50 所示。

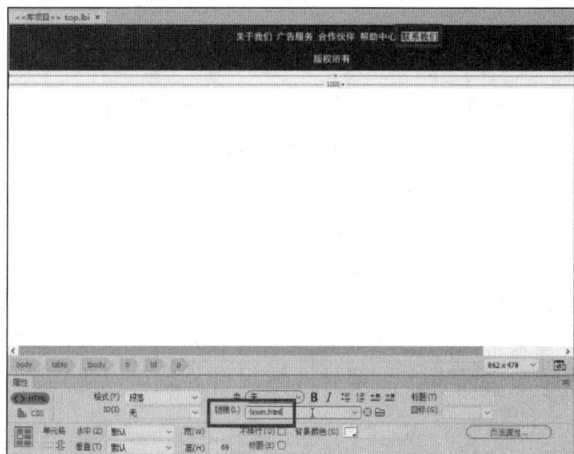

图 7-50　输入链接

（2）保存库文件，选择菜单中的"工具"→"库"→"更新页面"命令，打开"更新页面"对话框，如图 7-51 所示。

（3）单击"开始"按钮，即可自动更新文件，如图 7-52 所示。

图 7-51　"更新页面"对话框

图 7-52　更新文件

（4）打开应用库项目的文件，可以看到文件已经更新，如图 7-53 所示。

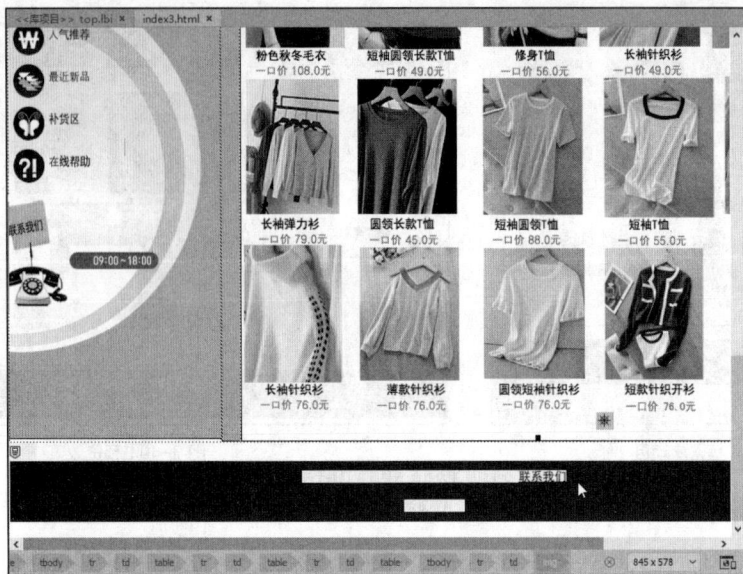

图 7-53　文件更新

【单元小结】

（1）Dreamweaver 提供了用于提高网页设计人员工作效率的强大工具——模板和库。模板和库有相似的功能，有了它们就能够实现网页内容快速更新等操作。它们不是网页设计人员在设计网页时必须使用的技术，但是合理使用它们将会大大提高工作效率，并为管理人员管理整个网站带来很大的便利。

（2）在网页中使用模板可以统一整个站点的页面风格，使用库项目可以对页面的局部统一风格。在创建一批具有相似外观格式的网页之前，通常会先建立一个模板，再利用模板生成其他网页。这样更改模板时，基于模板的其他网页也会自动更新。

（3）对于需要在多个网页中使用的网页元素，可以先建立一个库项目，当网页需要使用该元素时，直接从库中调用该库项目即可。只要修改库项目，就可以更新所有项目元素。

【综合实训】创建"祥和家居"模板网页

本章主要讲述了模板和库的创建、管理和应用，通过本章的学习，读者基本可以学会创建模板和库。下面讲述制作"祥和家居"模板网页的相关内容，本实训完成后的参考效果如图 7-54 所示。

一、实训目的

本实训的目的为创建"祥和家居"模板网页。

（1）掌握创建模板的方法。

（2）掌握在模板中设置可编辑区域的方法。

（3）掌握利用模板创建网页的方法。

二、实训内容

完成本实训需要先创建模板，然后插入可编辑区域，最后利用模板创建图文混合网页，具体实训内容如下。

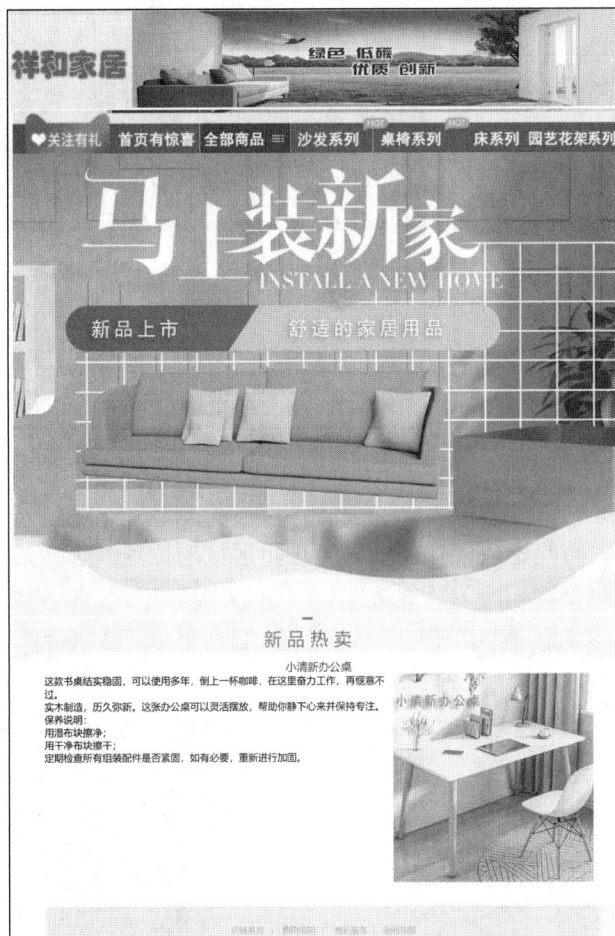

图 7-54　"祥和家居"模板网页

1．创建模板

（1）打开要创建模板的网页文件，如图 7-55 所示。

（2）选择菜单中的"文件"→"另存为模板"命令，弹出"另存模板"对话框，在该对话框的"站点"下拉列表框中选择保存模板的站点，在"另存为"文本框中输入"moban"，单击"保存"按钮，如图 7-56 所示。

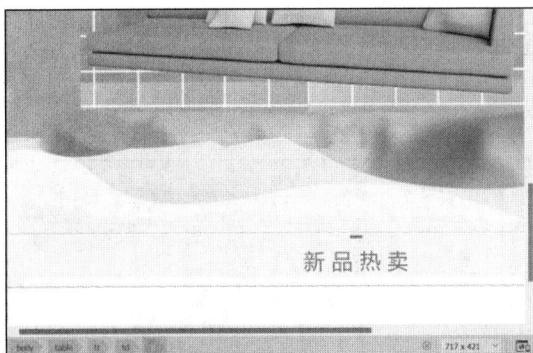

图 7-55　打开网页文件

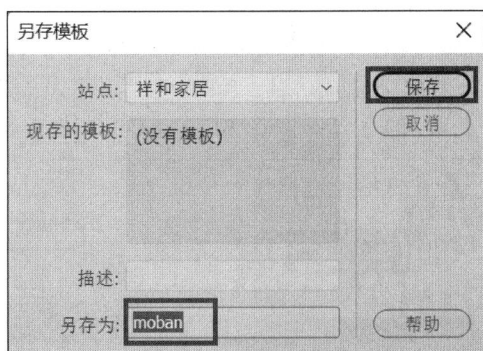

图 7-56　"另存模板"对话框

（3）弹出"Dreamweaver"提示对话框，单击"是"按钮，如图 7-57 所示。

（4）将文档另存为模板的效果如图 7-58 所示。

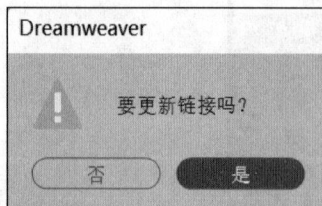

图 7-57　"Dreamweaver"提示对话框

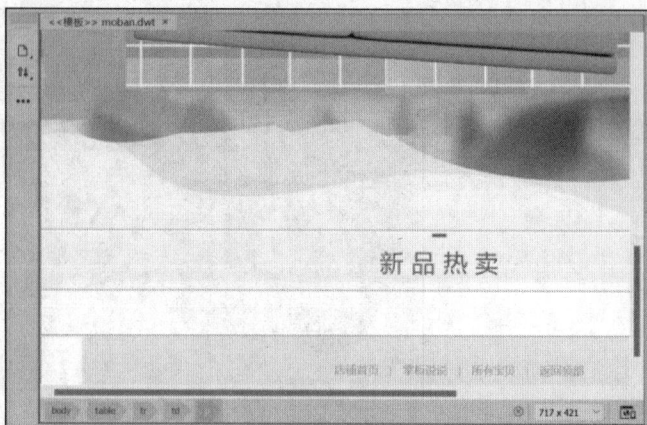

图 7-58　另存模板

2. 插入可编辑区域

（1）接上一个步骤，将光标放置在要插入可编辑区域的位置，选择菜单中的"插入"→"模板"→"可编辑区域"命令，如图 7-59 所示。

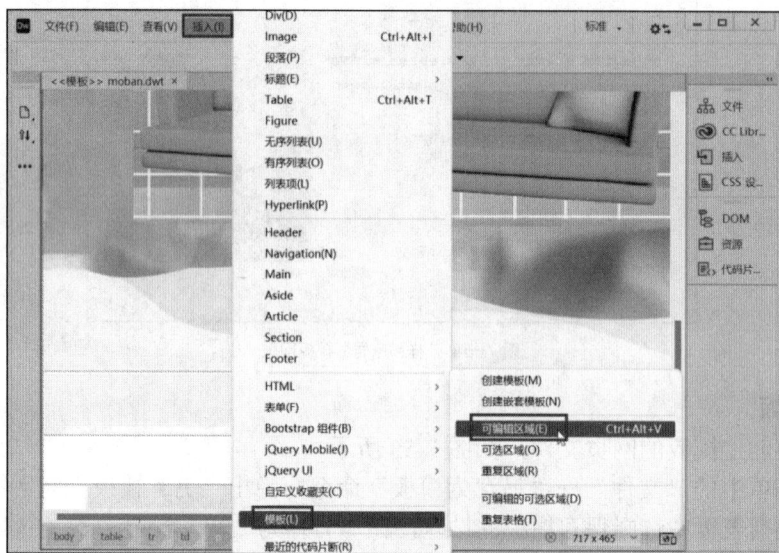

图 7-59　选择"可编辑区域"命令

（2）选择"可编辑区域"命令后，弹出"新建可编辑区域"对话框，单击"确定"按钮，如图 7-60 所示。

（3）插入可编辑区域的效果如图 7-61 所示。

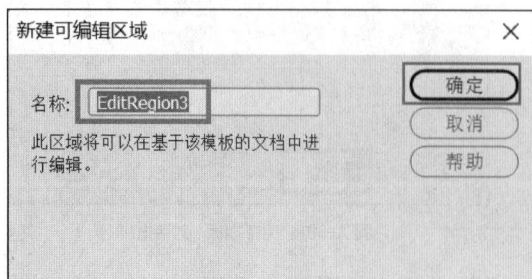

图 7-60　"新建可编辑区域"对话框

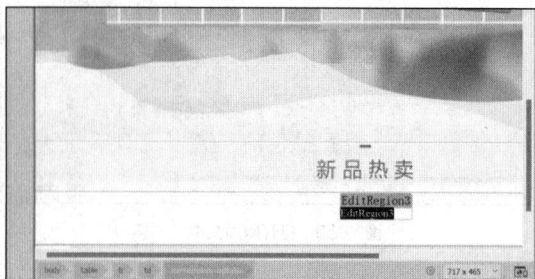

图 7-61　插入可编辑区域

3．利用模板创建网页

（1）选择菜单中的"文件"→"新建"命令，弹出"新建文档"对话框，在该对话框中选择"网站模板"选项卡中的"祥和家居"→"moban"选项，如图 7-62 所示。

（2）单击"创建"按钮，创建一个模板网页，如图 7-63 所示。

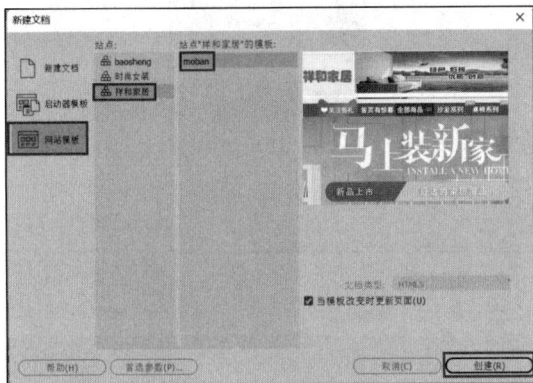

图 7-62　"新建文档"对话框

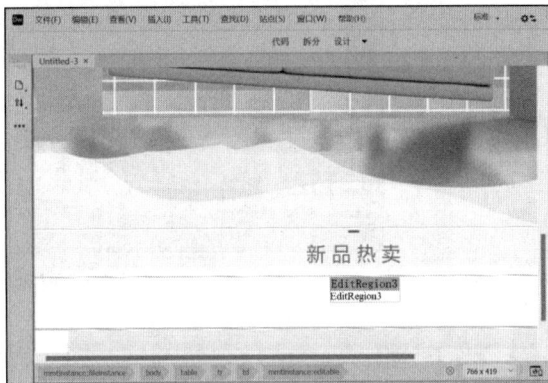

图 7-63　创建模板网页

（3）将光标放置在可编辑区域中，选择菜单中的"插入"→"Table"命令，插入一个 2 行 1 列的表格，如图 7-64 所示。

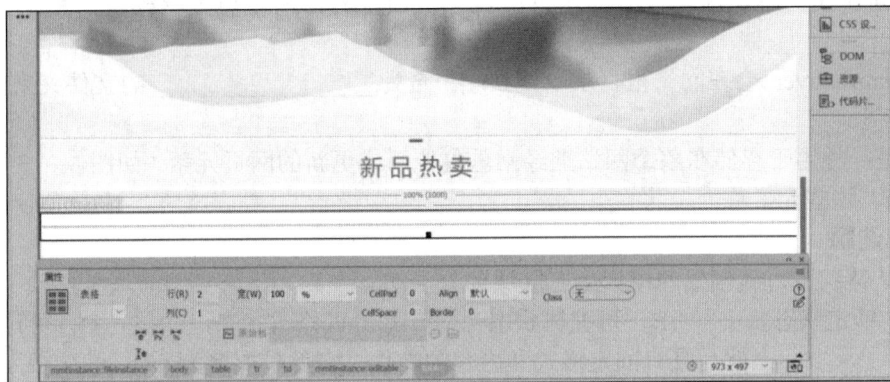

图 7-64　插入表格

（4）输入商品名称和商品详情，如图 7-65 所示。

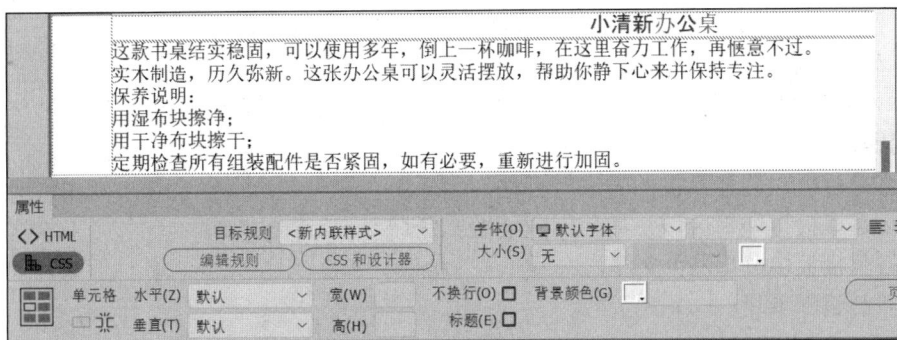

图 7-65　输入商品名称和商品详情

（5）选择菜单中的"插入"→"Image"命令，插入商品图像，并设置右对齐，如图 7-66 所示。

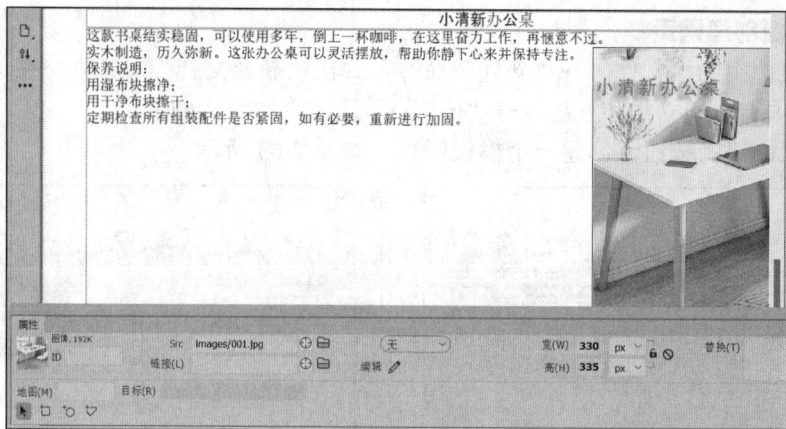

图 7-66　插入商品图像，并设置右对齐

【理论练习】

一、填空题

1. 创建模板有两种方法，一种是＿＿＿＿＿＿＿＿＿，另一种是＿＿＿＿＿＿＿＿＿。

2. 在创建模板时，新模板中的所有区域都是锁定的，所以要使该模板可用，必须定义一些＿＿＿＿＿＿＿＿＿。

3. Dreamweaver 会在网站根目录中建立一个名为＿＿＿＿＿＿＿＿＿的文件夹来保存这个模板网页。

4. 库是一种用于存储在整个网站上经常重复使用或更新的网页元素（如图像、文本和其他对象）的方法，这些元素称为＿＿＿＿＿＿＿＿＿。

二、单选题

1. 默认情况下，新创建的模板所有区域都处于（　　　）。

　　A. 锁定状态　　　　B. 可编辑状态　　　　C. 可修改状态　　　　D. 可选状态

2. （　　　）实际上就是具有固定格式和内容的文件，文件扩展名为.dwt。

　　A. 库　　　　　　　B. 模板　　　　　　　C. 可编辑　　　　　　D. 框架

3. 关于模板和库，下列说法不正确的是（　　　）。

　　A. Dreamweaver 提供了模板和库，可以使整个网站的页面设计风格保持一致

　　B. 要使用模板，必须将模板中的某些区域设置为可编辑区域

　　C. 可以将模板移动到 Templates 文件夹之外

　　D. 将库项目应用到文档中，实际内容以及对项目的引用就会被插入文档

三、简答题

1. 什么是模板，创建模板的方法有哪些？

2. 什么是模板可编辑区域，如何创建可编辑区域？

3. 如何从模板中分离网页文件？

4. 如何创建库项目？

【实战演练】创建"宝盛首饰"模板网页

"宝盛首饰"模板网页如图 7-67 所示。

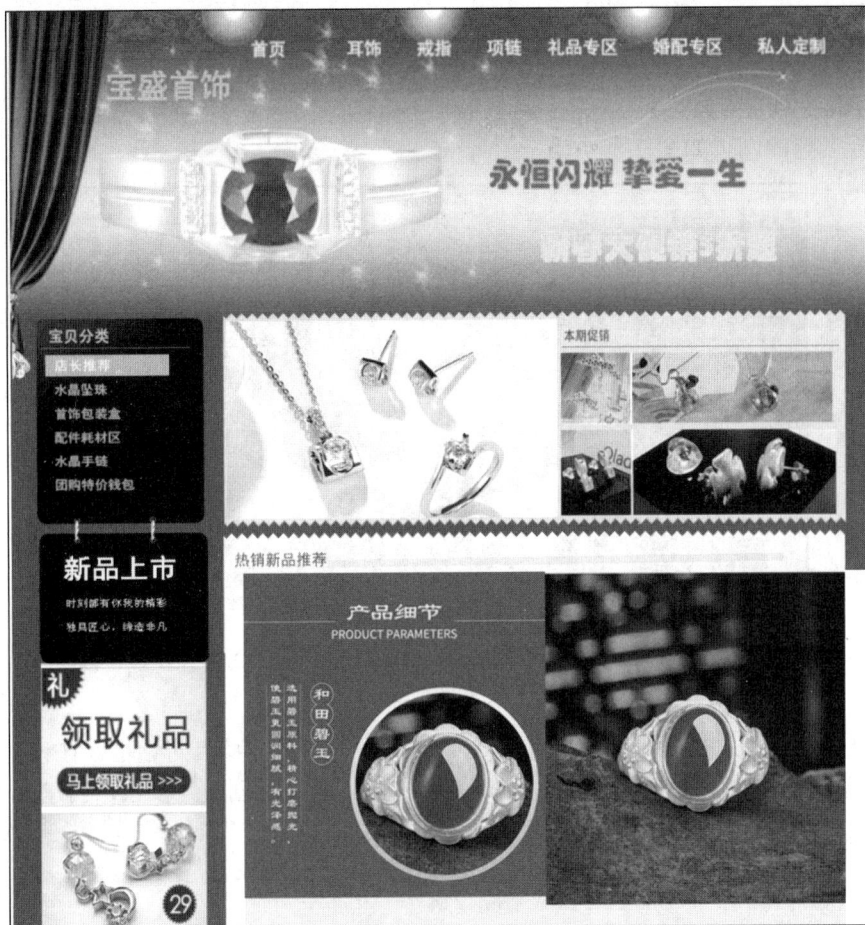

图 7-67　"宝盛首饰"模板网页

1. 创建模板

创建的模板网页如图 7-68 所示。

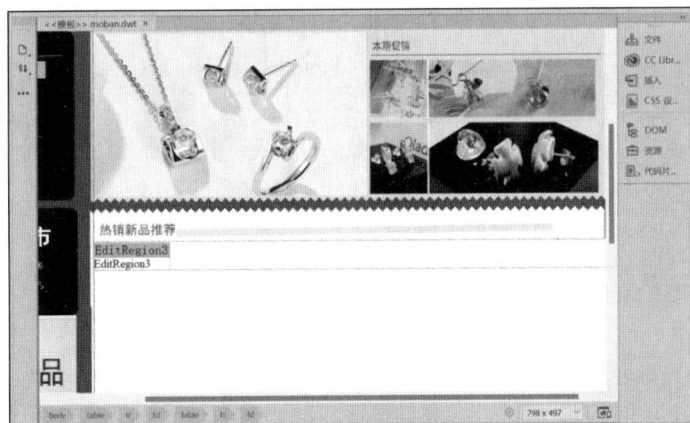

图 7-68　模板网页

（1）打开要创建模板的网页文件，选择菜单中的"文件"→"另存为模板"命令，弹出"另存模板"对话框，在该对话框中的"站点"下拉列表框中选择保存模板的站点，在"另存为"文本框中输入"moban"，单击"保存"按钮，将文档另存为模板。

（2）将光标放置在要插入可编辑区域的位置，选择菜单中的"插入"→"模板"→"可编辑区域"命令，插入可编辑区域。

2. 利用模板创建网页

利用模板创建的网页如图 7-69 所示。

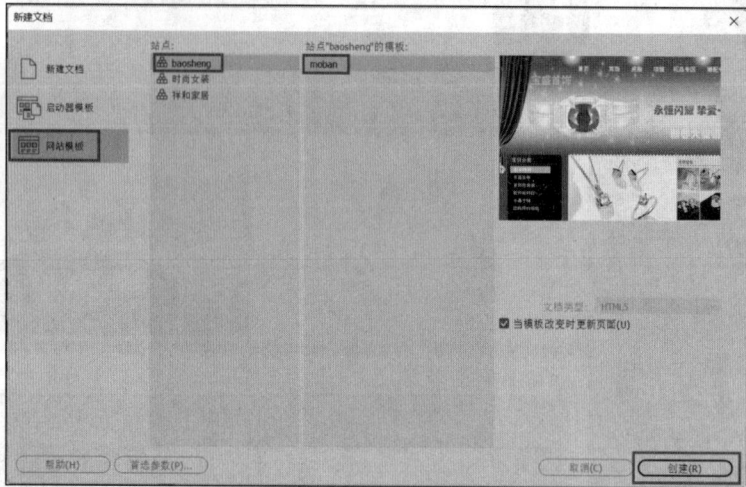

图 7-69　利用模板创建的网页

（1）选择菜单中的"文件"→"新建"命令，弹出"新建文档"对话框，在该对话框中选择"网站模板"选项卡中的"祥和家居"→"moban"选项，单击"创建"按钮，创建一个模板网页。

（2）将光标放置在可编辑区域中，选择菜单中的"插入"→"Table"命令，插入一个表格。

（3）选择菜单中的"插入"→"Image"命令，插入商品图像。

8 Chapter

第 8 章
使用行为创建特效网页

行为是 Dreamweaver 预置的 JavaScript 程序库，是为响应某一具体事件而采取的一个或多个动作。行为由对象、事件和动作构成，当指定的事件被触发时，将运行相应的 JavaScript 程序，执行相应的动作。

学习目标

- ☐ 掌握行为概述相关内容。
- ☐ 熟悉调用 JavaScript 行为的方法。
- ☐ 掌握设置浏览器行为的方法。
- ☐ 掌握设置图像行为的方法。
- ☐ 掌握设置效果行为的方法。

8.1 行为概述

行为是 Dreamweaver 中最有特色的功能之一，用户不用编写 JavaScript 代码即可快速制作多种具有动态特效的网页。

8.1.1 行为的概念

为了更好地理解行为的概念，下面分别解释与行为相关的 3 个重要的概念：对象、事件和动作。

对象是产生行为的主体，很多网页元素都可以作为对象，如图片、文字和多媒体文件等。此外，网页本身有时也可作为对象。

事件是触发动态效果的原因，它可以附加到各种网页元素上，也可以附加到 HTML 标签中。一个事件总是针对网页元素或标签而言的，如将鼠标指针移到图片上、把鼠标指针放在图片之外和单击，是与鼠标有关的 3 个最常见的事件（即 onMouseOver、onMouseOut 和 onClick）。不同浏览器支持的事件种类和数量是不一样的，通常高版本的浏览器支持更多的事件。

动作是指最终需要完成的动态效果，如交换图像、弹出信息、打开浏览器窗口及播放声音等，动作通常是一段 JavaScript 代码。在 Dreamweaver 中使用内置的行为时，系统会自动向页面中添加 JavaScript 代码，用户完全不必自己编写。

8.1.2 行为面板

"行为"面板的作用是为网页元素添加动作和事件，使网页具有互动效果。

在网页中添加和修改行为由"行为"面板来完成。选择菜单中的"窗口"→"行为"命令，或按"Shift+F4"组合键，打开"行为"面板，如图 8-1 所示。

"行为"面板中各选项的含义如下。

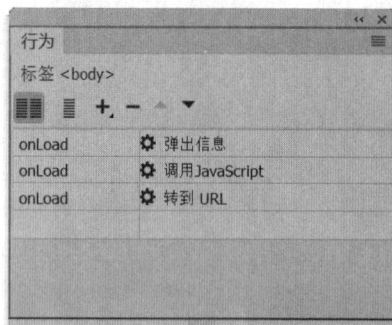

图 8-1 "行为"面板

• "显示设置事件"按钮▊▊：可显示当前网页加载的所有事件。

• "显示所有事件"按钮▊：可显示当前网页中可加载的所有事件。

• "添加行为"按钮╋：可打开动作菜单，在其中选择动作。

• "删除事件"按钮━：可将选择的事件删除。

• "调整事件次序"按钮▲▼：可调整同一事件不同动作的先后次序。

为网页元素添加行为的关键是在"行为"面板中设置"动作"和"事件"，设置完成后的"事件"和"动作"分别显示在"事件列表"和"动作列表"中，用户可以很方便地对它们进行查看和修改。

为网页元素添加行为的步骤如下。

（1）选中相应网页元素。

（2）单击"行为"面板上方的"添加行为"按钮╋，弹出动作菜单，如图 8-2 所示。根据需要选择其中一种动作，并在对话框中设置该动作的参数。

（3）添加动作后，在"事件列表"中显示当前动作的默认事件，单击该事件右侧的下拉按钮显示事件菜单，如图 8-3 所示。用户可从该菜单中选择一种事件来代替默认事件。

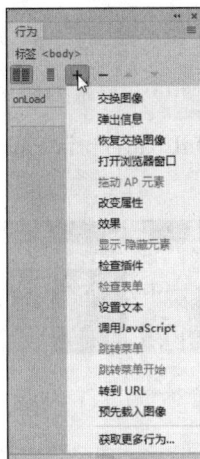

图 8-2　动作菜单

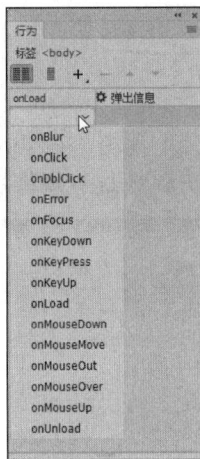

图 8-3　事件菜单

8.2　调用 JavaScript 行为

　　JavaScript 是最流行的脚本语言之一，它几乎存在于所有 Web 浏览器中，用于增强用户与网站之间的交互性。可以使用自己编写的 JavaScript 代码，或使用 JavaScript 库提供的代码。

8.2.1　利用 JavaScript 实现打印功能

　　下面利用 JavaScript 打印当前页面，制作时先定义一个打印当前页函数 printPage()，然后在 <body>中添加代码 OnLoad="printPage()"，当打开网页时调用打印当前页函数 printPage()，具体操作步骤如下。

　　（1）打开素材文件，如图 8-4 所示。

　　（2）切换到"代码"视图，在<body>和</body>之间输入相应的代码，如图 8-5 所示。

图 8-4　打开素材文件

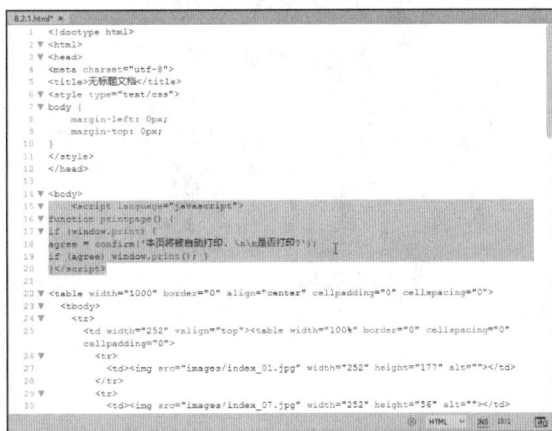

图 8-5　输入代码

```
<script language="javascript">
<!-- Begin
function printPage() {
if (window.print) {
agree = confirm('本页将被自动打印. \n\n 是否打印?');
if (agree) window.print();
```

```
        }
    }
    //  End -->
</script>
```

（3）切换到"拆分"视图，在<body>语句中输入代码 OnLoad="printPage()"，如图 8-6 所示。

（4）保存文档，在浏览器中预览效果，如图 8-7 所示。

图 8-6 输入代码

图 8-7 预览效果

8.2.2 利用 JavaScript 实现关闭网页

"调用 JavaScript"动作允许使用"行为"面板指定一个自定义功能，或当发生某个事件时应该执行的一段 JavaScript 代码。利用 JavaScript 实现关闭网页的具体操作步骤如下。

8.1 利用 JavaScript 实现关闭网页

（1）打开素材文件，选择菜单中的"窗口"→"行为"命令，打开"行为"面板，单击添加"行为"面板上的"添加行为"按钮，在弹出菜单中选择"调用 JavaScript"命令，如图 8-8 所示。

（2）在弹出的"调用 JavaScript"对话框中输入 window.close()，如图 8-9 所示。

图 8-8 选择"调用 JavaScript"命令

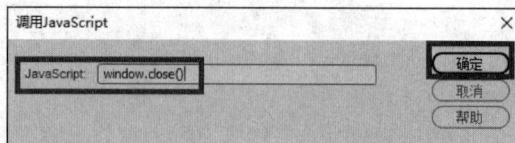

图 8-9 "调用 JavaScript"对话框

（3）单击"确定"按钮，即可添加行为，"拆分"视图如图 8-10 所示，其代码如下。

```
<script type="text/javascript">
function MM_callJS(jsStr) { //v2.0
    return eval(jsStr)}
</script>
</head>
<body onLoad="MM_callJS('window.close()')">
```

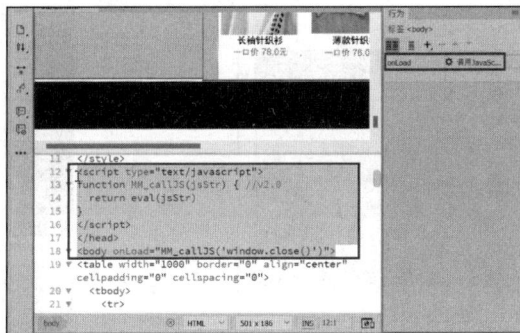

图 8-10　拆分视图

代码揭秘：window.close()方法
基本语法：

```
window.close()
```

window.close()方法用于关闭浏览器窗口。本例中先定义一个 MM_callJS()函数，接着在\<body\>语句中输入代码 onLoad="MM_callJS('window.close()')"，以调用关闭浏览器窗口的方法。

（4）保存文档，在浏览器中预览效果，如图 8-11 所示。

图 8-11　预览效果

8.3　设置浏览器行为

下面介绍设置浏览器行为，包括设置状态栏文本、设置转到 URL、打开浏览器窗口。

8.3.1　设置状态栏文本

"设置状态栏文本"动作用于在浏览器窗口底部左侧的状态栏中显示消息。设置状态栏文本的具体操作步骤如下。

（1）打开素材文件，单击文档窗口左下角的\<body\>标签，如图 8-12 所示。

（2）打开"行为"面板，单击"添加行为"按钮 ➕，在弹出的菜单中选择"设置文本"→"设置状态栏文本"命令，如图 8-13 所示。

8.2　设置状态栏文本

（3）选择"设置状态栏文本"命令后，弹出"设置状态栏文本"对话框，在该对话框的"消息"文本框中输入"欢迎光临我们的网站！"，如图 8-14 所示。

（4）单击"确定"按钮，即可添加行为，将事件设置为 onMouseOver，"拆分"视图如图 8-15 所示，其代码如下。

图 8-12 打开素材文件

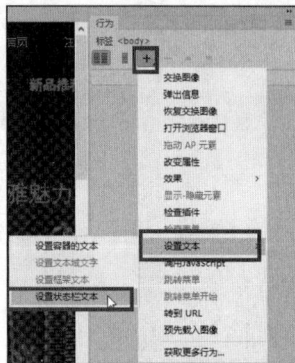

图 8-13 选择"设置状态栏文本"命令

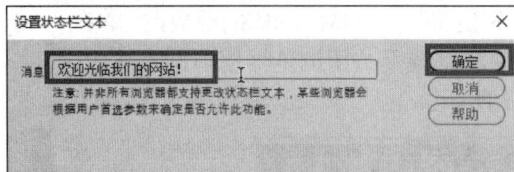

图 8-14 "设置状态栏文本"对话框

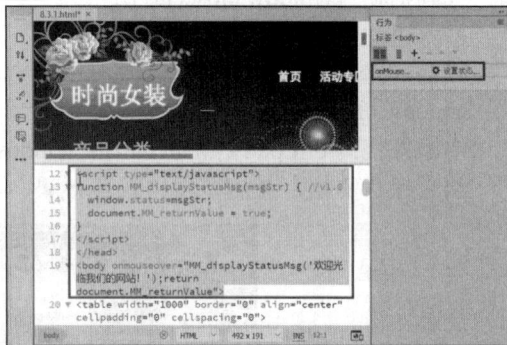

图 8-15 拆分视图

```
<script type="text/javascript">
function MM_displayStatusMsg(msgStr) { //v1.0
    window.status=msgStr;
    document.MM_returnValue = true;}
</script>
</head>
<body onmouseover="MM_displayStatusMsg('欢迎光临我们的网站！');
return document.MM_returnValue">
```

代码揭秘：Document 对象

Document 对象又称为文档对象，该对象是 JavaScript 中最重要的对象之一。Document 对象是 Window 对象中的一个子对象，Window 对象代表浏览器窗口，而 Document 对象代表浏览器窗口中的文档，用于描述当前窗口或指定窗口对象的文档，它包含文档从<head>到</body>的内容。

（5）保存文档，在浏览器中预览效果，如图 8-16 所示。

图 8-16 预览效果

8.3.2　设置转到 URL

"转到 URL"动作用于在当前窗口或指定的框架中打开一个新页，此操作尤其适用于通过一次单击更改两个或多个框架的内容，具体操作步骤如下。

（1）打开素材文件，单击文档窗口左下角的<body>标签，如图 8-17 所示。

（2）选择菜单中的"窗口"→"行为"命令，打开"行为"面板，单击"添加行为"按钮 **+**，在弹出的菜单中选择"转到 URL"命令，如图 8-18 所示。

图 8-17　打开素材文件

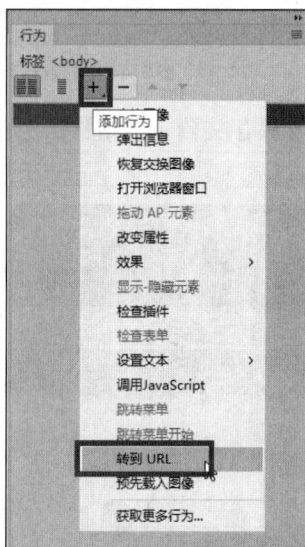

图 8-18　选择"转到 URL"命令

（3）弹出"转到 URL"对话框，在该对话框中单击"浏览"按钮，弹出"选择文件"对话框，在该对话框中选择文件，如图 8-19 所示。

图 8-19　"选择文件"对话框

（4）单击"确定"按钮，即可添加文件，如图 8-20 所示。

在"转到 URL"对话框中有如下参数。

- 打开在：选择要打开的网页。
- URL：在文本框中输入网页的路径或者单击"浏览"按钮，在弹出的"选择文件"对话框中选择要打开的网页。

（5）单击"确定"按钮，即可添加行为。在"行为"面板中可看到添加的行为，如图 8-21 所示。

图 8-20　"转到 URL"对话框

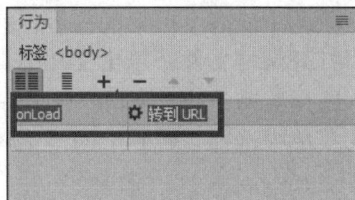

图 8-21　添加行为

（6）保存文档，在浏览器中预览效果。跳转前的效果如图 8-22 所示，跳转后的效果如图 8-23 所示。

图 8-22　跳转前的效果

图 8-23　跳转后的效果

8.3.3　打开浏览器窗口

"打开浏览器窗口"动作用于在打开当前网页的同时，再打开一个新的窗口，同时还可以编辑浏览器窗口的大小、名称、状态栏、菜单栏等属性，具体操作步骤如下。

（1）打开素材文件，单击文档窗口左下角的<body>标签，打开"行为"面板，单击"添加行为"按钮 ，在弹出的菜单中选择"打开浏览器窗口"命令，如图 8-24 所示。

（2）弹出"打开浏览器窗口"对话框，在该对话框中单击"要显示的 URL"文本框右边的"浏览"按钮，弹出"选择文件"对话框，在该对话框中选择文件，如图 8-25 所示。

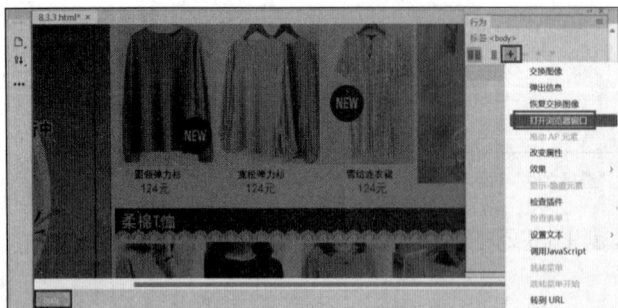

图 8-24　打开素材文件

图 8-25　"选择文件"对话框

（3）单击"确定"按钮，即可添加文件，在"打开浏览器窗口"对话框中将"窗口宽度"设

置为 500，"窗口高度"设置为 386，输入"窗口名称"，在"属性"选项组中可以根据需要勾选复
选框以设置窗口的外观，如图 8-26 所示。

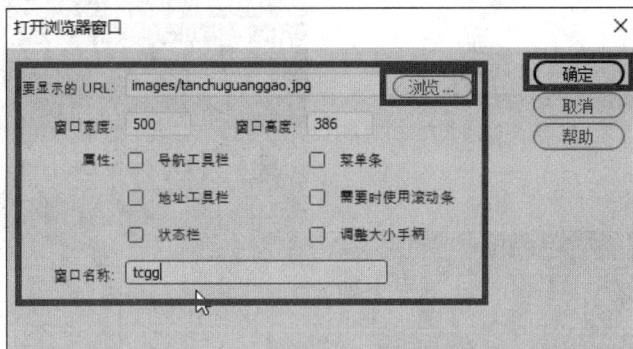

图 8-26 "打开浏览器窗口"对话框

（4）单击"确定"按钮，即可添加行为，"拆分"视图如图 8-27 所示，其代码如下。

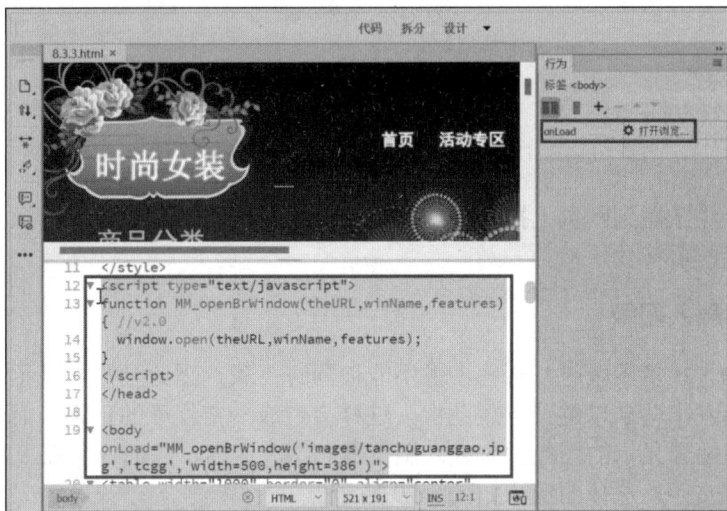

图 8-27 拆分视图

```
<script type="text/javascript">
function MM_openBrWindow(theURL,winName,features) { //v2.0
    window.open(theURL,winName,features);}
</script>
</head>
<body onLoad="MM_openBrWindow('images/tanchuguanggao.jpg','tcgg','width=500,height=386')">
```

代码揭秘：window.open()方法
基本语法：

```
window.open(URL,name,specs,replace)
```

window.open()方法用于打开一个新的浏览器窗口，其参数含义如下。

URL：可选，打开指定页面的 URL。如果没有指定 URL，则打开一个新的空白窗口。

name：可选，指定 target 属性或窗口的名称。

specs：可选，一个以逗号分隔的项目列表，如 width、height。

replace：可选，设置新窗口中的操作历史的保存方式。true 表示创建新历史记录，false 表示
替换旧的历史记录。

（5）单击"确定"按钮，预览效果如图 8-28 所示。

图 8-28　预览效果

8.4　设置图像行为

浏览网页时，经常碰到网页上插入大量图片的情况，使用"预先载入图像"动作和"交换图像"动作可以设置网页特效。

8.4.1　预先载入图像

当一个网页包含很多图像时，某些图像不能被同时下载，因此当需要显示这些图像时，浏览器会再次向服务器发出请求以继续下载图像，这样会造成一定程度的延迟。而使用"预先载入图像"动作可以把那些未显示的图像预先载入浏览器的缓冲区内，从而避免在下载时出现延迟。

（1）打开素材文件，选择图像，如图 8-29 所示。

（2）打开"行为"面板，单击"添加行为"按钮 ✚，从弹出的菜单中选择"预先载入图像"命令，如图 8-30 所示。

图 8-29　打开素材文件

图 8-30　选择"预先载入图像"命令

（3）弹出"预先载入图像"对话框，在该对话框中单击"图像源文件"文本框右边的"浏览"按钮，如图 8-31 所示。

（4）弹出"选择图像源文件"对话框，在该对话框中选择文件，如图 8-32 所示。

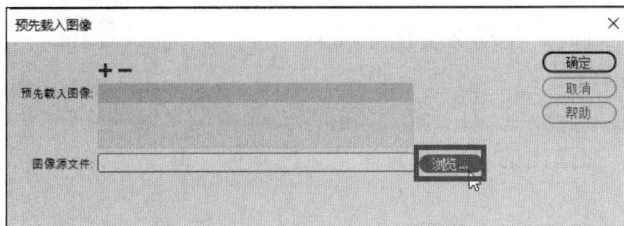

图 8-31　"预先载入图像"对话框

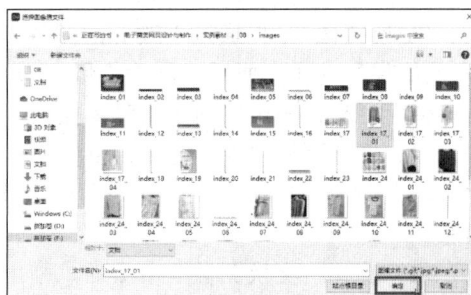

图 8-32　选择文件

（5）单击"确定"按钮，在"预先载入图像"对话框中输入图像的路径和文件名。然后单击"添加"按钮 **+**，将图像加载到"预先载入图像"列表中，如图 8-33 所示。

（6）添加完毕，单击"确定"按钮，即可添加行为。在"行为"面板中可看到添加的行为，如图 8-34 所示。

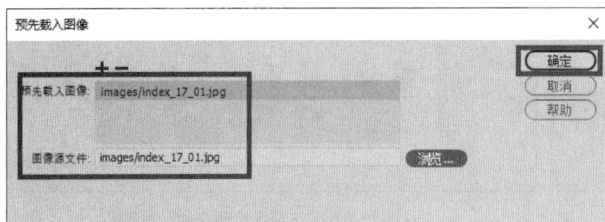

图 8-33　添加文件

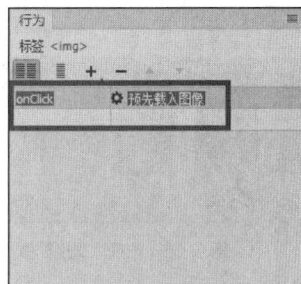

图 8-34　添加行为

🦫　提示：

如果通过 Dreamweaver 向文档中添加交换图像，则可以在添加时指定是否要对图像进行预加载，因此不必使用这里的方法再次对图像进行预加载。

（7）保存网页，在浏览器中预览网页效果，效果如图 8-35 所示。

图 8-35　预先载入图像的效果

8.4.2 交换图像

"交换图像"动作通过更改 img 签的 src 属性将一个图像和另一个图像交换。"交换图像"动作主要用于创建当鼠标指针经过时产生动态变化的效果。

8.3 交换图像

使用"交换图像"动作的具体操作步骤如下。

（1）打开素材文件，选择菜单中的"窗口"→"行为"命令，打开"行为"面板，在面板中单击"添加行为"按钮 **+**，在弹出的菜单中选择"交换图像"命令，如图 8-36 所示。

（2）选择"交换图像"命令后，弹出"交换图像"对话框，在该对话框中单击"设定原始档为"文本框右边的"浏览"按钮，弹出"选择图像源文件"对话框，在该对话框中选择相应的图像文件，如图 8-37 所示。

图 8-36 选择"交换图像"命令

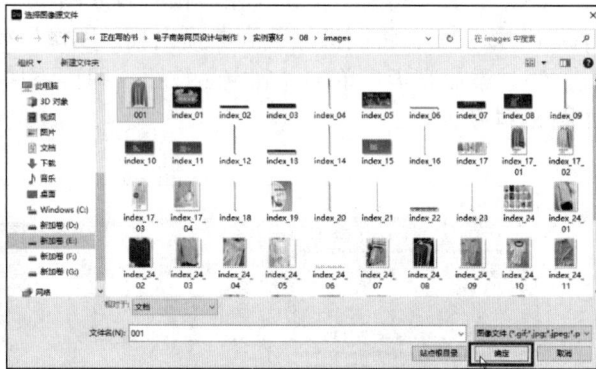

图 8-37 "选择图像源文件"对话框

（3）单击"确定"按钮，在"设定原始档为"文本框中显示新图像的路径和文件名，如图 8-38 所示。

（4）单击"确定"按钮，即可添加行为。在"行为"面板中可看到添加的行为，如图 8-39 所示。

在"交换图像"对话框中可以进行如下设置。

- 图像：在列表中选择要更改来源的图像。
- 设定原始档为：单击"浏览"按钮以选择新图像文件，文本框中显示新图像的路径和文件名。
- 预先载入图像：勾选该复选框后，在载入网页时，新图像将载入浏览器的缓冲区，防止当该图像出现时由于下载缓慢而导致延迟。

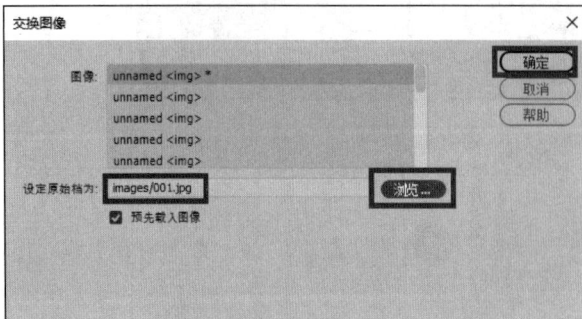

图 8-38 "交换图像"对话框

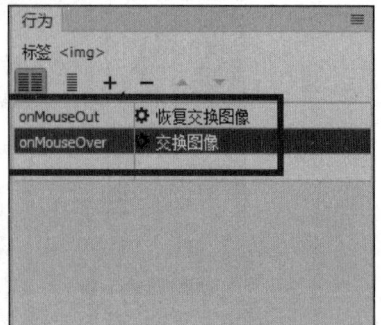

图 8-39 添加行为

（5）保存文档，在浏览器中预览效果。交换图像前的效果如图 8-40 所示，交换图像后的效果如图 8-41 所示。

图 8-40　交换图像前的效果

图 8-41　交换图像后的效果

8.5　设置效果行为

效果行为是一种视觉增强功能，通常用于在一段时间内改变网页元素的视觉效果，包括增大收缩、显示渐隐、晃动、挤压和滑动等效果，还可以组合两个或多个效果来创建复合特效。该行为可以应用于网页中的几乎所有元素上。

8.5.1　Blind、Clip、Slide、Fold

为网页元素添加 Blind、Clip、Slide、Fold 效果行为，可使目标元素分别以百叶窗、剪短、滑动、折叠等效果变化，从而实现在网页中的显示及隐藏效果。以添加 Blind 效果为例，具体操作步骤如下。

（1）选择菜单中的"窗口"→"行为"命令，打开"行为"面板。

（2）在面板中单击"添加行为"按钮 **+**，在弹出的菜单中选择"效果"→"Blind"命令，打开"Blind"对话框，如图 8-42 所示。

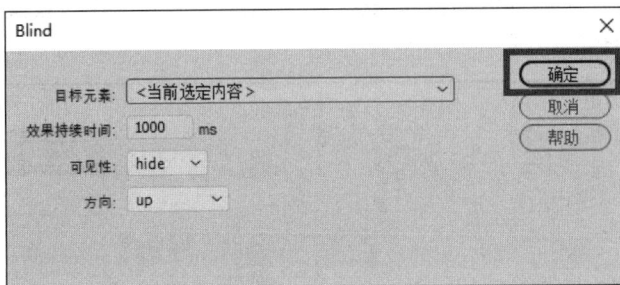

图 8-42　"Blind"对话框

在"Blind"对话框中，各选项的含义如下。

- 目标元素：选择要为其应用效果的网页元素 ID。
- 效果持续时间：定义出现此效果所需的时间，用毫秒（ms）表示。
- 可见性：选择应用效果后网页元素的状态。
- 方向：定义元素移动方向。

（3）单击"确定"按钮后，在"行为"面板中对默认事件进行调整。

8.5.2　Fade、Highlight、Drop

为网页元素添加 Fade、Highlight、Drop 效果行为，可使目标元素分别以渐隐、加亮、降低等效果通过亮度的变化，实现在网页中的部分或全部显示及隐藏效果。以 Drop 为例，具体操作步骤如下。

（1）选择菜单中的"窗口"→"行为"命令，打开"行为"面板。

（2）在面板中单击"添加行为"按钮 **+**，在弹出的菜单中选择"效果"→"Drop"命令，打开"Drop"对话框，如图 8-43 所示。

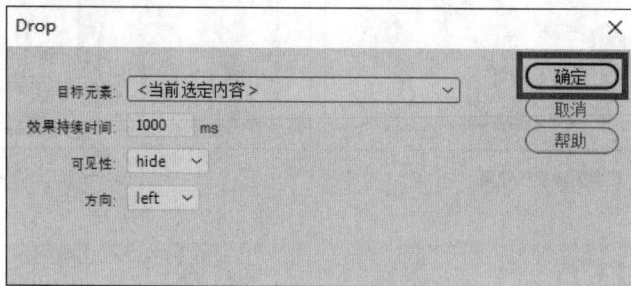

图 8-43　"Drop"对话框

在"Drop"对话框中，各选项的含义如下。

- 目标元素：选择要为其应用效果的网页元素 ID。
- 效果持续时间：定义此效果持续的时间，用毫秒（ms）表示。
- 可见性：选择应用效果后网页元素的状态。
- 方向：定义元素移动方向。

（3）单击"确定"按钮后，在"行为"面板中对默认事件进行调整。

8.5.3　Puff、Scale

为网页元素添加 Puff、Scale 效果行为，可使目标元素分别以膨胀变化、收缩等效果通过大小的变化实现在网页中的显示及隐藏效果。以添加 Puff 效果行为为例，具体操作步骤如下。

（1）选择菜单中的"窗口"→"行为"命令，打开"行为"面板。

（2）在面板中单击"添加行为"按钮 **+**，在弹出的菜单中选择"效果"→"Puff"命令，打开"Puff"对话框，如图 8-44 所示。

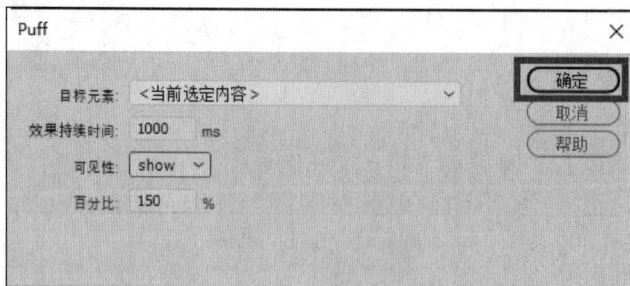

图 8-44　"Puff"对话框

在"Puff"对话框中，各选项的含义如下。

- 目标元素：选择要为其应用效果的网页元素 ID。
- 效果持续时间：定义此效果持续的时间，用毫秒（ms）表示。
- 可见性：选择应用效果后网页元素的状态。

- 百分比：定义元素大小变化程度。

（3）单击"确定"按钮后，在"行为"面板中对默认事件进行调整。

8.5.4　Bounce、Pulsate、Shake

为网页元素添加 Bounce、Pulsate、Shake 效果行为，可令目标元素在隐藏前或显示后分别执行跳动、悸动、摇动等效果。以 Bounce 为例，具体操作步骤如下。

（1）选择菜单中的"窗口"→"行为"命令，打开"行为"面板。

（2）在面板中单击"添加行为"按钮 **+**，在弹出的菜单中选择"效果"→"Bounce"命令，打开"Bounce"对话框，如图 8-45 所示。

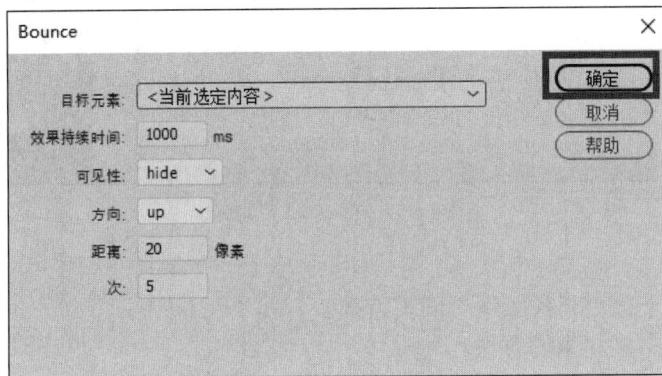

图 8-45　"Bounce"对话框

在"Bounce"对话框中，各选项的含义如下。

- 目标元素：选择要为其应用效果的网页元素 ID。
- 效果持续时间：定义此效果持续的时间，用毫秒（ms）表示。
- 可见性：选择应用效果后网页元素的状态。
- 方向：定义元素移动方向。
- 距离：定义元素跳动的幅度。
- 次：定义元素跳动的次数。

（3）单击"确定"按钮后，在"行为"面板中对默认事件进行调整。

【单元小结】

（1）编写脚本既复杂又专业，因此需要专门学习，虽然 Dreamweaver 提供的行为是基于 JavaScript 来实现动态网页和交互的，但无须书写任何代码。在可视化环境中只需插入几个按钮、选择几个命令就可以实现丰富的动态页面效果，实现人与页面的简单交互。

（2）在实际应用中，Dreamweaver 还提供了更多的行为，需要大家进一步了解，此外，还有很多技巧需要通过不断地实践和探索来掌握，以取得更好的效果，并使网页制作工作更上一个台阶。

【综合实训】制作"祥和家居"网页特效

本章主要讲述了利用行为制作特效网页，通过本章的学习，读者基本可以学会创建网页特效。

下面讲述制作"祥和家居"网页特效的相关内容，本实训完成后的效果如图 8-46 所示。

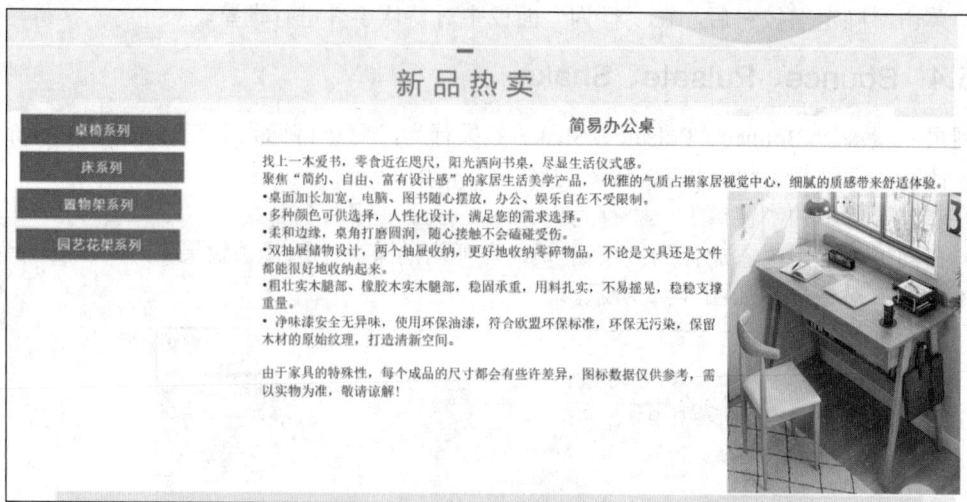

图 8-46 "祥和家居"网页特效

一、实训目的

本实训的目的为创建"祥和家居"网页特效。

（1）掌握设置状态栏文本的方法。

（2）掌握创建具有震动效果的网页的方法。

二、实训内容

完成本实训需要先设置状态栏文本，然后在行为中选择"效果"→"Shake"命令，具体实训内容如下。

1. 设置状态栏文本

设置状态栏文本的具体操作步骤如下。

（1）打开素材文件，单击文档窗口左下角的<body>标签，如图 8-47 所示。

（2）打开"行为"面板，单击"添加行为"按钮 ➕，在弹出的菜单中选择"设置文本"→"设置状态栏文本"命令，如图 8-48 所示。

图 8-47 打开素材文件

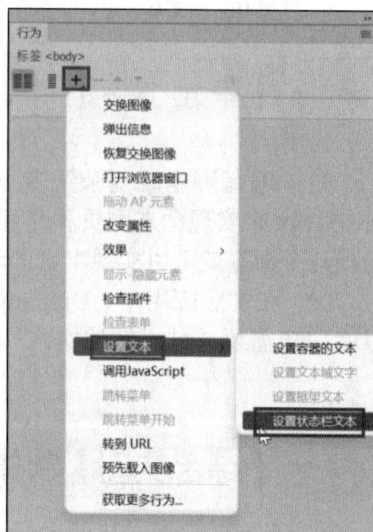

图 8-48 选择"设置状态栏文本"命令

（3）选择"设置状态栏文本"命令后，弹出"设置状态栏文本"对话框，在该对话框中的"消息"文本框中输入"欢迎光临祥和家居"，如图 8-49 所示。

（4）单击"确定"按钮，即可添加行为，将事件设置为 onMouseOver，如图 8-50 所示。

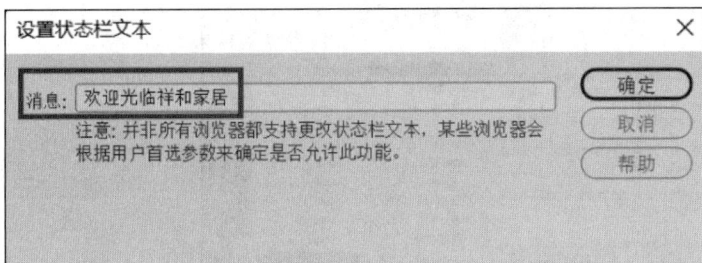

图 8-49　输入"欢迎光临祥和家居"

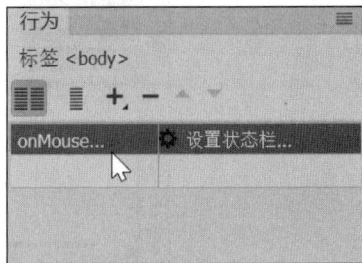

图 8-50　添加行为

2．设置震动特效

在本例中，需要在页面中插入一个图片，并使其在被单击后不停地震动，以提示用户单击，如图 8-51 所示，具体操作步骤如下。

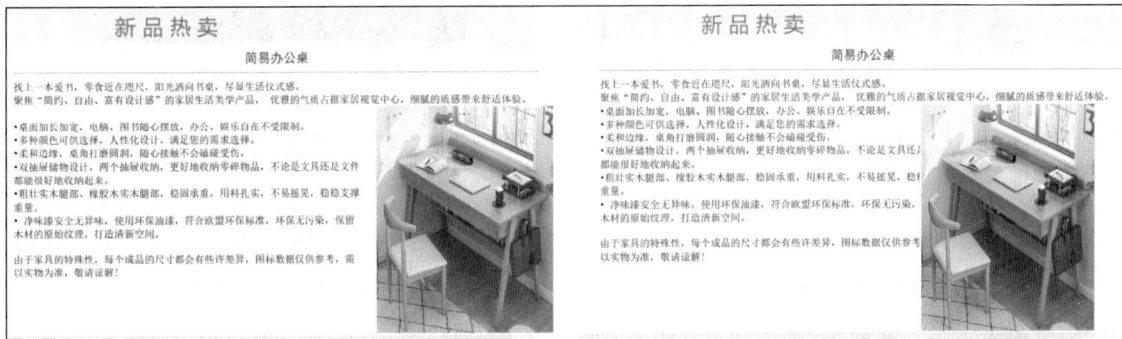

图 8-51　震动特效

（1）打开网页文档，选中插入的图像，在"属性"面板中将图像 ID 定义为 hao，设置如图 8-52 所示。

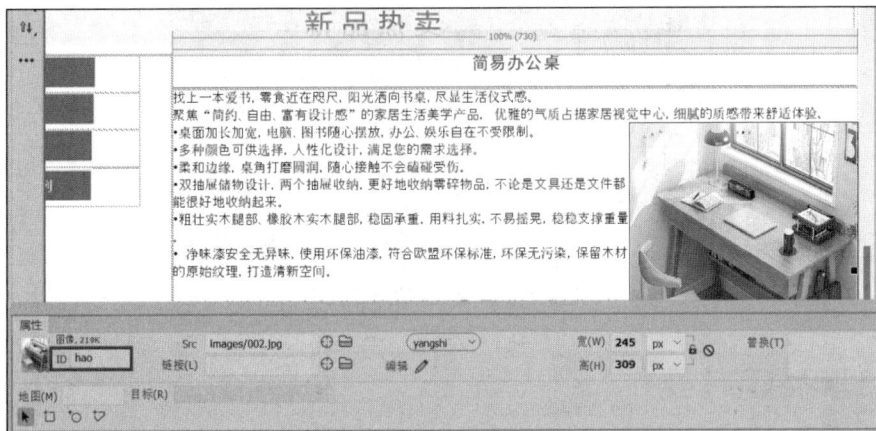

图 8-52　定义图像 ID 为 hao

（2）选中 ID 为 hao 的图像，选择菜单中的"窗口"→"行为"命令，打开"行为"面板，单击"添加行为"按钮 ，从弹出的菜单中选择"效果"→"Shake"命令，如图 8-53 所示。

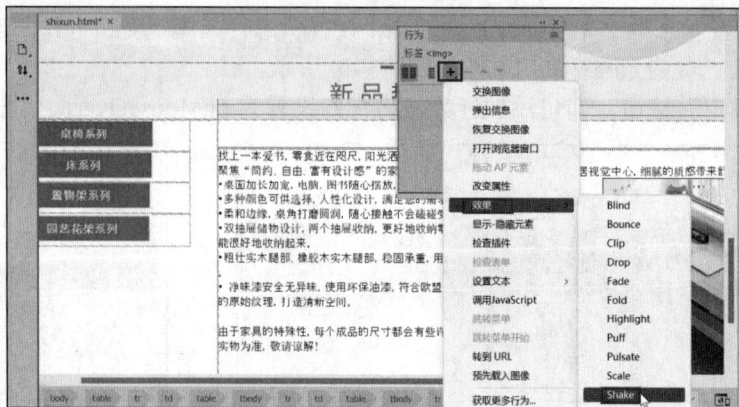

图 8-53 选择"效果"→"Shake"命令

（3）打开"Shake"对话框，设置"目标元素"为 img"hao"，效果持续时间为 2000ms，方向为 left，即定义目标对象为左震动，距离为 20 像素，次为 5，如图 8-54 所示。

（4）单击"确定"按钮，在"行为"面板中可以看到新增加的行为，如图 8-55 所示。

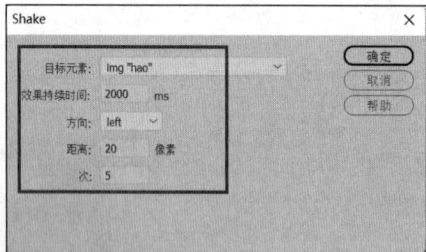

图 8-54 设置"Shake"对话框

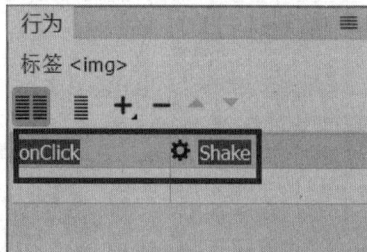

图 8-55 新增加的行为

（5）保存页面，此时 Dreamweaver 弹出"复制相关文件"对话框，以提示保存两个插件文件，单击"确定"按钮，如图 8-56 所示。

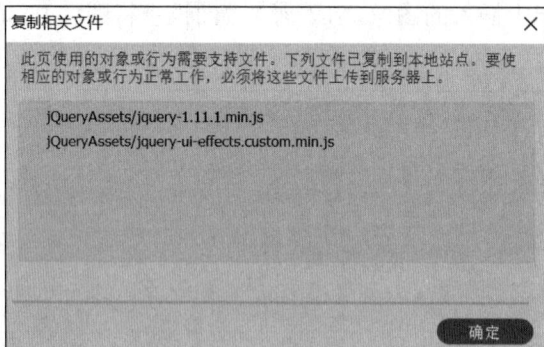

图 8-56 提示保存插件文件

【理论练习】

一、填空题

1. 行为由_____、_____、_____构成，当指定的事件被触发时，将运行相应的 JavaScript 程序，执行相应的动作。

2. _____是指最终需完成的动态效果，如交换图像、弹出信息、打开浏览器窗口及播放声音等。

3. _____动作用于在浏览器窗口底部左侧的状态栏中显示消息。

二、单选题

1. （　　）是触发动态效果的原因，它可以附加到各种页面元素上。

　　A．事件　　　　　　　B．动作　　　　　　　C．行为　　　　　　　D．对象

2. （　　）事件是选定的对象出现在浏览器上时发生的事件。

　　A．onMove　　　　　　B．onLoad　　　　　　C．onClick　　　　　　D．onUnLoad

3. （　　）动作可以转到特定的站点或者网页文档上。

　　A．打开浏览器窗口　　B．弹出消息　　　　　C．转到 URL　　　　　D．跳转菜单

三、简答题

1. 什么是对象、事件和动作？

2. 什么是"行为"面板？为网页元素添加行为的步骤有哪些？

3. 如何利用 JavaScript 实现关闭网页？

【实战演练】制作"宝盛首饰"网页特效

下面通过实战演练制作"宝盛首饰"网页特效，包括制作打开浏览器窗口网页和设置单击商品图片产生震动特效。"宝盛首饰"网页特效如图 8-57 所示。

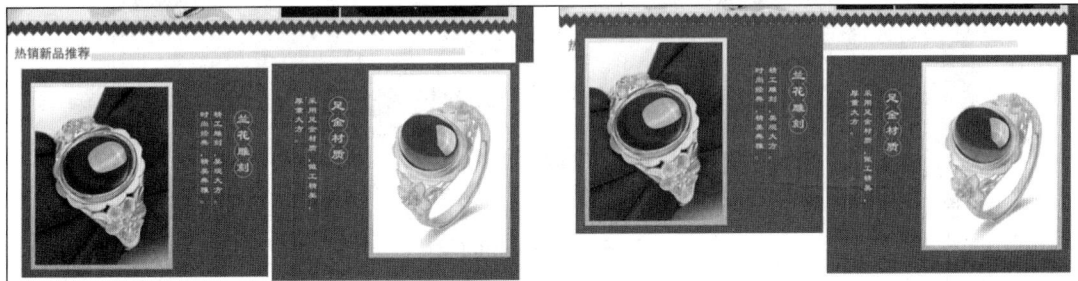

图 8-57　"宝盛首饰"网页特效

1. 制作打开浏览器窗口网页

"打开浏览器窗口"对话框的相关设置如图 8-58 所示。

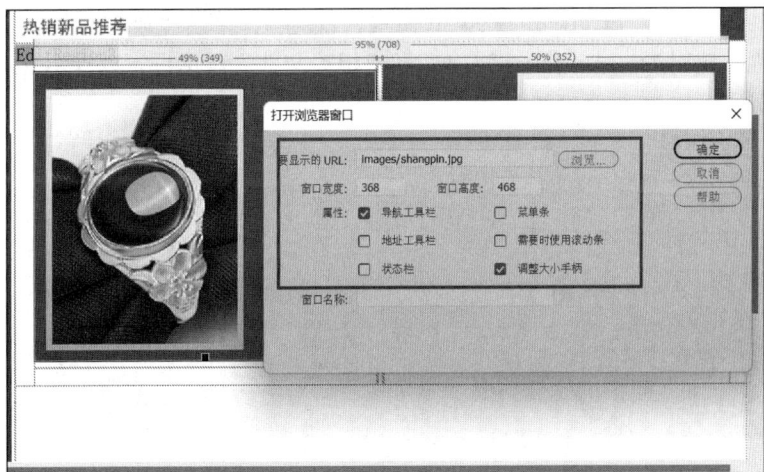

图 8-58　"打开浏览器窗口"对话框的相关设置

（1）打开素材文件，单击文档窗口左下角的<body>标签，打开"行为"面板，单击"添加行为"按钮**＋**，在弹出的菜单中选择"打开浏览器窗口"命令。

（2）弹出"打开浏览器窗口"对话框，在该对话框中单击"要显示的 URL"文本框右边的"浏览"按钮，弹出"选择文件"对话框，在该对话框中选择文件 shangpin.jpg,单击"确定"按钮，添加文件。

（3）在"打开浏览器窗口"对话框中将"窗口宽度"设置为 368，"窗口高度"设置为 468，勾选"调整大小手柄"和"导航工具栏"复选框，单击"确定"按钮，即可添加"打开浏览器窗口"行为。

2. 设置震动特效

震动特效的相关设置如图 8-59 所示。

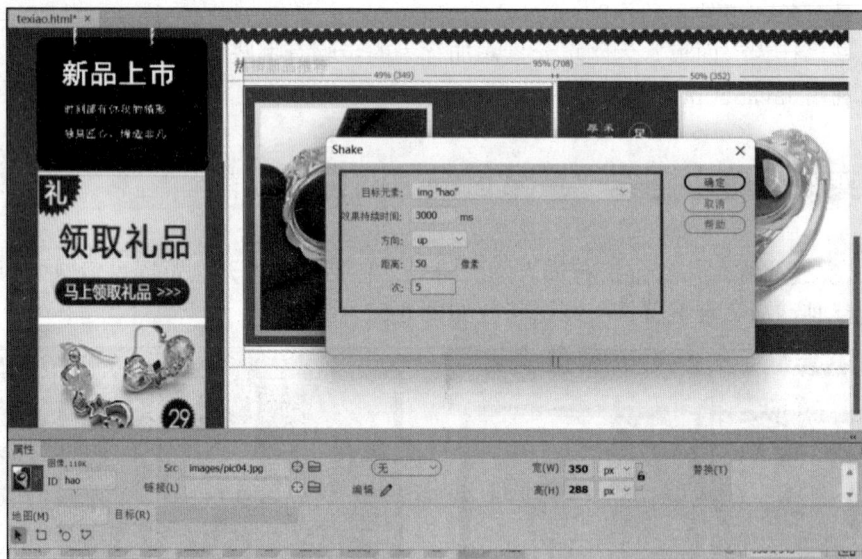

图 8-59　震动特效的相关设置

（1）打开网页文档，选中插入的图像，在"属性"面板中为图像定义 ID 为 hao，选中 ID 为 hao 的图像，选择菜单中的"图像"→"行为"命令，打开"行为"面板，单击"添加行为"按钮**＋**，从弹出的菜单中选择"效果"→"Shake"命令。

（2）打开"Shake"对话框，设置"目标元素"为 img"hao"，效果持续时间为 3000ms，方向为 up，即定义目标对象为左震动，距离为 50 像素，次为 5，单击"确定"按钮，即可添加行为。

（3）保存页面，此时 Dreamweaver 弹出"复制相关文件"对话框，以提示保存两个插件文件，单击"确定"按钮。

9 Chapter

第 9 章
使用 JavaScript 制作交互页面

无论是个人计算机（Personal Computer，PC）端网站还是移动端网站，都需要跟用户交互。这种交互通常是通过 JavaScript 实现的。JavaScript 是网页中广泛使用的一种脚本语言，使用 JavaScript 可以制作出网页中大多数的特殊效果。对于初学者而言，直接编写 JavaScript 代码比较困难，Dreamweaver 为用户提供了 jQuery 元素，便于没有编程基础的用户使用。本章将通过制作电子商务网站中的交互特效，介绍 JavaScript 基本语法、JavaScript 和 jQuery 的使用方法等内容。

学习目标

- [ ] 了解 JavaScript。
- [ ] 熟悉 JavaScript 基本语法。
- [ ] 掌握 JavaScript 的事件。
- [ ] 掌握 JavaScript 对象的声明和引用的方法。
- [ ] 掌握使用 JavaScript 制作网页特效的方法。
- [ ] 熟悉使用 jQuery 制作网页特效的方法。

9.1　JavaScript 简介

　　JavaScript 仅仅是一种嵌入 HTML 文件的描述性语言，它并不编译产生机器代码，只是由浏览器的解释器将其动态地处理成可执行的代码。

　　JavaScript 是一种解释型的、基于对象的脚本语言。与 C++这样成熟的面向对象的语言相比，JavaScript 的功能要弱一些，但对于它的预期用途而言，JavaScript 的功能已经足够强大了。JavaScript 是一种宽松类型的语言，宽松类型意味着不必显式定义变量的数据类型。事实上JavaScript 甚至无法明确地定义数据类型。此外，在大多数情况下，JavaScript 会根据需要自动进行转换。

　　JavaScript 具有以下特点。
- JavaScript 是一种脚本语言，采用小程序段的方式实现编程，开发过程非常简单。
- JavaScript 是一种基于对象的语言，它能运用已经创建的对象。
- JavaScript 是一种基于 Java 基本语句和控制流的简单而紧凑的设计语言，它的变量类型采用弱类型，并未使用严格的数据类型。
- JavaScript 是动态的，它可以直接对用户或客户的输入做出响应，无须经过 Web 服务程序。
- JavaScript 是一种安全性语言，它不允许访问本地硬盘，并且不能将数据存入服务器，不允许对网络文档进行修改和删除，只能通过浏览器实现信息浏览或动态交互，从而有效防止数据丢失。
- JavaScript 具有跨平台性，依赖于浏览器本身，与操作环境无关。

9.2　JavaScript 基本语法

　　JavaScript 有自己的常量、变量、基本语句等，下面一一进行介绍。

9.2.1　常量和变量

　　在 JavaScript 中数据可以是常量或者变量。

9.1　JavaScript
基本语法

1. 常量

　　常量的值是不能改变的，常量有以下几种类型。
- 整型常量：整型常量可以使用十六进制、八进制和十进制表示其值。
- 实型常量：实型常量由整数部分与小数部分组成，如 5.2、14.1；也可以使用科学记数法或标准方法表示，如 5E7、4e5 等。
- 布尔常量：布尔值只有两种，即 true 和 false。
- 字符型常量：字符型常量是使用单引号或双引号标识的一个或几个字符。
- 空值：JavaScript 中有一个空值 null，表示什么也没有。
- 特殊字符：特殊字符以反斜杠（/）开头，表示不可显示。

2. 变量

　　变量值在程序运行期间是可以改变的，它主要作为数据的存取容器。在使用变量时，最好对其进行声明。虽然在 JavaScript 中并不要求一定要对变量进行声明，但为了不混淆，还是要养成声明变量的习惯。变量的声明主要是指明确变量的名字、变量的类型和变量的作用域。

变量名是可以随意取的，但要注意以下几点。

- 变量名只能由字母、数字和下画线 "_" 组成，以字母开头，除此之外不能有空格和其他符号。
- 变量名不能使用 JavaScript 中的关键字，所谓关键字，就是 JavaScript 中已经定义好并有一定用途的字符，如 int、true 等。
- 在对变量命名时，最好把变量的意义与其代表的意思对应起来，以免出现错误。

在 JavaScript 中声明变量使用 var 关键字，代码如下所示。

```
var city1
```

此处定义了一个名为 city1 的变量。

定义变量后要对其赋值，也就是向变量中存储一个值，这需要利用赋值符 "＝" 完成，代码如下所示。

```
var city1=100;
var city2=北京;
var city3=true;
var city4=null;
```

上面分别声明了 4 个变量，并同时为它们赋予了值。变量的类型由数据的类型确定。例如，在上面定义的变量中，将变量 city1 赋值为 100，那么 100 为数值，该变量是数值变量。将变量 city2 赋值为 "北京"，那么 "北京" 为字符串，该变量是字符型变量。将变量 city3 赋值为 true，那么 true 为布尔常量，该变量是布尔型变量，布尔型的数据类型一般使用 true 或 false 表示。将变量 city4 赋值为 null，null 表示空值，即什么也没有。

变量有一定的作用范围，在 JavaScript 中有全局变量和局部变量。全局变量定义在所有函数体之外，其作用范围是整个函数；局部变量定义在函数体之内，只对该函数是可见的，对其他函数是不可见的。

9.2.2 基本语句

在 JavaScript 中主要有两种基本语句：一种是循环语句，如 for、while；另一种是条件语句，如 if 等。另外还有一些其他的程序控制语句，下面详细介绍基本语句的使用。

1. if...else 语句

if ...else 语句是 JavaScript 中最基本的控制语句，通过它可以改变语句的执行顺序。

基本语法：

```
if(条件)
{执行语句1}
else
{执行语句2}
```

说明：

当表达式的值为 true 时，执行语句 1，否则执行语句 2。若 if 后有多行语句，则将语句放在花括号{}内通常是一个好习惯，这样更清楚，并可以避免无意中造成错误。

实例：

```
<script language="javascript">
for(a=10;a<=15;a++)
if(a%2==0)    // 使用 if 语句来控制图像的交替显示
document.write("<img src=tu1.jpg width=",a,"% height=",3*a,"%>");
else
document.write("<img src=tu2.jpg width=",a,"% height=",2*a,"%>");
</script>
```

代码中使用了 if...else 语句。在语句 if(a%2==0)中，％为取模运算符，该表达式的意思就是求变量 a 对常量 2 的模，如果能除尽，就显示图像 tu1.jpg，如果不能除尽，则显示图像 tu2.jpg。同时，变量 a 的值从 10 到 15 递增，这样就能使图像不断交替显示，并使图像的宽度和高度不断变化，如图 9-1 所示。

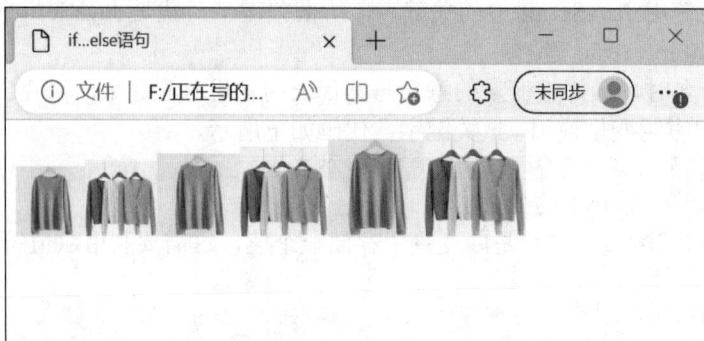

图 9-1　使用 if...else 语句后的效果

2. for 语句

for 语句的作用是重复执行语句，直到循环条件为 false 为止。

基本语法：

```
for（初始化；条件；增量）
{语句集；……}
```

说明：

初始化用于定义循环的开始位置，必须赋予变量初值；条件用于判断循环停止时的条件，若条件满足，则执行循环体，否则跳出循环；增量主要用于定义循环控制变量在每次循环时按什么方式变化。3 个主要语句必须使用分号（;）分隔。

实例：

```
<script language="javascript">
for(a=1;a<=7;a++)
document.write("<font size="+a+">for 语句举例说明<br></font size="+a+">");
</script>
```

这段代码使用了 for 语句，首先给变量 a 赋值 1，接着执行"a++"，使变量 a 加 1，即 a=a+1，这时变量 a 的值变为 2，再判断是否满足条件 a<=7，继续执行语句，直到 a 的值变为 7，这时结束循环，可以看到效果如图 9-2 所示。

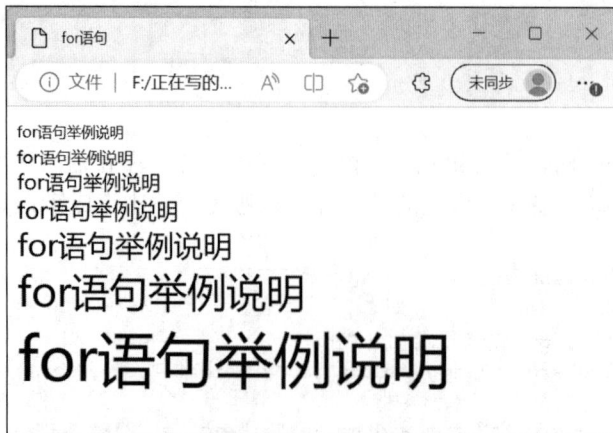

图 9-2　使用 for 语句后的效果

3. switch 语句

switch 语句是多分支选择语句，到底执行哪一个语句块，取决于表达式的值与常量表达式相匹配的那一个分支。不同于 if...else 语句，它的所有分支都是并列的。程序执行时，从第 1 个分支开始查找，如果相匹配，则执行对应的语句块，接着执行第 2 个分支、第 3 个分支……如果不匹配，则判断下一个分支是否匹配。

基本语法：

```
switch()
{case 条件 1:语句块 1
case 条件 2:语句块 2
……
default
语句块 N}
```

说明：

当判断条件比较多时，为了使程序更加清晰，可以使用 switch 语句。使用 switch 语句时，表达式的值将与每个 case 语句中的常量比较，如果相匹配，则执行该 case 语句后的代码；如果没有一个 case 语句的常量与表达式的值相匹配，则执行 default 语句。当然，default 语句是可选的。如果没有相匹配的 case 语句，也没有 default 语句，则什么也不执行。

实例：

```
<body>
<p>单击下面的按钮来显示今天是星期几：</p>
<button onclick="myFunction()">单击这里</button>
<p id="demo"></p>
<script>
function myFunction(){var x;
    var d=new Date().getDay();
    switch (d){case 0:x="今天是星期日"; break;
        case 1:x="今天是星期一";    break;
        case 2:x="今天是星期二";    break;
        case 3:x="今天是星期三";     break;
        case 4:x="今天是星期四";     break;
        case 5:x="今天是星期五";    break;
        case 6:x="今天是星期六";     break;}
    document.getElementById("demo").innerHTML=x;}
</script>
</body>
```

加粗部分的代码使用了 switch 语句，首先设置表达式 d，随后表达式的值会与结构中的每个 case 语句的值比较。如果匹配，则与该 case 语句关联的代码块会被执行。使用 break 来阻止代码自动向下一个 case 语句执行，可以看到效果如图 9-3 所示。

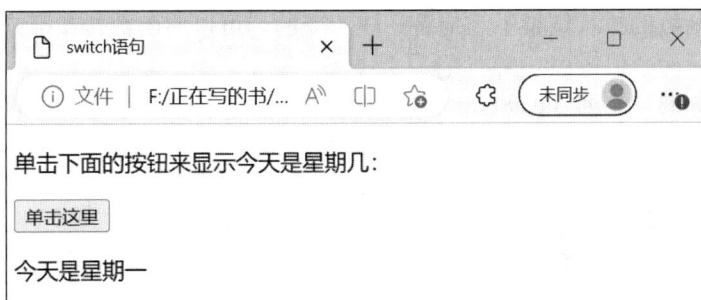

图 9-3　使用 switch 语句后的效果

4. while 语句

while 语句与 for 语句一样，当条件为真时，重复循环，否则退出循环。

基本语法：

```
while（条件）{语句集; ……}
```

说明：

在 while 语句中，只有一个条件语句，当条件不符合时就跳出循环。

实例：

```
<script language="javascript">
var a=1
while(a<=5)
{document.write("<h",a,">while 语句举例说明</h",a,">");a++;}
</script>
```

这段代码使用了 while 语句，在 HTML 部分已经介绍了标题标签<h>，它共分为 6 个层次，这里采用 while 语句控制<h>标签依次显示。首先声明变量 a，然后在 while 语句中设置变量 a 的最大值。由于在前面声明变量时已经将变量 a 的值赋为 1，因此在第 1 次判断时满足条件，执行花括号中的语句。在这里，将变量 a 的最大值设为 5。

如此循环下去直到变量值为 6，这时已不满足条件，从而结束循环，因此在图 9-4 中只能看到 5 种层次的标题。

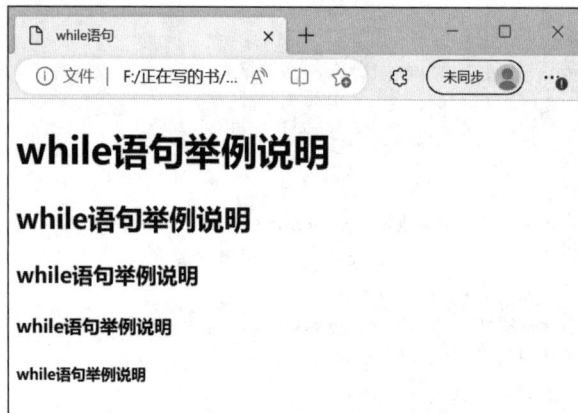

图 9-4　使用 while 语句后的效果

9.2.3 函数

JavaScript 中的函数是可以完成某种特定功能的一系列代码的集合，在函数被调用前，函数体内的代码并不执行，即独立于主程序。编写主程序时，不需要知道函数体内的代码如何编写，只需要知道如何使用函数即可。可把程序中的大部分功能拆解成一个个函数，使程序代码结构清晰，易于理解和维护。函数的执行结果不一定是一成不变的，可以向函数传参数来解决不同情况下的问题，函数也可返回一个值。

函数是拥有名称的一系列 JavaScript 语句的有效组合。只要这个函数被调用，就意味着这一系列 JavaScript 语句被按顺序解释执行。一个函数可以有自己的参数，并可以在函数内使用参数。

基本语法：

```
function 函数名（参数表）
{函数执行部分}
```

说明：

在这一语法中，函数名可包含字母、数字、下画线。参数表中为传递给函数使用或操作的值，其值可以是常量、变量或其他表达式。

可以用 function 关键字定义一个函数，并为每个函数指定一个函数名称，通过函数名称来调用。在解释执行 JavaScript 时，函数都被维护为一个对象。

实例：

```
<!doctype html>
<html>
<script type="text/javascript">
function displaymessage()
{alert("欢迎你！");}
</script>
</head>
<body>
<form>
<input type="button" value="单击弹出对话框" onClick="displaymessage()" />
</form>
</body>
</html>
```

这段代码首先在 JavaScript 内建立一个 displaymessage()显示函数，然后在正文文档中插入一个按钮，单击按钮时，弹出显示"欢迎你！"的对话框。运行代码后，在浏览器中的预览效果如图 9-5 所示。

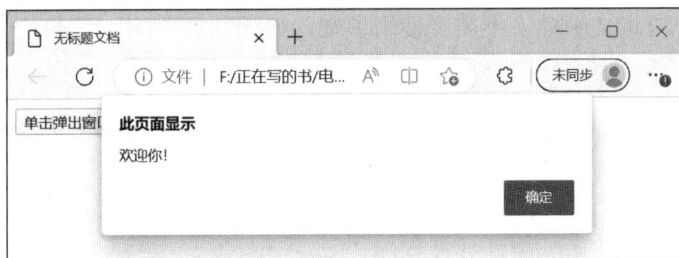

图 9-5　显示函数

9.3　JavaScript 的事件

JavaScript 是基于对象的语言，它的一个最基本的特征，就是采用事件驱动。事件是可以被 JavaScript 监测到的行为。网页中的每个元素都可以产生某些可以触发 JavaScript 函数的事件。

9.3.1　事件与事件驱动

JavaScript 事件可以分为下面几种类别，最常用的类别是鼠标交互事件，然后是键盘和表单事件。以鼠标交互事件为例，在事件驱动中，用户可以使用单击等方式进行操作，程序则根据鼠标指针的位置以及单击的方式进行响应。JavaScript 使用的就是这种事件驱动的程序设计方式。

在 JavaScript 中，事件（Event）包括以下两种。

- 用户在浏览器中执行的操作是事件，如单击、按键盘上的键等。
- 文档本身产生的事件，如文档加载完毕、卸载文档等。

指定事件处理程序有 3 种方法。

1．直接在 HTML 标签中指定

直接在 HTML 标签中指定事件处理程序的语法如下。

```
<标签 ... 事件="事件处理程序" [事件="事件处理程序" ...]>
```

例如：

```
<body ... onload="alert('网页读取完成！')" onunload="alert('欢迎浏览！')">
```

使用这种方法定义的<body>标签，能使文档在读取完毕时弹出一个对话框，显示"网页读取完成！"；在用户退出文档（或者关闭窗口，或者跳转到另一个页面）时弹出显示"欢迎浏览！"的对话框。

2. 编写特定对象、特定事件的 JavaScript 代码

编写特定对象、特定事件的 JavaScript 代码语法如下。

```
<script language="javascript" for="对象" event="事件">
...
(事件处理程序代码)
...
</script>
<script language="JavaScript" for="window" event="onload">
alert('网页读取完成！');
</script>
```

3. 在 JavaScript 代码中说明

在 JavaScript 代码中说明事件处理程序的语法如下。

```
<事件主角-对象>.<事件> = <事件处理程序>;
```

使用这种方法要注意的是，"事件处理程序"是真正的代码，而不是字符串形式的代码。如果事件处理程序是一个自定义函数，不需要使用参数，就无须加"()"。

```
function ignoreError() {return true;}
window.onerror = ignoreError; // 没有使用"()"
```

这个例子将 ignoreError() 函数定义为 Window 对象的 onerror 事件的处理程序。它的作用是忽略该 Window 对象下的任何错误。

在 JavaScript 中对象事件的处理通常由函数（function）负责。其基本格式与函数完全一样，可以将前面介绍的所有函数作为事件处理程序。

格式如下。

```
function 事件处理名（参数表）{
事件处理语句集；……}
```

下面的程序是一个自动装载和自动卸载的实例，即当装入 HTML 文档时调用 loadform()函数，退出该文档进入另一 HTML 文档时则调用 unloadform()函数，在确认后方可进入。

实例：

```
<!doctype html>
<html>
<head>
<meta charset="utf-8">
<title>无标题文档</title>
<script language="JavaScript">
<!--function loadform(){alert("自动装载!");}
function unloadform(){alert("自动卸载!");}//-->
</script>
</head>
<body>
<body onLoad="loadform()" OnUnload="unloadform()">
<a href="test.htm">调用</a>
</body>
</html>
```

运行代码后的效果如图 9-6 所示。

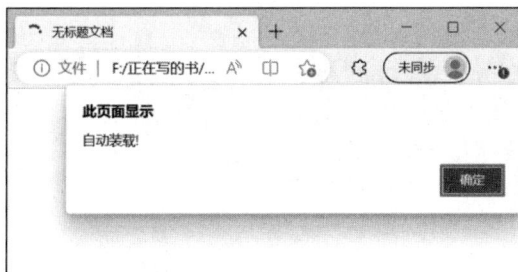

图 9-6　执行事件处理代码后的效果

9.3.2　调用函数的事件

Web 浏览器中的 JavaScript 实现允许我们定义响应用户事件（通常是鼠标交互或者键盘事件）所执行的代码。在支持 AJAX 的现代浏览器中，这些事件处理函数可以设置到大多数可视元素上。可以使用事件处理函数将可视用户界面（即视图）与业务对象模型相连接。

传统的事件模型在 JavaScript 诞生之初就存在了，它是相当简单和直接的。文档对象模型（Document Object Model，DOM）元素有几个预先定义的属性，可以赋值为回调函数。

首先定义函数：

```
function Hanshu()
{  //函数体}
```

这样就定义了一个名为 Hanshu 的函数，现在尝试调用这个函数。调用的方法其实很简单，只需为函数名称加上括号，即：

```
Hanshu();
```

这样就调用了这个函数。

实例：

```
<!doctype html>
<meta charset="utf-8">
<script>
function showname(name)
{document.write("我是"+name);}
showname("雨轩"); //函数调用
</script>
</html>
```

本例中的 function showName(name)为函数定义，其中括号内的 name 是函数的形式参数，这一点与 C 语言中的函数是完全相同的，showname（"雨轩"）是对函数的调用，用于实现需要的功能，运行代码后的效果如图 9-7 所示。

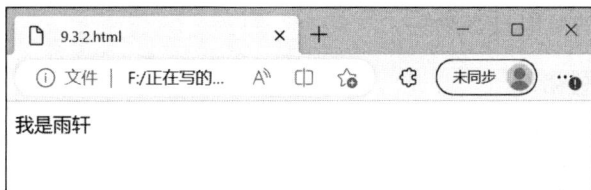

图 9-7　调用函数

9.3.3　调用代码的事件

JavaScript 的出现给静态的 HTML 网页带来很大的变化。JavaScript 增加了 HTML 网页的互动性，可以在浏览器端实现一系列动态的功能。

实例：

```
<!doctype html>
<html>
<head>
<meta charset="utf-8">
<title>无标题文档</title>
<script language="javascript">
 function test()
 { alert("调用代码的事件");}
</script>
</head>
<body onLoad="test()" >
<form action="" method="post">
<input type="button" value="单机测试" onclick="test()">
</form>
</body>
</html>
```

本例中的 function test()为函数定义，利用 alert("调用代码的事件")显示文字，运行代码后的效果如图 9-8 所示。

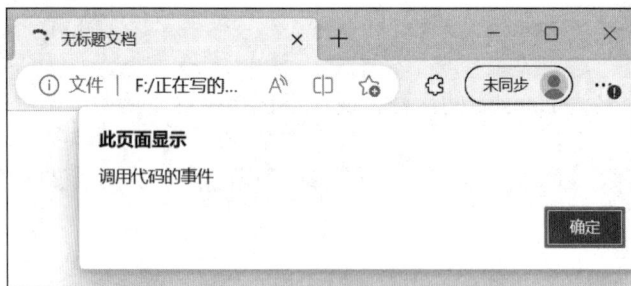

图 9-8　运行代码后的效果

9.4　JavaScript 对象的声明和引用

每个对象都有自己的属性、方法和事件。对象的属性用于反映该对象的某些特定性质，如字符串的长度、图像的长宽、文本框中的文字等；对象的方法能对该对象执行某些操作，如表单的"提交"（Submit）、窗口的"滚动"（Scrolling）等；对象的事件能响应发生在对象上的事件，如表单提交产生的"提交事件"、单击链接产生的"单击事件"。不是所有对象都具备以上 3 个性质，有些对象没有事件，有些可能只有属性。

9.4.1　声明和实例化

在定义类时，只是通知编译器需要准备多大的内存空间，并没有为它分配内存空间。只有在用类创建对象后，才会真正占用内存空间。

1．声明对象

对象的声明和基本数据类型的声明在形式上相同。对象名也是用户标识符，和基本类型的变量遵循同样的命名规则和使用规则。声明一个变量时，并不会为其分配一个完整的对象所需的内存空间，只是将对象名代表的变量看成一个引用变量，并为它分配所需的内存空间，它占用的空间远远小于一个类的对象占用的空间。

2. 实例化对象

用 new 关键字创建一个新对象，即进行实例化。实例化的过程就是为对象分配内存空间的过程，此时，对象才成为类的实例。new 执行的具体操作是调用相应类中的构造方法（包括祖先类的构造方法），来完成内存分配，以及变量的初始化工作，然后将分配的内存地址返回给定义的变量。

例如，要创建一个 student（学生）对象，每个对象又有属性 name（姓名）、address（地址）、phone（电话），则在 JavaScript 中可使用自定义对象。下面分步进行讲解。

（1）首先定义一个函数来构造新的对象 student，这个函数为对象的构造函数。

```
function student(name,address,phone)              //定义构造函数
{    this.name=name;                              //初始化姓名属性
     this.address=address;                        //初始化地址属性
     this.phone=phone;  }                         //初始化电话属性
```

（2）在 student 对象中定义一个 printstudent()方法，用于输出学生信息。

```
function printstudent()                           //定义 printstudent()函数
{    line1="name:"+this.name+"<br>\n";            //读取姓名信息
     line2="address:"+this.address+"<br>\n";      //读取地址信息
     line3="phone:"+this.phone+"<br>\n"           //读取电话信息
     document.writeln(line1,line2,line3);}        //输出学生信息
```

（3）修改 student 对象，在 student 对象中引用 printstudent()函数。

```
function student(name,address,phone)              //构造函数
{    this.name=name;                              //初始化姓名属性
     this.address=address;                        //初始化地址属性
     this.phone=phone;                            //初始化电话属性
     this.printstudent=printstudent; }            //定义 printstudent 对象
```

（4）实例化一个 student 对象并使用。

```
tom=new student("轩轩","新华路156号","010-00000000"; //创建轩轩的信息
tom.printstudent()                                //输出轩轩的信息
```

分步讲解是为了更好地说明一个对象的创建过程，但真正的应用开发要一气呵成、灵活设计。
实例：

```
<!doctype html>
<html>
<head>
<meta charset="utf-8">
<title>无标题文档</title>
</head>
<script language="javascript">
function student(name,address,phone)
{ this.name=name;                                 //初始化学生信息
    this.address=address;
    this.phone=phone;
    this.printstudent=function()                  //定义 printstudent()函数
    {   line1="姓名: "+this.name+"<br>\n"; //输出学生信息
        line2="地址: "+this.address+"<br>\n";
        line3="电话: "+this.phone+"<br>\n"
        document.writeln(line1,line2,line3);}  }
Tom=new student("轩轩","新华路156号","010-00000000");//创建轩轩的信息
Tom.printstudent()                                //输出学生信息
</script>
```

该代码用于声明和实例化一个对象。首先使用 function student()定义一个对象类构造函数 student，包含 3 个属性，即学生信息包含 3 项，分别为姓名、地址和电话。倒数第三行和倒数第

二行创建一个学生对象并输出其中的信息。this 关键字表示当前对象，即由函数创建的对象。运行代码后在浏览器中的预览效果如图 9-9 所示。

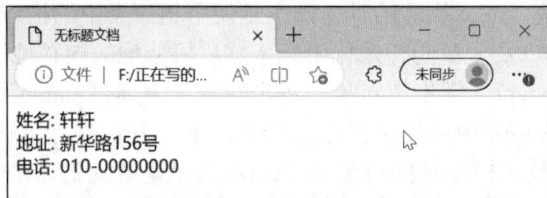

图 9-9　预览效果

9.4.2　对象的引用

JavaScript 为我们提供了一些非常有用的常用内部对象和方法，用户不需要用脚本来实现这些功能，这正是基于对象编程的真正目的。

对象的引用其实就是指引用对象的地址，通过这个地址可以找到对象的所在。对象的来源有如下几种方式。一旦取得它的引用即可对它进行操作，如调用对象的方法、读取或设置对象的属性等。

- 引用 JavaScript 内部对象。
- 由浏览器环境提供。
- 创建新对象。

也就是说一个对象在被引用之前，这个对象必须存在，否则引用将毫无意义，从而出现错误信息。从上面的对象来源可以看出，JavaScript 引用对象可通过 3 种方式获取，即要么创建新的对象，要么利用现存的对象。

实例：

```
<script language="javascript">
var date;                        //声明变量
date=new date();                 //创建日期对象
date=date.toLocaleString( );     //根据本地时间把 Date 对象转换为字符串
alert( date );                   //输出日期
</script>
```

这里的变量 date 引用了一个日期对象，使用 date=date.toLocaleString( )通过 date 变量调用日期对象的 toLocaleString()方法，将日期信息以一个字符串对象的引用返回，此时 date 的引用已经发生了改变，即指向一个 string 对象。运行代码后在浏览器中的预览效果如图 9-10 所示。

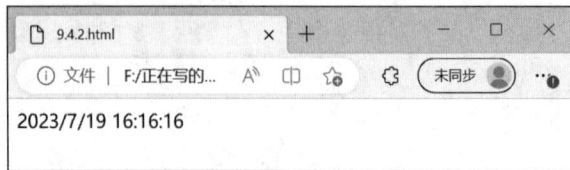

2023/7/19 16:16:16

图 9-10　对象的引用

9.5　使用 JavaScript 制作网页特效

通过网页特效制作的实例，读者可以快速掌握使用 JavaScript 制作网页特效的知识，能在较短的时间内掌握 JavaScript 程序设计的方法和技巧，能够快速独立地制作能提供友好的用户体验的网页特效。

9.5.1　制作欢迎提示信息

当加载网页文档时，会触发 onLoad 事件。onLoad 事件的作用是在首次载入一个页面文件时检测 cookie 的值，并定义一个变量为其赋值，使其可以被源代码使用。下面使用 onLoad 事件制作欢迎提示信息，具体操作步骤如下。

（1）使用 Dreamweaver 打开网页文档，如图 9-11 所示。

图 9-11　打开网页文档

（2）打开"拆分"视图，在<head>和</head >之间输入以下代码，如图 9-12 所示。

```
<script type="text/javascript">
<!--
function MM_popupMsg(msg) { //v1.0
    alert(msg);
}
//-->
</script>
```

图 9-12　在<head>和</head >之间输入代码

（3）在<body>和</body>之间输入如下代码，用于设置 onLoad 事件，如图 9-13 所示。

```
<body onLoad="MM_popupmsg('欢迎光临女装新品专区！')">
```

图 9-13　在<body>和</body>之间输入代码

（4）保存网页，在浏览器中预览时，自动弹出提示对话框，如图 9-14 所示。

图 9-14　欢迎提示信息

9.5.2　禁止鼠标右键

在一些网页上，当用户单击鼠标右键时会弹出警告对话框或者直接没有任何反应。禁止鼠标右击的具体操作步骤如下。

（1）使用 Dreamweaver 打开网页文档，如图 9-15 所示。

（2）打开"拆分"视图，在<head>和</head >之间输入以下代码，如图 9-16 所示。

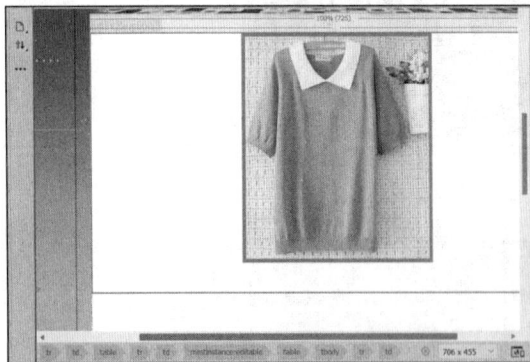

图 9-15　打开网页文档

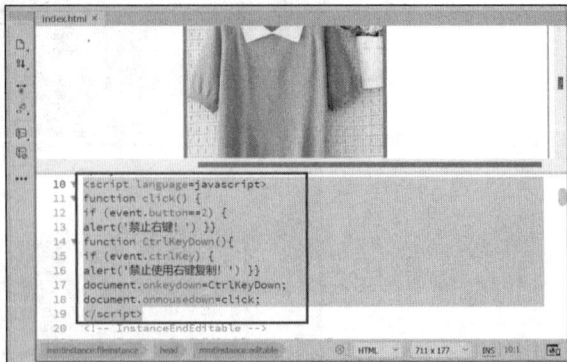

图 9-16　在<head>和</head >之间输入代码

```
<script language=javascript>
function click() {if (event.button==2) {
```

```
    alert('禁止右键！') }}
function CtrlKeyDown(){
    if (event.ctrlKey) {alert('禁止使用右键复制！') }}
document.onkeydown=CtrlKeyDown;
document.onmousedown=click;
</script>
```

（3）保存文档，在浏览器中预览效果，如图 9-17 所示。

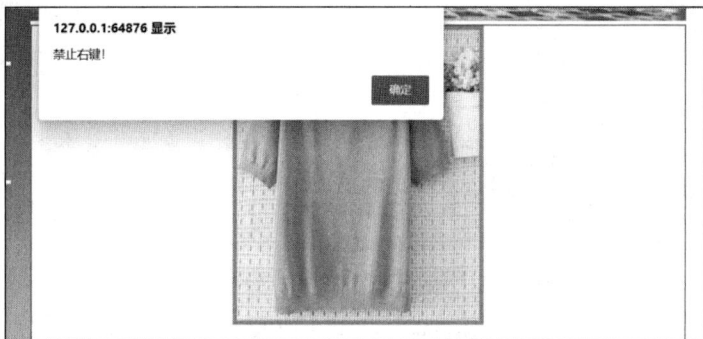

图 9-17　禁止鼠标右键效果

9.6　使用 jQuery 制作网页特效

有时网页设计人员仅仅为了实现一个渐变的动画效果而不得不把 JavaScript 重新学习一遍，然后编写大量代码。jQuery 的出现，让网页设计人员从一大堆烦琐的 JavaScript 代码中解脱，可以轻松制作网页特效。

9.6.1　使用 Tabs 制作选项卡

在制作网页时我们经常需要制作选项卡，如果不熟悉 JavaScript 技术就很难完成，其实 Dreamweaver 提供了一个不错的选项卡制作功能，即使用 spry 制作选项卡。本小节将在页面中插入一个 Tab 选项卡，并设计一个登录表单的切换版面，当鼠标指针经过选项卡时，会自动切换成表单面板，具体操作步骤如下。

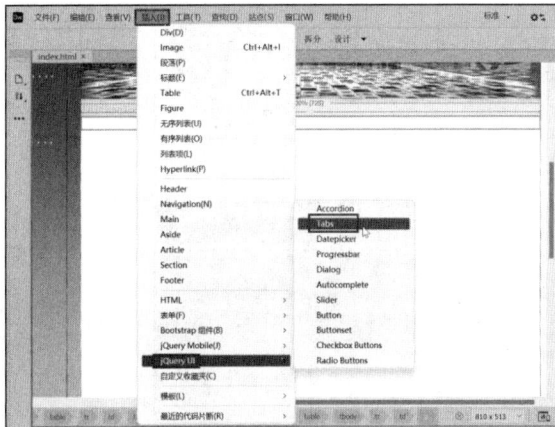

9.3　使用 Tabs
制作选项卡

（1）启动 Dreamweaver，打开网页文件，然后选择菜单中的"插入"→"jQuery UI"→"Tabs"命令，如图 9-18 所示，在页面中插入 Tab 面板，如图 9-19 所示。

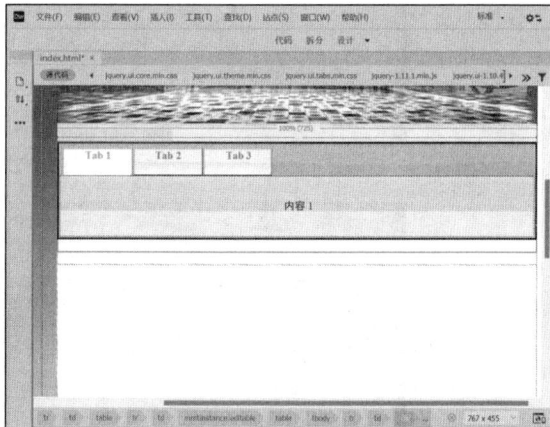

图 9-18　选择"插入"→"jQuery UI"→"Tabs"命令

图 9-19　在页面中插入 Tab 面板

（2）单击选中 Tab 面板，可以在"属性"面板中设置选项卡的相关属性，同时可以修改标题名称，如图 9-20 所示。

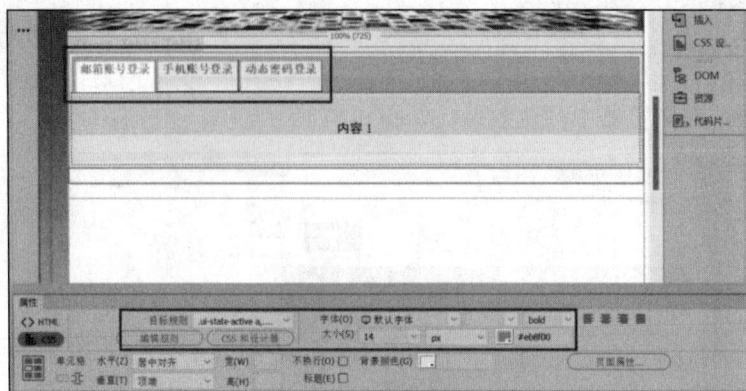

图 9-20　设置选项卡的相关属性并修改标题名称

（3）设置完成后，保存文档，Dreamweaver 弹出"复制相关文件"对话框，要求保存相关的技术支持文件，如图 9-21 所示，单击"确定"按钮关闭该对话框。

（4）在内容框中分别输入内容，再插入一个表单，如图 9-22 所示。

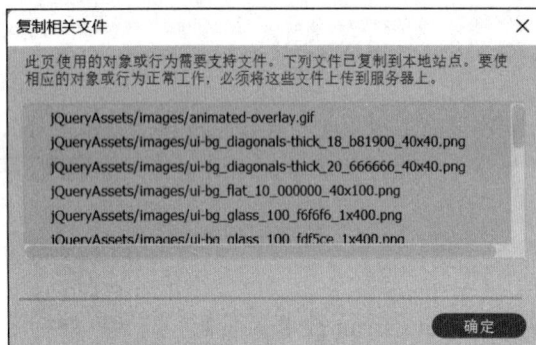

图 9-21　保存相关的技术支持文件

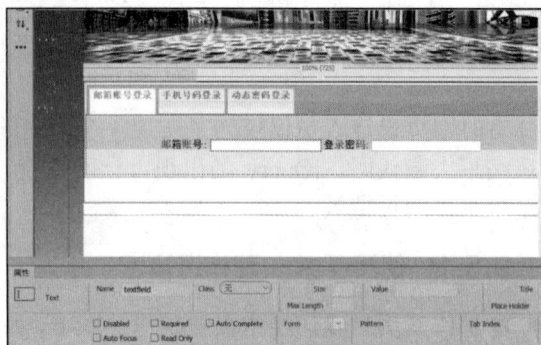

图 9-22　插入表单

（5）最终的实例效果如图 9-23 和图 9-24 所示。

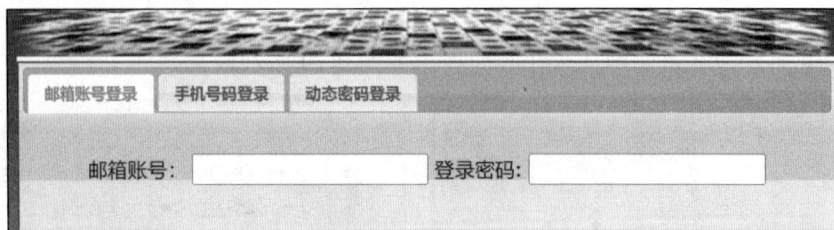

图 9-23　选项卡 1

图 9-24　选项卡 2

9.6.2 使用 Accordion 制作折叠面板

jQuery Accordion 用于制作折叠面板，在同一时刻只能有一个内容框被打开，每个内容框都有一个与之关联的标题，用于打开该内容框，同时隐藏其他内容框。默认情况下，折叠面板总是保持一个部分是打开的。

本例将在页面中插入一个折叠面板，当鼠标指针经过内容框时，自动切换为折叠面板。在 Dreamweaver 中插入折叠面板的具体操作步骤如下。

（1）打开网页文件，将光标置于页面中要插入折叠面板的位置，选择菜单中的"插入"→"jQuery UI"→"Accordion"命令，如图 9-25 所示。在页面中插入折叠面板如图 9-26 所示。

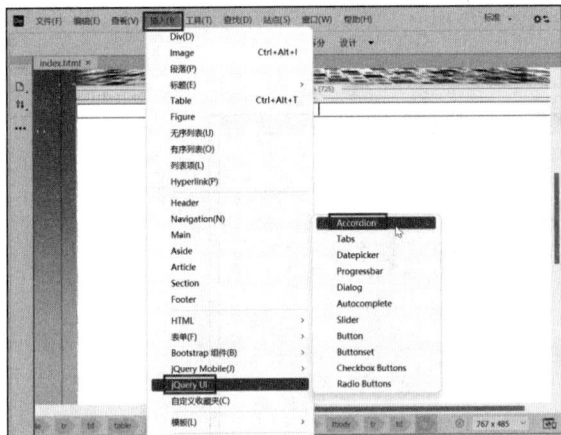

图 9-25 选择"插入"→"jQuery UI"→"Accordion"命令

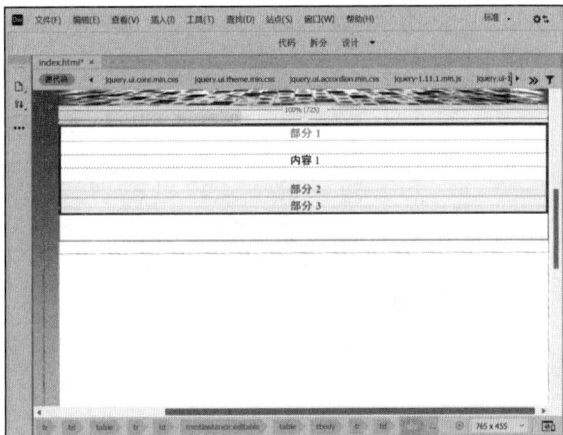

图 9-26 插入折叠面板

（2）单击选中折叠面板，可以在"属性"面板中设置折叠面板的相关属性，同时可以修改标题名称并填写面板内容，在内容框中分别输入内容，然后修改标题，如图 9-27 所示。

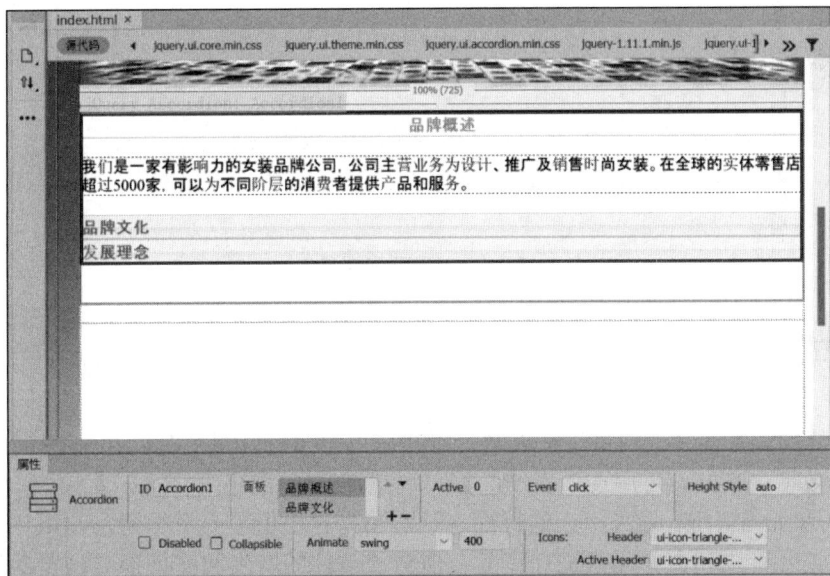

图 9-27 设置折叠面板属性

（3）设置完毕后，保存文档，Dreamweaver 弹出"复制相关文件"对话框，要求保存相关的技术支持文件，如图 9-28 所示。

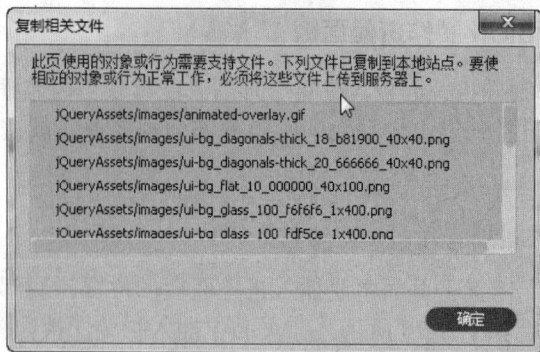
图 9-28　保存相关的技术支持文件

（4）最终实现的折叠面板的效果如图 9-29 和图 9-30 所示。

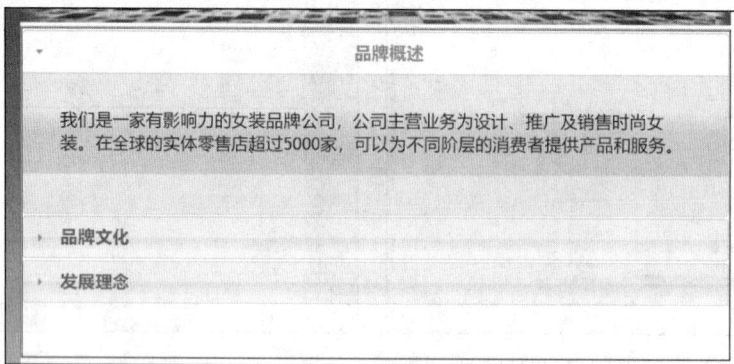
图 9-29　折叠面板的效果 1

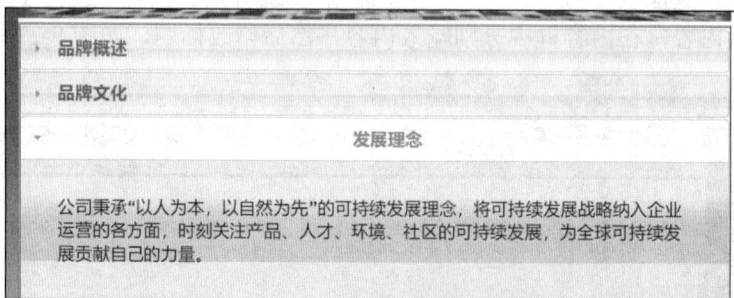
图 9-30　折叠面板的效果 2

【单元小结】

（1）利用好的脚本语言，网页设计人员可以在开发中节省大量的时间和金钱。JavaScript 现在已经成为一门效率极高的、可用于开发产品级 Web 浏览器的出色语言。

（2）事件是 JavaScript 最吸引人的特性之一，因为它提供了一个平台，让用户不仅能够浏览页面中的内容，还可以和页面元素进行交互。但由于事件的产生和捕捉都与浏览器相关，因此，不同浏览器支持的事件都有所不同。

（3）函数是进行模块化程序设计的基础，编写复杂的应用程序，必须对函数有更深入的了解。JavaScript 中的函数不同于其他的语言，每个函数都是作为一个对象被维护和运行的。由于函数对象的性质特殊，所以可以很方便地将一个函数赋值给一个变量或者将函数作为参数传递。

（4）每个对象都有自己的属性、方法和事件。对象的属性用于反映该对象某些特定性质，如字符串的长度、图像的长宽、文本框中的文字等；对象的方法能对该对象执行某些操作，如表单的"提交"（Submit）、窗口的"滚动"（Scrolling）等。

（5）jQuery 是一个快速、小型且功能丰富的 JavaScript 库，jQuery 极大地简化了 JavaScript 编程。Dreamweaver 将 jQuery UI 部件引入系统，提供快速插入折叠面板、选项卡等功能。jQuery UI 是以 jQuery 为基础的开源 JavaScript 网页用户界面代码库，包含底层用户交互、动画、特效和可更换主题的可视控件，可以直接用它来构建具有很好交互性的 Web 应用程序。

【综合实训】使用 JavaScript 创建"祥和家居"网页特效

利用 JavaScript 可以轻松制作网页特效，如可以实现自动轮播图像、图片闪烁效果、显示当前时间、跟随鼠标指针的文字。通过本章的学习，读者可以学会使用 JavaScript 创建网页特效。下面讲述使用 JavaScript 创建"祥和家居"网页特效的相关内容，本实训完成后的效果如图 9-31 所示。

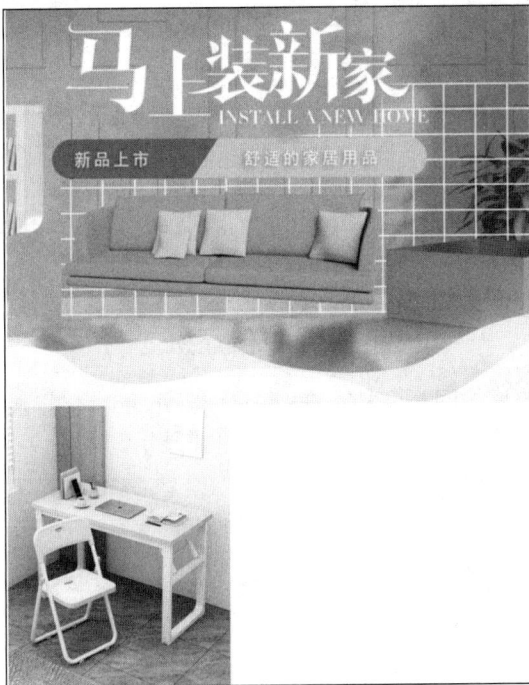

图 9-31　"祥和家居"网页特效

一、实训目的

本实训的目的为使用 JavaScript 创建"祥和家居"网页特效。

（1）掌握自动轮播图像网页的创建方法。

（2）掌握图片闪烁效果网页的创建方法。

二、实训内容

完成本实训需要先创建自动轮播图片，然后制作图片闪烁效果，具体实训内容如下。

1. 自动轮播图片

很多网站首页的第一屏都是轮播图片，轮播图片承担着确立网站的视觉风格、传递网站的活动信息等重要责任。下面利用图片数组实现自动轮播图片，效果如图 9-32 和图 9-33 所示，具体操作步骤如下。

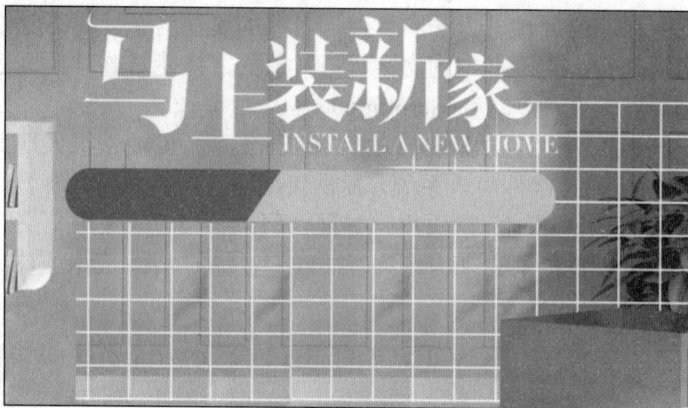

图 9-32　自动轮播图片效果 1

图 9-33　自动轮播图片效果 2

（1）打开要添加轮播图片的网页文档，在<head>与</head>之间输入以下 JavaScript 代码，这段代码用于定义两个不同的轮播图片，并实现不断轮播显示，如图 9-34 所示。

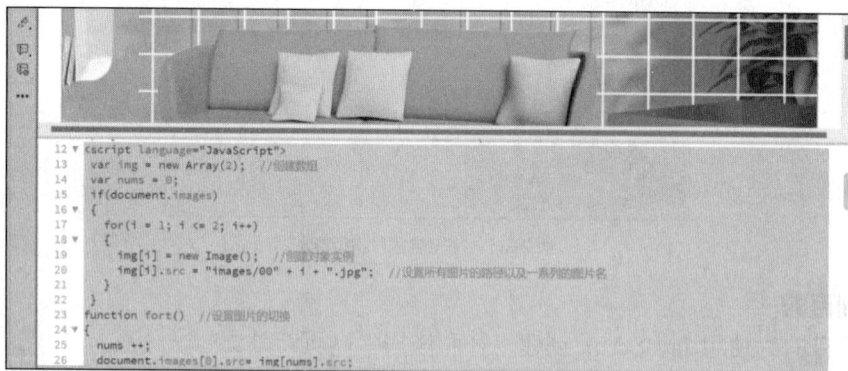

图 9-34　输入 JavaScript 代码

```javascript
<script language="JavaScript">
 var img = new Array(2);                    //创建数组
 var nums = 0;
 if(document.images)
 {   for(i = 1; i <= 2; i++)
   {  img[i] = new Image();                 //创建对象实例
     img[i].src = "images/00" + i + ".jpg"; //设置所有图片路径以及一系列的图片名
   }
```

```
    }
function fort()              //设置图片的切换
    { nums ++;
    document.images[0].src= img[nums].src;
    if(nums == 2)
    nums = 0;}
function slide()            //反复不断地调用 fort()函数
    { setInterval("fort()", 1000);}
</script>
```

（2）将光标放置在<body>标签内，输入代码 onload=slide()，如图 9-35 所示，保存文档，即可在浏览器中预览效果。

提示：

代码 onload=slide()的作用是打开网页文档时加载函数 slide()。

图 9-35　输入代码 onload=slide()

2. 制作图片闪烁效果

制作图片闪烁效果主要是利用 style.visibility 属性来控制元素的可见性。制作的图片闪烁效果如图 9-36 所示，具体操作步骤如下。

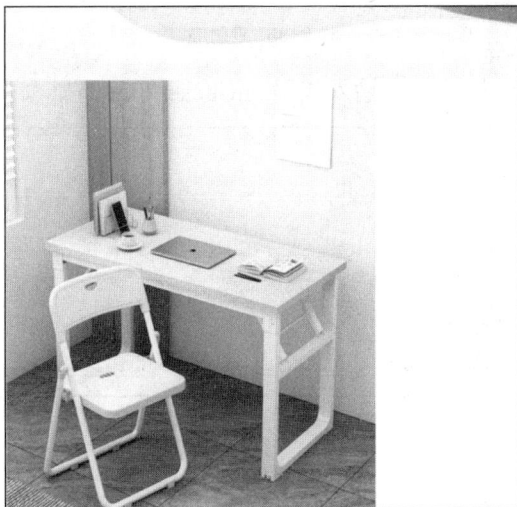

图 9-36　图片闪烁效果

（1）打开网页文档，在<head>与</head>之间输入以下代码，如图 9-37 所示。

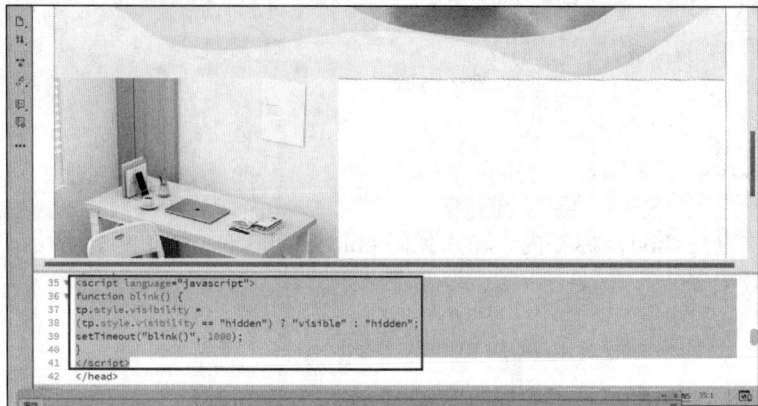

图 9-37　输入代码

```
<script language="javascript">
function blink() {// 定义图片的显示和隐藏属性
    tp.style.visibility =(tp.style.visibility == "hidden") ? "visible" : "hidden";
    // 每1s 刷新一次
    setTimeout("blink()", 1000);}
</script>
```

（2）选中闪烁图片，打开"属性"面板，设置 ID 为 tp，"拆分"视图如图 9-38 所示，保存文档，即可在浏览器中预览效果。

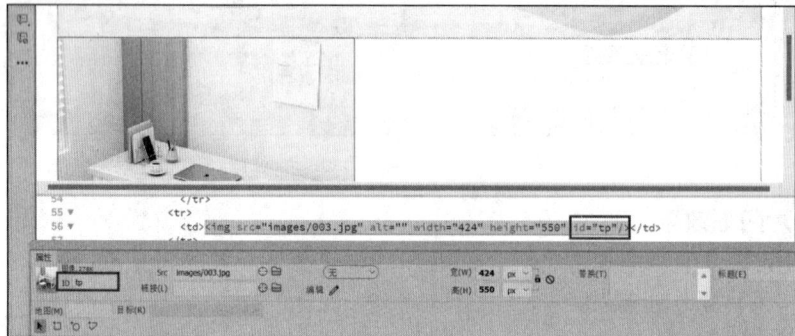

图 9-38　设置 ID

（3）将光标放置在<img>标签内，输入代码 onClick="blink()"，如图 9-39 所示。

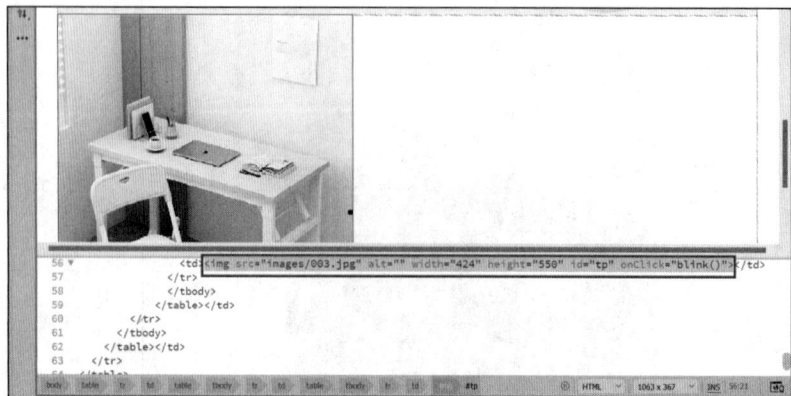

图 9-39　输入代码 onClick="blink()"

提示:

代码 onClick="blink()"的作用是单击图片时加载闪烁函数 blink()。

【理论练习】

一、填空题

1. 在 JavaScript 中数据可以是＿＿＿＿＿＿＿＿＿或者＿＿＿＿＿＿＿＿＿。
2. ＿＿＿＿＿＿＿＿＿在程序运行期间是可以改变的，它主要作为数据的存取容器。
3. 表达式就是＿＿＿＿＿＿＿、＿＿＿＿＿＿＿＿、＿＿＿＿＿＿＿、＿＿＿＿＿＿＿的集合。
4. 在 JavaScript 中主要有两种基本语句：一种是＿＿＿＿＿＿＿＿语句，如＿＿＿＿＿＿＿、
＿＿＿＿＿＿＿＿；另一种是＿＿＿＿＿＿＿语句，如＿＿＿＿＿＿＿等。

二、单选题

1. （　　）不是常量的类型。
   A．var 关键字　　　　B．整型常量　　　　　C．实型常量　　　　D．布尔值
2. 关于变量名的说法不正确的是（　　　）。
   A．变量名只能由字母、数字和下画线 "_" 组成
   B．变量名能使用 JavaScript 中的关键字
   C．在对变量命名时最好把变量名称与变量的意思对应起来
   D．定义了变量就要对其赋值
3. （　　）语句的作用是重复执行语句，直到循环条件为 false 为止。
   A．if …else　　　　B．switch　　　　　　C．for　　　　　　D．whiles

三、简答题

1. 什么是 JavaScript？JavaScript 有哪些特点？
2. 什么是常量和变量？各有哪些类型？
3. 什么是函数？如何定义函数？
4. 什么是事件？常见的事件有哪些？

【实战演练】使用 jQuery 创建 "宝盛首饰" 网页 Tab 选项卡

下面通过实战演练使用 jQuery 创建 "宝盛首饰" 网页 Tab 选项卡，如图 9-40 和图 9-41 所示。

图 9-40　选项卡 1

图 9-41　选项卡 2

（1）启动 Dreamweaver，打开网页文件，然后选择菜单中的"插入"→"jQuery UI"→"Tabs"命令，在页面中插入 Tab 面板。

（2）单击选中 Tab 面板，可以在"属性"面板中设置选项卡的相关属性，同时可以修改标题名称。

（3）设置完成后，保存文档，Dreamweaver 弹出"复制相关文件"对话框，要求保存相关的技术支持文件，单击"确定"按钮关闭该对话框。

（4）在内容框中分别输入内容，并插入表单。